하권

요한계시록의 증언

하권

21세기의 지구는 어디로 향해 가고 있는가

김준식 지음

아침향기

우리는 요한계시록이 너무 추상적이요, 상징적이기 때문에 어렵다고 생각합니다. 그러나 추상적이요, 상징적이라고 하던 것들이 요즘에는 분명히 밝혀지고 있는 부분들이 많습니다. 요한계시록은 19세기, 20세기, 21세기의 문명을 보여줍니다. 요한과 우리가 살고 있는 시대는 2천 년이란 시간의 간격이 있습니다. 로마제국 시대의 문명과 오늘날의 문명이 전혀 다릅니다. 그 차이 때문에 사도 요한께서 요한계시록을 그렇게 표현 할 수밖에 없었습니다. 예를 들면 사도 요한이 기차가 철로 위를 달리는 환상을 보았다면 그것을 어떻게 묘사하겠습니까? 2천 년 전에는 기차가 없었습니다.

그러나 철은 있었습니다. 당시에 빨리 달리는 물체는 말이 대표적이었습니다. 그래서 '철마가 철길 위를 달린다' 라고 표현할 것입니다. 그것을 2천 년 후의 사람들이 읽을 때 이것이 무엇인가, 무엇을 나타내고 있는가, 너무 상징적이다, 해석하기가 어렵다라고 생각할 것입니다. 우리 역시 백 년 전에는 알지 못했던 것들이지만, 현재에는 해석할 수 있게 된 것이 많습니다. T.V, 인공위성(계시록 11:9), 자동차, 컴퓨터, 인터넷, 로봇(계시록13:15), 탱크, 미사일 등등 입니다.

저의 글은 역사적 전 천년설에 속하며, 7년 환난 중간 즉, 전 3년 반과 후 3년 반의 교체기인 일곱째 나팔재앙이 울려 퍼질 때에 휴거가 일어날 것이라 생각합니다. 성경에서 휴거는 항상 나팔과 함께 나타납니다.

마태복음 24:31 '그가 큰 나팔 소리와 함께 천사들을 보내리니 그들이 그의 택하신 자들을 하늘 이 끝에서 저 끝까지 사방에서 모으리라.' (데살로니가전서 4:16, 17 고린도전서 15:51, 52).

주님의 공중강림 의미는 신랑 되신 그리스도께서 신부인 성도들을 맞이하기 위해서 공중에 마중 나오는 것입니다. 공중에서 신부를 영접한 신랑은 하늘나라 혼인잔치를 마련하신 아버지 하나님께 신부를 데리고 들어갑니다.

이 책의 특징 몇 가지를 말씀드리겠습니다.

1. 특정 교리에 치우치지 않고 성경에만 입각하여 요한계시록을 풀려고 했습니다.
2. 지구 종말에 관심 있는 사람이라면 누구나(비기독교인이나, 기독교인이나, 목사나 평신도 구별 없이) 이 책을 읽을 수 있도록 했습니다.
3. 계시록은 21세기 문명을 미리 내다보고 있습니다. 21세기의 정치, 경제, 사회, 역사, 과학, 종교 등 문화현상을 계시록의 관점에서 접목시켰습니다.
4. 요한계시록의 구조에 관심을 집중했습니다. 계시록의 구조가 풀리면 계시록이 보인다고 생각했습니다. 일곱 인을 떼심과 일곱 나팔재앙과 일곱 대접재앙의 구조 말입니다.
5. 계시록 1-3장과 22:6-21은 생략했습니다. 이 부분은 요한계시록의 서론과 결론부분입니다. 좋은 주석책을 참조하시면 될 것입니다. 저자는 여러

분들을 빨리 본론 속의 '하나님 보좌 앞으로' 데려가고 싶었습니다.
6. 사람들은 누구나 미래와 종말에 대해서 알고 싶어 합니다. 너무나 비이성적이요, 비과학적이요, 비합리적인 종말론에 관한 사항들에 관심을 가지며 그런 글들을 믿으려고 합니다. 정감록, 노스트라다무스, 마야문명의 달력이 2012년 12월 21일에 마쳤다는 등등.
과학적이면서 동시에 초과학적이고 지극히 합리적인 성경, 요한계시록은 2천 년 동안 수많은 연구가 있어왔었습니다. 역사적으로 검증된 진리입니다. 여러분이 종말에 대해 알고 싶으시면 이 책을 꼭 다 읽어보시기 바랍니다.

이 책은 요한계시록의 삼중 일곱 재앙들의 구조가 철저히 연속적으로 되었다는 전제 아래 전개됩니다(물론 삽경부분은 예외입니다). 타임라인에서 보여주듯이 각 장의 순서대로 역사의 진행이 이루어지고 있음을 보게 됩니다.

이 책을 읽을 때에 염두에 두셔야 할 것은 하나님께서 역사를 이루어 가신다는 것입니다. 첫째 인을 떼실 때는 국제금융가들이 세계를 식민화하여 돈벌이에 매달렸습니다. 하나님은 그들의 식민정책을 통해서 오히려 하나님의 복음을 온 천하에 전하는 계기로 삼았습니다. 또한 그 무서운 공산혁명 때에 수많은 그리스도인들이 박해를 받아 감옥에 갇히고 죽기도 했는데, 하나님은 그 공산혁명을 통해서 마태복음 24:32과 누가복음 21:29-31 말씀을 성취하셨습니다. '무화과나무와 모든 나무를 보라. 싹이 나면 너희가 보고 여름이 가까운 줄을 자연히 아나니' 했습니다. 또한 흑마의 경제전쟁 역시 공산체제를 무너뜨림으로 소련의 많은 위성국가들이 독립하게 됩니다.
미국의 독립과 건국 때에 프리메이슨들이 정치와 경제를 완전히 장악하고 있었습니다. 정치권력과 경제를 장악했다면 그 나라는 그들의 것이 아니겠습니까? 그런데 전 세계 기독교인들은 미국이 축복 받은 것은 하나님을 잘 섬겼기 때문이라고 생각합니다. 미국을 청교도들이 세웠다고 생각하기에 그렇게 인식하게 된 것입니다. 그런데 이 책을 쓰면서 깨달은 것은 비록 정치권력과 경제력을 그들이 장악하고 있지만 하나님께서는 미국민들에게 영적축복을 주셨던 것은 확실합니다. 왜냐하면 미국의 역사를 볼 때에 1700년대, 1800년대, 1900년대, 백년 마다 엄청난 영적부흥이 있었기 때문입니다. 1700년대에는 조나단 에드워드(1703-1758)을 통해서 미국과 영국에 큰 부흥이 있었습니다. 조나단 에드워드의 부흥의 기운이 1800년 중반기까지 미쳤다고 합니다. 1800년대는 찰스 피니(1792-1875)를 통해서 미국과 영국에 엄청난 부흥이 있었습니다. 찰스 피니의 부흥운동은 조다단 에드워드의 영향이 있었기 때문입니다. 뿐만 아니라 드와이트 무디(1837-1890)로 인한 부흥이 찰스 피니의 부흥을 이어갔습니다. 1800년대는 미국의 영적 풍요였습니다. 찰스 피니와 무디를 통해서 100여 년 동안 부흥의 불길이 활활 타올랐습니다. 미국의 부흥운동이 영국의 웨일즈 지방을 중심으로 한 큰 부흥의 불쏘시개 역할을 했습니다.

영국의 부흥으로 영국의 식민지였던 인도에도 부흥이 일어났고 아프리카의 코트디부아르 등 세계 곳곳에 부흥의 불길이 일어났습니다. 그 불길이 다시 미국의 서부 로스 엔젤레스의 아주사 스트리트에 점화되어 부흥(1906)의 불길이 맹렬히 타오르게 되었는데, 이 부흥의 불길이 전 세계로 퍼졌습니다. 그 불꽃이 조선에까지 튀어 1907년 전국적 대 회개운동부흥이 일어나게 되었던 것입니다. 미국이 전 세계에 끼친 영적 영향력이 이러했기에 사람들은 미국의 건국이 청교도들에 의해 세워졌다고 믿게 되었을 것입니다. 하나님께서 미국에 200여 년 동안 부흥을 주셨기에 미국 교회는 은혜 받은 많은 주의 종들, 선교사들을 전 세계 각 나라에 파송하게 되었습니다. 지금까지도 기독교정신이 미국 사회에 많이 남아 있게 되었고, 유럽과 비교해서 기독교

신앙이 돈독한 편입니다. 그러나 요즘에 들어서 미국의 행태도 점점 하나님으로부터 멀어져 가고 있습니다. 하나님의 때가 가까이 오고 있다는 증거입니다.

* * * * * *

제가 엘파소(택사스 주)에서 사역할 때에 교회 뒤뜰에 작은 창고를 짓기로 했습니다. 여러 가지 잡다한 물건들을 넣을 수 있는 공간을 마련하기 위한 것이었습니다. 그것을 비싸게 지을 필요가 없었습니다. 마침 떠돌이 목수가 싸게 지어 주겠다고 하기에 그에게 맡겼습니다. 시멘트 불록을 제법 잘 쌓아 올리고 문틀을 짜고 지붕도 덮었습니다. 마지막으로 홈 디포에 가서 문짝을 사서 문틀에 끼워 맞추려고 하는데 아무리 해도 문짝들이 문틀에 들어가지 않는 것입니다. 문지방과 문설주도 깎아내고 문틀 위 부분의 시멘트 불록을 뜯어내어 다시 문틀을 짜 맞추는 등 우여곡절로 창고를 완성하고 아쉬운 데로 사용했습니다. 그러나 날씨가 변하여 비가 오거나 날씨가 춥거나 더워지면 문짝들에 문제가 생겼습니다. 문이 열리지 않는다든지 문짝들이 삐뚤어진다든지 하여 문들을 열고 닫는데 어려움이 있었습니다.

제가 이 문짝과 문틀 이야기를 왜 하느냐 하면 저 역시 계시록에 대해서는 돌팔이 목수 수준이라는 것입니다. 내 나름대로는 30여 년 동안 계시록에 대한 책들을 읽고 연구하고 가르쳤었기에 종합적으로 정리해 보리라 하고 시도를 했는데, 돌팔이 수준을 벗어나지 못하고 있음을 봅니다. 이 문제 해결을 위해서 계속 기도하면서 묵상하고 있습니다. 그런데 왜 이 책을 내놓느냐하면 이런 사실을 염두에 두고 읽으시면서 여러분들도 계시록의 문제를 해결하기 위해 기도하며 묵상하길 바랍니다.

비록 문짝과 문틀은 틀어지긴 해도 창고의 다른 부분들을 뜯어가면 여러분들의 집을 짓는 재료로 사용될 수 있을 것입니다. 저 역시 이 책을 쓰기 위해서 많은 분들의 책들에서 도움을 얻었습니다. 요한계시록이란 큰 집을 지으신 분은 우리 주님 예수 그리스도입니다. 주님은 계시록에 대해서 그 구조와 전개과정을 다 알고 계십니다. 계시록은 우리로 하여금 종말에 일어날 일들을 알게 하기 위해서 주신 것이므로 언젠가는 완벽한 이해의 집을 지을 수 있도록 해 주실 것입니다. 요한계시록이란 완벽한 그림을 완성하기 위해서 우리 각자는 퍼즐 조각과 같습니다. 모든 퍼즐 조각들이 각자 자기 자리에 위치하게 될 때에 완벽한 그림이 그려지게 될 것입니다. 하나님께서 각각 부분적으로 주신 은혜를 종합해서 완전한 이해의 집이 세워지게 하실 것입니다.

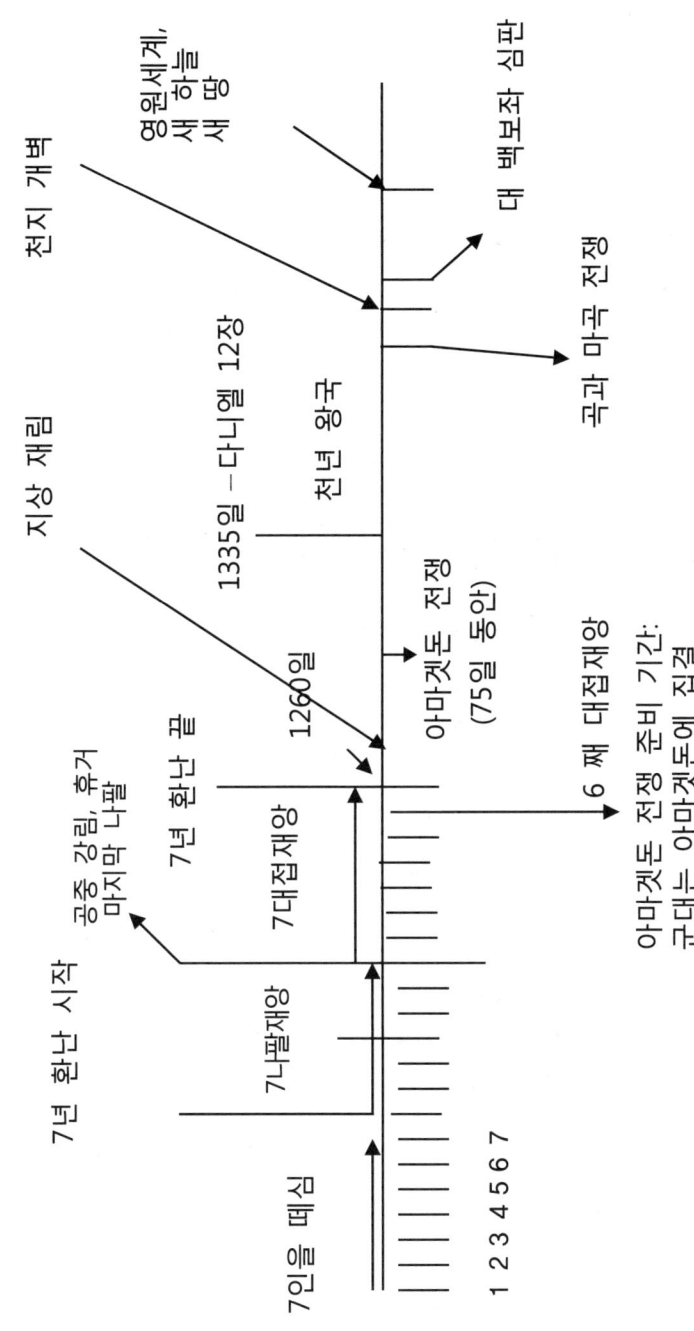

Contents

머리말 / 5
타임라인 / 18

제4부

일곱 나팔재앙–전 3년 반 (계 9–11장) / 25

제1장 신세계 단일정부의 초월적 과학능력 —— 29
    1. 스탠포드 연구센터
    2. 히틀러와 비행접시
    3. 필라델피아 실험
    4. 전자무기의 창시자 니콜라 테슬라
    5. 지구 기후의 현실
    6. 마인드 컨트롤은 인간통치의 궁극적 수단

제2장 일곱 나팔재앙 실시 —— 63
    1. 나팔소리가 울려 퍼지다
    2. 일곱 나팔재앙과 일곱 대접재앙의 차이점
    3. 첫째 나팔재앙
    4. 둘째 나팔재앙
    5. 셋째 나팔재앙
    6. 넷째 나팔재앙
    7. 다섯째 나팔재앙

제3장 여섯째 나팔재앙과 제3차 세계 대전 —— 86
    1. 큰 강 유브라데에 결박과 놓임 받는 네 천사들의 정체
    2. 왜 3차 세계대전 장소가 유브라데인가?
    3. 왜 군대의 수가 2억이 되는가?
    4. 왜 지구 인구의 삼분의 일이 죽게 되는가?

제4장 예수 그리스도의 공중강림 예고 —— 93
    1. 공중강림하시는 주님의 모습
    2. 일곱 우레 소리의 비밀
    3. 재림주 예수 그리스도의 맹세
    4. 일곱째 나팔의 예고
    5. 펴 놓인 작은 두루마리의 비밀

제5장 성전 측량과 두 증인 —— 102
    1. 성전 측량
    2. 두 증인

제6장 일곱째 나팔과 주님의 공중강림 —— 112
    1. 일곱째 나팔에 관한 사항
    2. 나팔과 관련된 사건들
    3. 성경 본문 해석
    4. 찬양에 대한 하나님의 응답

제7장 성도들의 휴거 —— 117
    1. 휴거는 언제 일어날까?
    2. 왜 일곱째 나팔에서 휴거가 일어날 것인가?

제8장 자연 속에 비친 부활의 신비 —— 120
    1. 잠자리와 매미의 생태를 통해 본 부활의 신비
    2. 구더기에 대한 이야기
    3. 고난이 가져오는 선물: 성숙

제9장 무화과나무의 비유 —— 132
1. 공중에 임하시기 전 땅과 하늘에 일어날 징조
2. 주님의 공중 강림하심을 묘사 한다
3. 몸의 부활과 공중휴거
4. 이런 일들이 언제 일어날 것인가?
5. 무화과나무의 비유를 배우라

제10장 성도의 공중휴거 되는 조건 —— 137
1. 예수 그리스도는 영원한 빛이십니다
2. 하나님의 자녀들은 빛입니다
3. 빛의 기능

제11장 공중강림과 지상재림 —— 146
1. 공중강림
2. 지상재림

제5부
일곱 대접재앙- 후 3년 반(계 12-18장) / 151

제1장 땅으로 내쫓긴 붉은 용의 교회 박해 —— 155
1. 해를 옷 입은 한 여자–신구약 그리스도의 교회
2. 메시아의 지상 도래와 죽음과 부활과 승천
3. 피난처로 피하는 교회
4. 하늘의 제 2차 전쟁, 사탄이 땅으로 쫓겨나다

제2장 피난처에 대해서 —— 164
1. 피난처는 어떤 곳인가?
2. 피난처의 생활
3. 피난처의 공급

4. 피난처에 대한 보호
   5. 피난처에서 영성훈련
   6. 피난처로의 인도자
   7. 피난처에 들어가는 때는?
   8. 피난처에서 나오는 때는?
   9. 피난처 참고 성경구절들

제3장 적그리스도와 거짓 선지자의 출현 —— 175
   1. 적그리스도
   2. 거짓 선지자

제4장 하나님 보좌 앞 14만 4천과 최후의 추수 —— 205
   1. 세 천사가 전하는 말
   2. 알곡 성도들을 추수하심(공중강림과 공중휴거)
   3. 불신자 심판(일곱 대접재앙)

제5장 천상의 일곱 대접재앙 준비 —— 212

제6장 일곱 대접재앙의 실시 —— 215
   1. 첫째 대접재앙
   2. 둘째 대접재앙
   3. 셋째 대접재앙
   4. 넷째 대접재앙
   5. 다섯째 대접재앙
   6. 여섯째 대접재앙
   7. 일곱째 대접재앙

제7장 단일종교 통합청의 파멸 —— 226
   1. 음녀의 정체
   2. 후 3년 반 기간 동안의 통합종교청의 역할
   3. 통합종교청의 권력
   4. 통합종교청의 파멸

제8장 큰 성 바벨론의 멸망 —— 231
  1. 큰 성 바벨론이 심판받는 원인
  2. 큰 성 바벨론 심판의 결과

제9장 인간의 도성과 하나님의 도성 —— 235

제6부
천년왕국–영원한 세계(계 19-22장) / 243

제1장 어린 양의 혼인잔치와 아마겟돈 전쟁 준비 —— 245
  1. 부활한 성도와 휴거된 성도들이 하나님 보좌 앞에서
  2. 어린 양의 혼인잔치
  3. 성도의 지상 재림 준비

제2장 아마겟돈 전쟁 —— 250
  1. 아마겟돈 전쟁의 원인
  2. 아마겟돈 전쟁은 누구와의 전쟁인가?
  3. 아마겟돈 전쟁의 장소
  4. 아마겟돈 전쟁의 결과

제3장 천년왕국 —— 255
  1. 지구에 왜 천년왕국을 설립하시는가?
  2. 천년왕국은 언제 이루어지나?
  3. 천년왕국의 수도는 예루살렘
  4. 천년왕국에는 누가 들어가나?
  5. 천년왕국은 어디에 이루어지나?
  6. 천년왕국이 지구상에서 어떻게 성립되는가?
  7. 천년왕국에서는 어떠한 생활이 이루어지는가?
  8. 왜 천년왕국이 지구에서 이루어지는가?

9. 천년왕국의 종교
　　10. 천년왕국의 문화와 문명

제4장 천년왕국의 시민들과 곡과 마곡 전쟁 —— 271

제5장 천년왕국에 대한 질문, 해답 —— 279

제6장 우주 대 변혁 —— 288

제7장 대 백보좌 심판 —— 293

제8장 예수 그리스도 보혈의 효능과 그 범위 —— 296
　　1. 예수 그리스도의 공중강림과 휴거된 성도들까지
　　2. 예수 그리스도의 지상재림 때 지상에 남은 성도들
　　3. 예수 그리스도의 천년왕국과 백보좌 심판 때까지

제9장 어린 양의 생명책 —— 304

제10장 성도의 부활 메카니즘 —— 307
　　1. 영원한 부활과 일시적 부활, 참 부활과 임시 부활
　　2. 부활한 신령한 몸과 현재 우리 몸과의 관계
　　3. 부활의 메카니즘

제11장 새 하늘과 새 땅, 하나님 나라와 거룩한 성 새 예루살렘 —— 314
　　1. 거룩한 성, 새 예루살렘
　　2. 거룩한 성, 새 예루살렘의 모양과 규모
　　3. 거룩한 성, 새 예루살렘 성에서의 생활

제12장 영원 지복 하나님의 나라, 거룩한 새 예루살렘 성 —— 321

제13장 다 이루었다 —— 325

참고문헌 / 330

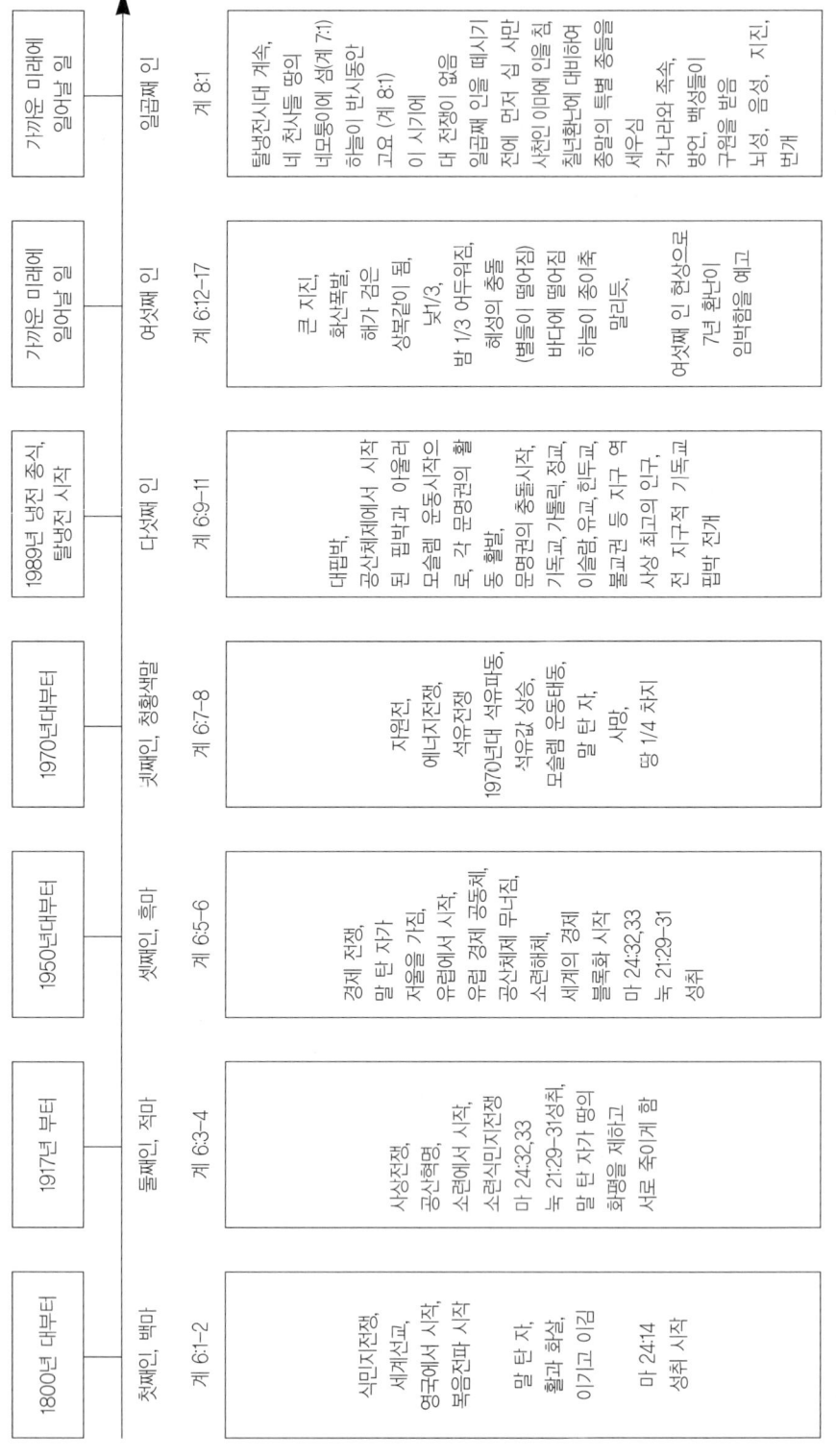

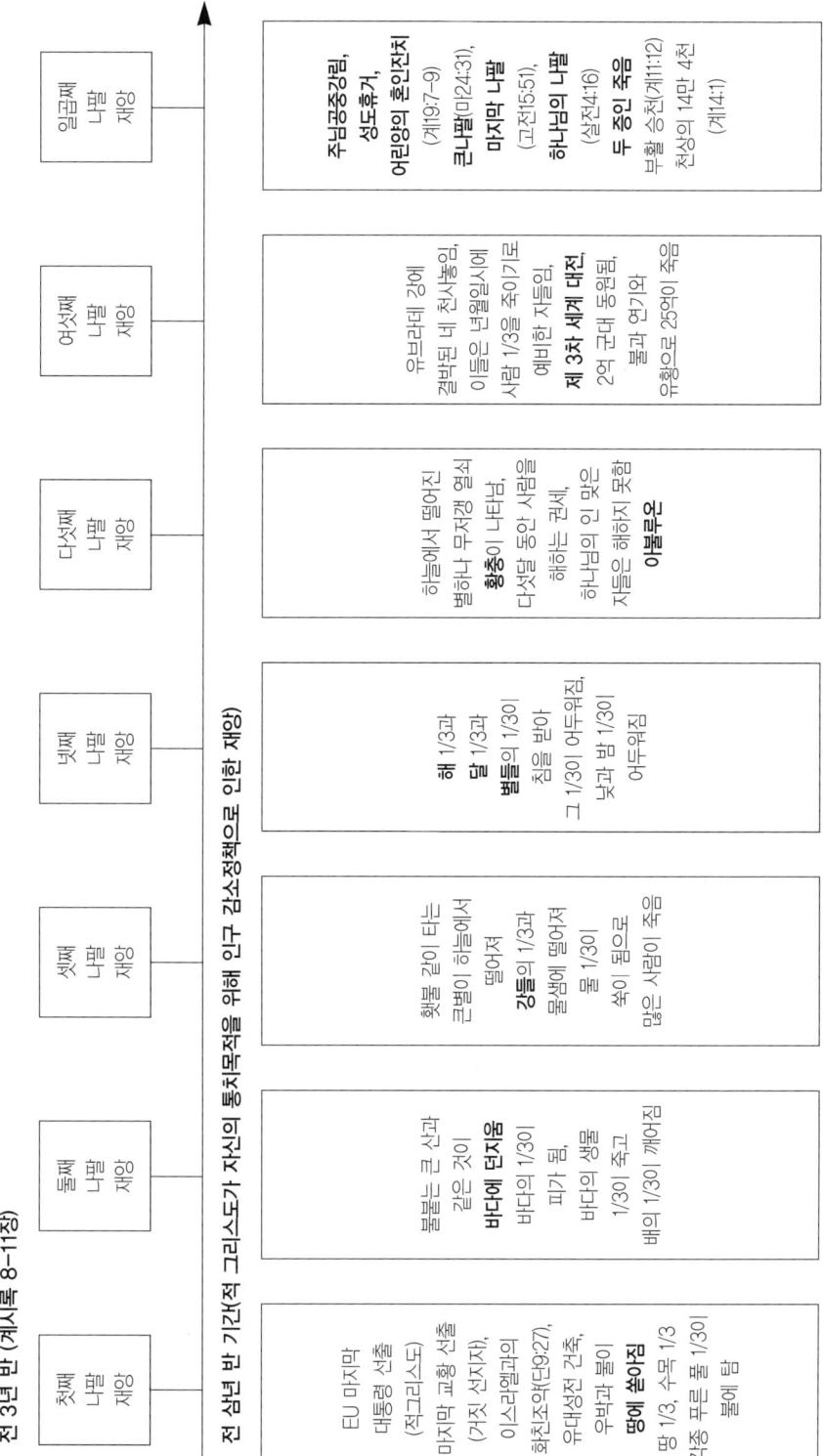

삽경: 후 3년 반에 대한 계시록 12–15장의 사건들
(시간 순서를 따르지 않음)

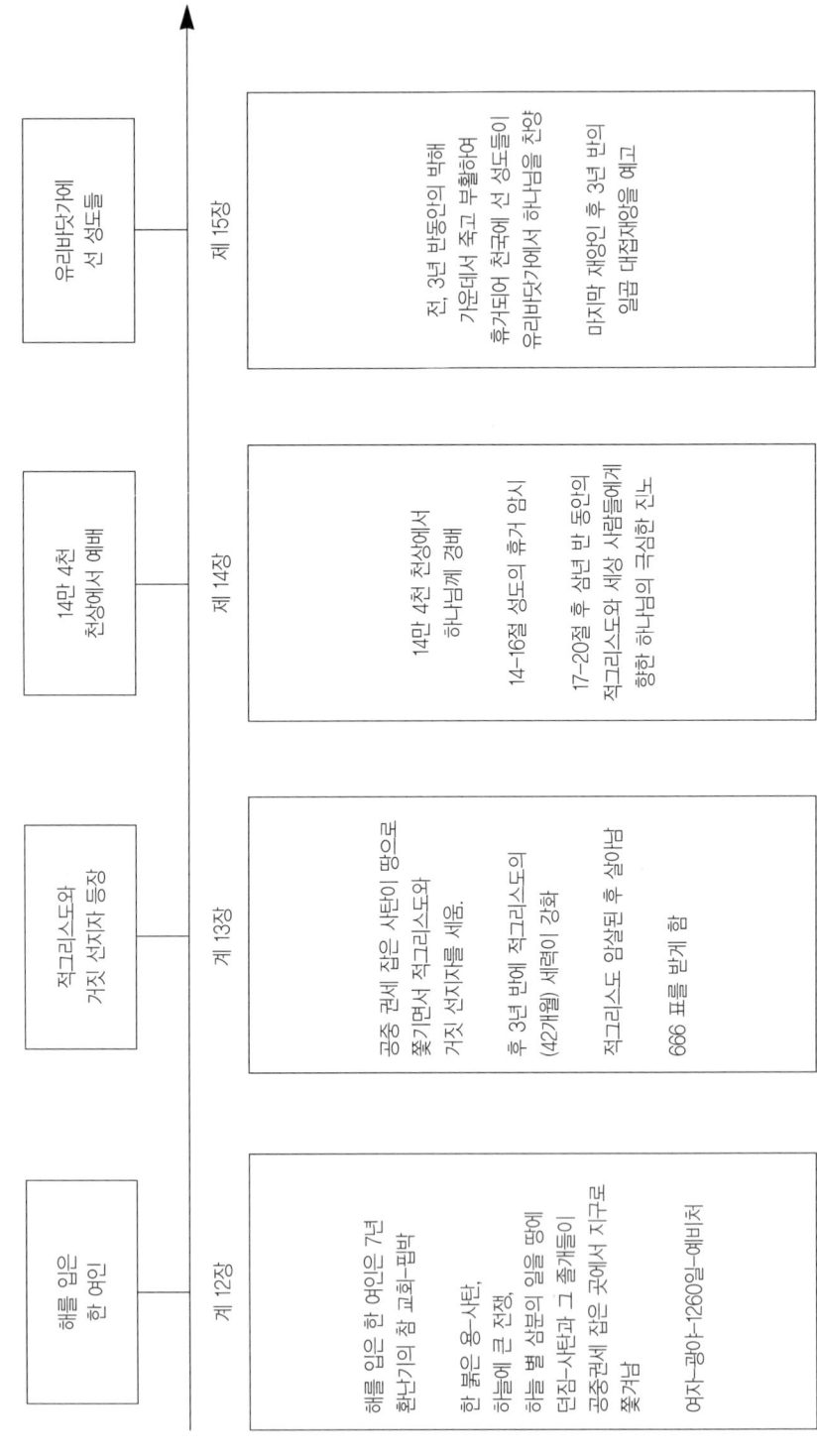

제 12장	제 13장	제 14장	제 15장
해를 입은 한 여인	적그리스도와 거짓 선지자 등장	14만 4천 천상에서 예배	유리바닷가에 선 성도들

제 12장 — 해를 입은 한 여인
- 해를 입은 한 여인은 7년 환난기의 참 교회–핍박
- 한 붉은 용–사탄,
- 하늘에 큰 전쟁,
- 하늘 별 삼분의 일을 땅에 던짐–사탄과 그 졸개들이 공중권세 잡은 곳에서 지구로 쫓겨남
- 여자 광야–1260일–에비저

제 13장 — 적그리스도와 거짓 선지자 등장
- 공중 권세 잡은 사탄이 땅으로 쫓기면서 적그리스도와 거짓 선지자를 세움.
- 후 3년 반에 적그리스도의 (42개월) 세력이 강화
- 적그리스도 임설된 후 살아남
- 666 표를 받게 함

제 14장
- 14만 4천 천상에서 하나님께 경배
- 14–16절 성도의 휴거 암시
- 17–20절 후 삼년 반 동안의 적그리스도와 세상 사람들에게 향한 하나님의 극심한 진노

제 15장
- 전, 3년 반동안의 박해 가운데되어 죽고 부활하여 휴거되어 천국에 선 성도들이 유리바닷가에서 하나님을 찬양
- 마지막 재앙인 후 3년 반의 일곱 대접재앙을 예고

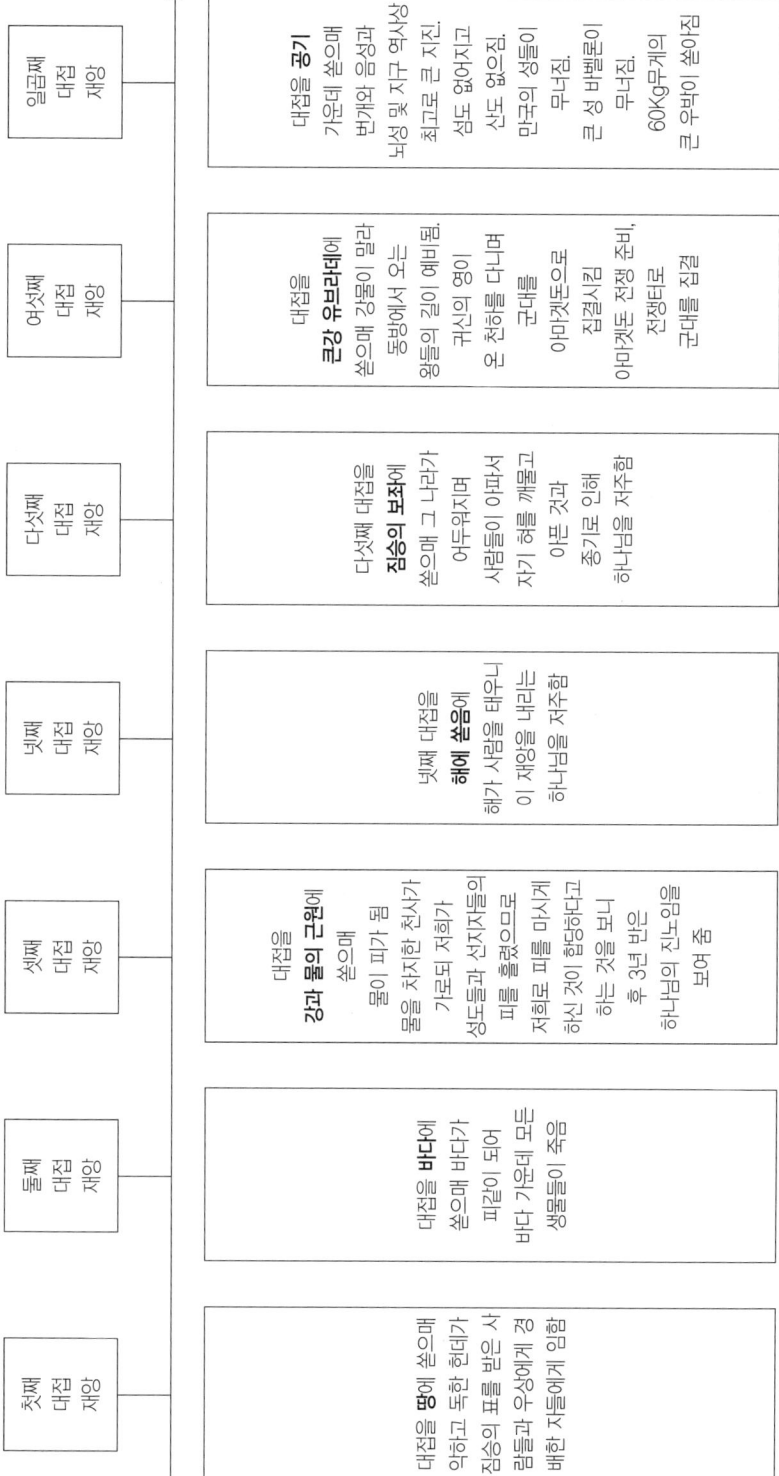

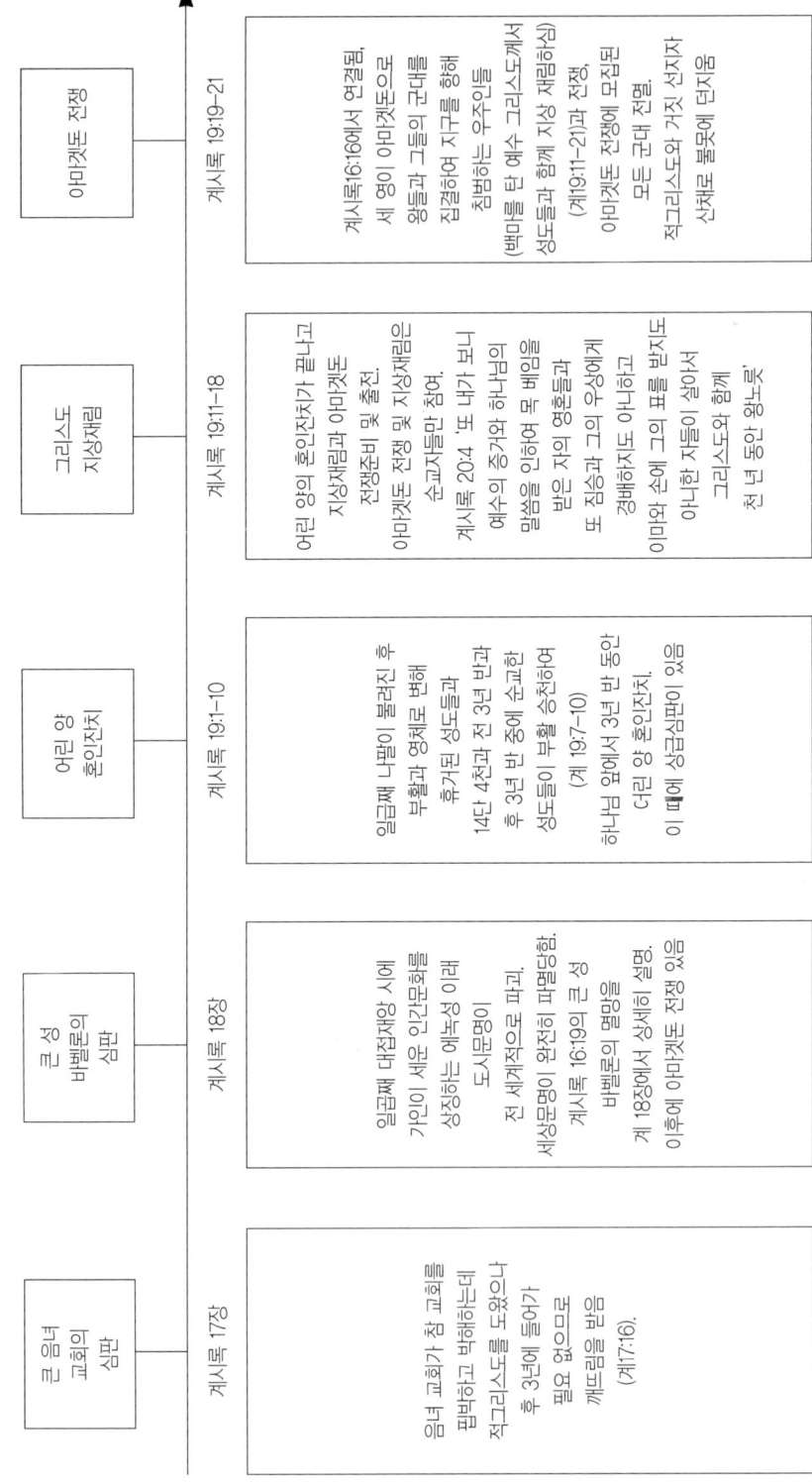

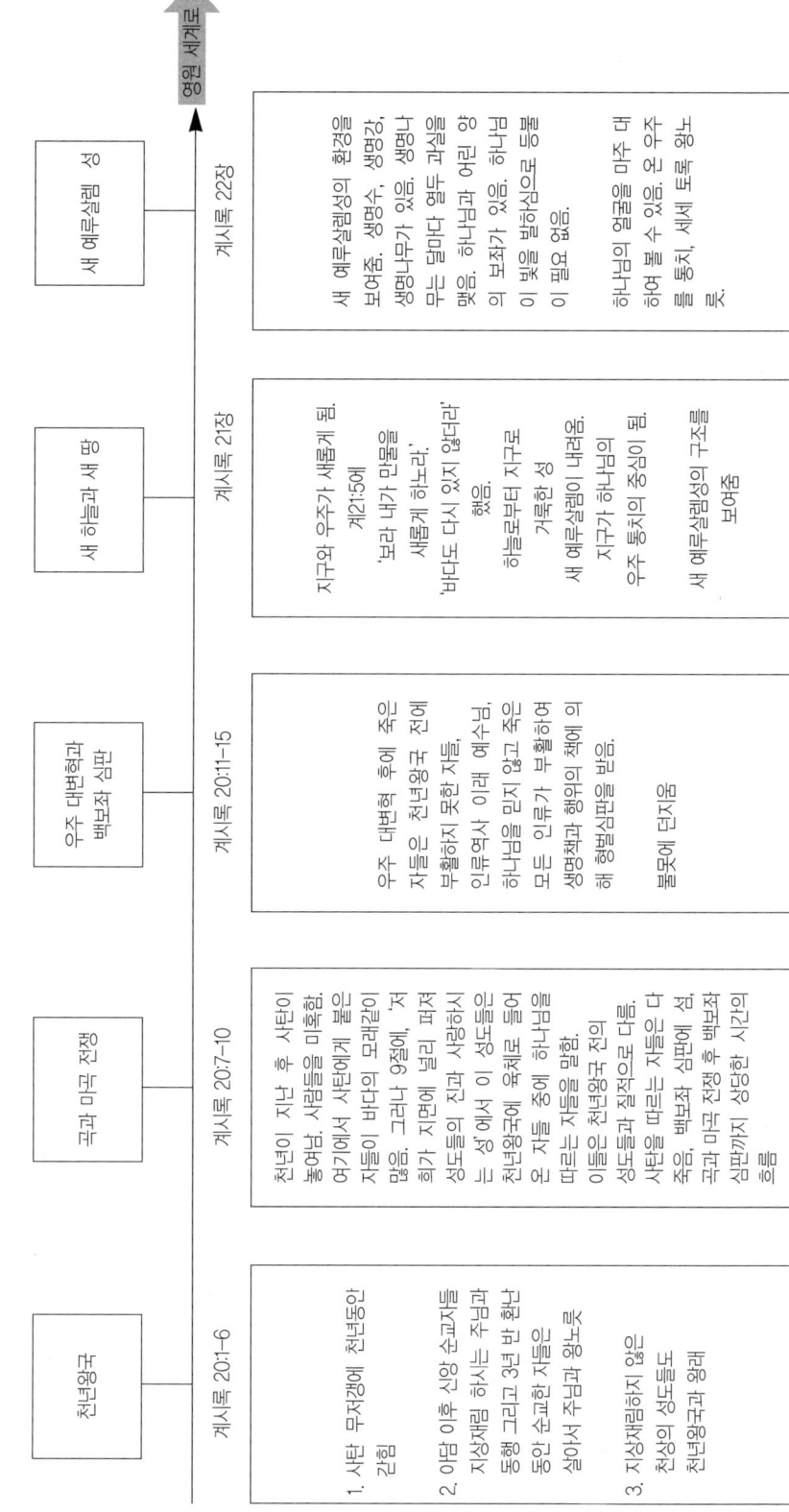

신을 믿는 것

아무런 열정도
마음의 갈등도
불확실한 것도, 의심도
심지어는 좌절도 없이 신을 믿는 사람은
신을 믿는 것이 아니다.
그는 다만
신에 관한 생각을 믿고 있을 뿐이다.

〈미구엘 드 우나무노〉*

*스페인 작가. 1924년 쿠테타 성공으로 스페인에 새 정부가 들어서자 우나무노는
이를 비판하는 글을 수차례 발표한 뒤 홀로 망명길에 올라 국제적으로 주목을 받았다.
1936년 성탄절 이브에 암살당했다.

일곱 나팔재앙 – 전 3년 반

계시록 9장-10장-11장

전 3년 반 – 일곱 나팔재앙

첫째 나팔	둘째 나팔	셋째 나팔	넷째 나팔	다섯째 나팔	여섯째 나팔	일곱째 나팔
피 섞인 우박과 불이 땅에 떨어짐. 땅, 수목, 푸른 풀, 각각 1/3 타게 됨	불붙는 큰산, 바다에 던져 짐. 바다 1/3 피가 됨	횃불같이 타는 별, 강과 물샘들에 떨어짐. 물이 쓰게 됨	달, 별들의 1/3 어두워짐	황충, 다섯 달 동안 사람을 괴롭힘	제 3차 전쟁, 사람 1/3 죽음. 2억 군대 동원	마지막 나팔 큰 나팔에 부활, 휴거

    드디어 적그리스도가 등장합니다. 전 세계를 단일정부로 구축한 후, 효과적인 통치와 통제, 장악을 위해서 인구축소를 단행합니다. 지구인을 정부에 절대 순종하도록 길들이는 작업을 감행합니다. 공포, 불안, 자연재해, 기근, 홍수, 허리케인, 지진, 화산폭발, 집단 마인드 컨트롤 등을 조성하고 겁주어 사람들을 완전히 노예로 만드는 것입니다. 정부가 이런 자연재해를 일으킬 수 있다는 능력을 과시함으로써 꼼짝 없이 복종하라는 경고가 전 3년 반에 일어나는 일곱 나팔 재앙인 것입니다. 이런 재앙들에 의해 인구축소를 감행하며, 완전 통제를 위해 666 짐승표를 받게 합니다. 짐승표인 베리칩은 현재도 편리를 위해 자발적으로 표를 받게 하며, 점점 반 강제로 실시하다가 전 3년 반에 들어가면 철저하게 실시되고 그 표를 받지 않는 자들은 굶어 죽거나 잡혀

죽게 됩니다. 그렇지 않아도 인구감소 정책에 혈안이 되어 있는데 짐승정부에 반항하는 자들은 가차 없이 죽여 버립니다.

성경에 보면 '…. 수가 차기까지' 란 말이 두 번 나옵니다.

로마서 11:25 "… 이 신비는 이방인의 충만한 수가 들어오기까지 이스라엘의 더러는 우둔하게 된 것이라.'

계시록6:10-11에서 순교자들의 영혼들이 제단 아래서 하나님 아버지께 탄원하기를, '큰 소리로 불러 이르되 거룩하고 참되신 대 주재여 땅에 거하는 자들을 심판하여 우리 피를 갚아주지 아니하시기를 어느 때까지 하시려나이까 하니 각각 그들에게 흰 두루마기를 주시며 이르시되 아직 잠시 동안 쉬되 그들의 동무 종들과 형제들도 자기처럼 죽임을 당하여 그 수가 차기까지 하라 하시더라.'

바로 전 3년 반에 이 두 가지 하나님의 약속이 성취됩니다. 전 3년 반, 일곱 나팔재앙 동안의 극심한 박해 속에서 이방인의 충만한 수가 들어와서 유대교인들도 예수를 구세주로 영접하는 사건이 선반적으로 있게 될뿐만 아니라, 이 기간의 극심한 박해 동안에 수많은 순교자들이 죽임을 당하면서 순교자들의 수가 차게 됩니다. 일곱째 나팔에서 공중 강림, 부활과 휴거가 있게 됩니다. 땅에 있는 자들을 심판하여 달라' 던 순교자들의 호소를 하나님께서 후 3년 반 동안에 일곱 대접재앙으로 심판하시게 됩니다.

먼저 적그리스도의 세계 단일정부의 파워가 어느 정도인가를 알아보고, 그 후에 각 나팔재앙의 의미가 무엇인가를 알아보겠습니다.

신세계 단일정부의
초월적 과학능력

1. 스탠포드 연구센터(Stanford Research Institute: SRI)

스탠포드 연구센터는 1946년 타비스톡연구소가 설립한 것입니다. 이 조직은 일반과학 발전은 중지시키려고 노력하는 반면, 엘리트들의 과학프로그램은 계속 발전시켜 그 격차를 심화시키려 하는 것입니다. 그들의 과학과 여러 가지 의학, 생화학 기술 등은 공상과학 소설에나 나오는 기술들을 이미 현실화 시키고 있음을 볼 수 있습니다. 스탠포드 연구센터의 가공할 만한 과학의 발전은 일반의 상상을 초월한 것입니다. 그런가 하면 우리는 인간이 아직 광속의 근처에도 가지 못한 것으로 알지만, 현재 인위적으로 광속의 4.7배라는 빠른 속도로 통신을 할 수 있는 기술이 이미 개발되었습니다. 그들의 기술은 횡선파를 이용하여 실내온도에서 쇠를 녹일 수 있고, 바위를 격파시키며, 물 밑 100미터에 있는 잠수함을 폭파시키고, 바닷물의 온도를 올리고 내릴 수 있으며, 공기를 이동시켜 기후를 조절할 수도 있다고 합니다.

이런 과학기술들은 1800년대에서 1900년 초기에 이미 개발되었으나 일반

세계에는 감춰져 있었습니다. 제 2차 세계대전 당시 독일의 히틀러 정부는 과학분야의 무한한 능력을 인식하고 과학연구에 막대한 돈을 쏟아 부었습니다. 무엇이든지 연구하고 개발하도록 문을 활짝 열어 놓았기 때문에 과학기술이 상상하지 못할 정도로 발전되었습니다. 2차 대전이 끝난 후 연합군—영국, 미국, 프랑스, 러시아 국가들이 히틀러 통치 아래에서 연구했던 과학자 수천 명을 데려가거나 납치해 갔습니다. 아인슈타인의 상대성원리나 원자폭탄, UFO 같은 것들은 이미 그 당시에 개발되었습니다. 그러나 신세계질서 음모자들이 이런 개발이 일반에 알려지지 못하도록 방해하고, 자기들만 독차지하여 그들의 목적으로 사용하기 위해 숨겨버렸습니다. 이제 우리가 상상치도 못할 일들이 얼마나 많이 있었는가에 대한 예들을 몇 가지를 소개하겠습니다.

2. 히틀러와 비행접시

발행 부수 500만부에 이르는 독일의 대표적 일간지 빌트지(Bild)紙가 2004년 12월 5일에 놀라운 기사 하나를 전했습니다. 하늘에 떠다니고 있는 UFO가 사실은 2차 대전 당시 히틀러와 나치가 개발한 신 기종 비행물체였다는 것입니다. 빌트지(紙)는 2001년에도 히틀러와 관련하여, UFO를 영접하는 단체인 라엘리안에서 복제를 추진하고 있다고 밝힌 적이 있습니다. 이전에도 히틀러와 UFO에 관한 보고와 기사는 종종 있어왔는데, 체계적인 연구를 하는 단체까지 있었다는 것입니다. 나치와 UFO, 과연 이 둘은 어떤 관계가 있는 것이기에 히틀러의 공식적인 사후 60여년이 지난 지금까지도 끊임없는 관련 보고가 이어지고 있는 것일까요?

■ 최첨단 기술력의 극치— 독일 UFO

1925년 히틀러의 개인 경호부대로 창설된 SS, 즉 나치스친위대

(Schutzstaffel)에는 석유 자원을 대체할 각종 에너지를 연구하는 부서인 E-4(일명 블랙썬)가 있었는데, 그 부서의 주요 임무는 영구기관이라든지 초전도 부상열차, 반중력 장치 등을 극비리에 제작하는 것이었습니다. 사실 영구기관이라고 하면 과학에 위배되는 허망한 사이비라고 생각하는 사람들이 대부분이겠지만, 이미 20세기 초에 반중력 장치를 비롯한 영구기관이 모두 발명이 되었다는 것을 아는 사람들은 극히 드물 것입니다. 미국의 포드사와 같은 유명 자동차 업체와 석유 자본가들의 방해 공작으로 인해 그러한 기술은 폐기되고 발명가들은 정신병자 취급을 받든가 비밀리에 죽임을 당했다는 것은 공공연한 비밀이 된지 오랩니다. 그 중 한 사람이 테슬라입니다.

이 시점에서 역사를 객관적으로 한번 바라봐야 할 필요성이 있습니다. 우리가 알고 있는 역사는 모두 승자의 입장에서 기록된 역사이기 때문입니다. 패자의 목소리는 어디에서도 들을 수 없는 이긴 자들의 역사라고 볼 수 있습니다. 그렇다고 히틀러를 옹호하는 것은 아닙니다. 이 주제에 있어서는 연합군이 옳건 나치가 그르건 간에 그것은 부차적인 문제일 것입니다. 지금은 감추어진 역사의 이면에 눈을 돌리는 것이 중요하다고 봅니다.

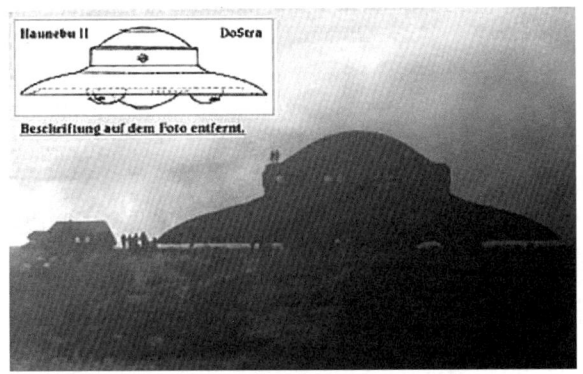

(사진: 나치의 휘장이 선명한 독일 UFO의 위풍당당한 모습)

■ 독일의 UFO 제작 연대기

나치의 SS는 그 당시 뮌헨 공대의 W.O. 슈만 박사가 개발한 자기 부상장치를 입수하여 비행접시의 제작에 본격적으로 착수하게 됩니다. 원래 나치의 비행접시는 Thule&Vril사가 만들었는데, 1935년부터 SS의 E-4 소속 과학자들이 대거 투입되어 새로운 UFO개발에 박차를 가하게 됩니다. 그들이 비밀리에 연구를 한 곳이 독일의 북서부 지방에 있는 '하우니부르크(Hauneburg)'였습니다. SS E-4는 이곳에서 시험 비행장과 연구 장비를 모두 갖추고 새로운 비행접시 'H-Gerat(Hauneburg Device)'의 제작에 들어갔습니다. 1939년부터는 보안상의 이유로 '하우니브(Haunebu)'로 줄여 불렀으며 오늘날까지 독일 UFO의 대명사입니다.

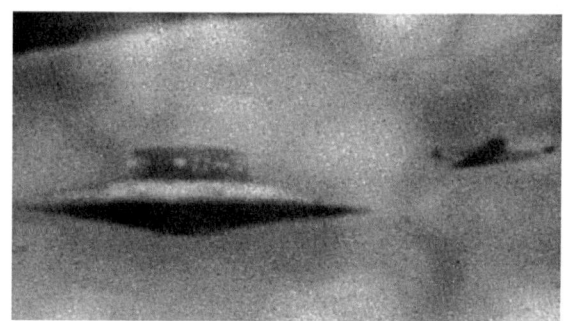

(사진: 실제 비행 중 촬영된 독일의 UFO. 역시 나치 휘장이 보이고 있습니다)

처음 개발된 것이 하우니브 1로서 직경 25m에 승무 정원 8명의 시제품 2기가 제작되었는데, 비행고도는 낮았지만 속도는 무려 시속 4,800km를 넘어섰다고 합니다. 후에 개량된 신 모델은 시속 17,000km에 이르고 비행시간은 18시간 정도였다고 합니다. 문제는 엄청난 고속으로 인한 마찰열을 비행체가 어떻게 견디느냐 였는데, 독일의 과학자들은 이것도 간단하게 해결해 버렸습니다. Viktalen이라는 초합금을 개발하여 비행접시의 외관을 덮었던 것입니다.

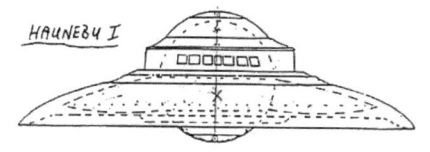
(사진: 독일 UFO 하우니브 1의 스케치 모습)

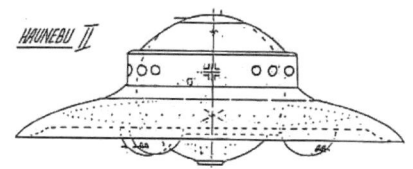
(사진: 독일 UFO 하우니브2의 스케치 모습)

하우니브 시리즈는 그 뒤에도 계속 이어졌습니다. 1942년에는 하우니브 2가 만들어져 시험 비행에 들어갔는데, 승무원 9명 탑승에 최고 시속 21,000km로 이틀 넘게 날 수 있었다고 합니다. 1944년에는 전쟁의 실전 투입용인 하우니브 2-DoStra (Dornier STRAtospharen Flugzeung)가 만들어집니다. 승무원은 20명 정도 탑승 가능했으며, 속도 또한 향상됐습니다. 2차 대전 종전 직전에 만들어진 하우니브 3는 전설로만 남아 있습니다. 딱 1대만 만들어졌다고 전해지는데 직경이 71m에 속도는 무려 시속 40,000km, 32명의 탑승인원, 게다가 한번 비행을 하면 2개월 동안 공중에서 보낼 수 있었다고 하니 가히 움직이는 하늘의 요새가 아닐 수 없었습니다. 공식적인 실험 보고는 하우니브 3가 마지막이지만 서류상으로는 하우니브 4가 존재했었습니다. 자세한 성능은 전해지지 않지만 120m정도의 크기에 상상을 초월하는 속도로 비행했을 것으로 추측됩니다. 실제 목격 사례 중에는 하우니브 4로 의심되는 비행체가 현재까지도 종종 목격되곤 합니다.

■ 밝혀지는 비밀들

일본의 유명한 저널리스트인 오찌아이 노부히꼬 씨는 그의 유명한 저서 〈라스트 바탈리온(Last Battalion)〉을 통해 자신이 직접 추적하고 취재한 자료를 공개했습니다. 이 저서에서 그는 히틀러와 나치 잔당의 지하 비밀 조직망과 남미의 칠레에 잠입하여 자신이 목격한 현존 나치 비밀 기지에 대해 상세히 소개하였습니다. 그는 여러 사진 자료들과 기록을 바탕으로 UFO의 정체가 2차 대전 때부터 추진되어온 나치의 비행체였음을 주장하고 있습니다. UFO전문 다큐멘터리 작가인 야오씨도 1994년 일본 니혼 TV의 특별 프로그램에서 이와 같은 증언과 함께 각종 증거 사진 등을 공개한 바 있습니다.

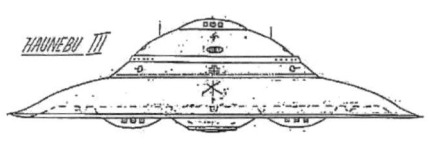

(사진: 독일 UFO 하우니브3의 스케치 모습)

한국에도 방한한 적이 있는 미국의 UFO연구가 프랭크 스트랜지스 박사는, 전운이 기울어가는 독일이 마지막 카드로 내민 것이 UFO였다고 합니다. 그 전에도 나치 독일은 연합군이 상상할 수도 없는 최첨단 무기를 개발하고 있었는데, V1, V2같은 로켓은 실전 배치되어 영국을 쑥대밭으로 만들기도 했었으며, 슈퍼건, 음향포, 초음속 폭격기, 원자 폭탄 등을 개발 중이었다고 합니다. 연합군들은 이미 그러한 사실을 알고 종전 후 앞 다투어 독일에 입성했으며, 경쟁적으로 나치의 첨단 기술을 싹쓸이해 가기에 이릅니다.

미국은 훗날 아폴로 계획의 주역인 브라운(W.Von. Braun)박사 등 핵심 과학자들을 영입해 갔으며, 화물 열차로 약 250대분의 V2로켓의 장비와 부품을 본국으로 실어 날랐습니다. 구소련은 한술 더 떠서 공장 자체를 그대로 뜯어가 이전했으며 점령지구 내에서 4000여명의 과학자와 그 가족들을 소련으로 이주시켰습니다. 그런데 재미있는 것은 나치 독일이 항복한 후 미군이 발견한 한 문서에서 V2 발사 실험 당시 그 근처에 비행물체가 감시를 하고 있었다는 독일 측의 보고가 있었다는 것입니다. 독일 최고 사령부 제13호실에서 발견된 암호명 URANUS가 사실상 세계 최초의 UFO 공식 조사 기록이었던 셈입니다.

(사진: 비행중인 나치의 UFO. 밑에 장착된 기관포 종류의 무기가 선명하다)

경위야 어찌됐건 연합군들이 그렇게 노력을 했건만 UFO관련 기술은 이미 나치에 의해 남미나 남극으로 빼돌린 후였으며, 현재에도 나치 잔당들은 완전한 자급자족을 이룰 수 있는 안전한 지역에서 대를 이어 연구를 하고 있다고 합니다. 얼핏 들으면 지어낸 이야기라 여길 수 있지만 연구가들이 제시하는 자료의 정확함을 마냥 부정할 수 없음도 사실입니다.[1]

3. 필라델피아 실험 <Philadelphia Experiment>

1943년 2차 세계대전 때 미 해군은 독일의 레이더망에 포착되지 않기 위한 피닉스 작전의 일환으로, 니콜라 테슬라(Nikola Tesla 1856~1943)를 위시해서 폰 노이만(John Von Neumann), 허친슨

<Nikola Tesla>

<John Von Neumann>

(John Hutchinson), 커텐아워(Emil Kurtenhour), 아인슈타인 같은 당대의 석학들을 소집하여 "무지개 작전"이라는 실험을 했습니다.

이 작전은 필라델피아 해군 항만에서 이뤄졌는데 보통 '필라델피아 실험(Philadelphia Experiment)'으로 알려져 있습니다. 처음에는 테슬라(Tesla)가 책임자로 있어 다른 과학자들은 그의 지시를 따르고 있었습니다. 그런데 테슬라는 이 실험이 전쟁에 사용되는 것을 원하지 않아 다른 과학자들을 지휘할 수 없게 되어 결국 그는 사임하고, 그의 뒤를 이어 폰 노이만이 책임자로

---

1) 역사에 '만약'이란 단어는 없지만, 히틀러가 싸우고자 했던 상대가, 일반 국가가 아닌-미국을 하수인으로 내세운-유태계 주축의 프리메이슨 같은 그림자 정부였다고 볼 때, 독일이 승리함으로 해서 그림자 정부의 주 수입원인 석유 에너지 개발이 사라지고 UFO같은 반 중력 장치를 이용한 영구기관이 보편화 됐다면, 최소한 환경적인 측면에서는 지금보다 훨씬 쾌적한 삶을 영위하고 있지 않을까 하는 생각이 듭니다.

앉게 되었습니다. 폰 노이만은 헝가리에서 태어난 수학 신동으로, 6살 때 암산으로 8자리 나눗셈을 할 정도였으며, 당대 가장 뛰어난 수학자 중 하나였습니다. 그는 독일과 스위스에서 연구하다가 1930년에 미국으로 와서 프린스턴 대학 교수가 되었습니다. 그는 '폰 노이만 기계'라는 최초의 컴퓨터를 만들었습니다. '폰 노이만 대수', '오퍼레이터 이론', '게임이론' 등을 개발했고, 독일 물리학자 하이젠버그(Werner Heisenberg)의 '불확실성 원리'를 '양자물리학의 수학적 기본'이라는 이론으로 증명하기도 했습니다. 그 이외에 시간은 과거-현재-미래로 흐르는 선상(線上)의 움직임이 아니라고 증명하는 등 그가 남긴 업적은 수 없이 많습니다. 1930년대에 들어오면서 니콜라 테슬라는 이미 여러 명의 다른 과학자들과 '시공간 연속체'라는 다른 차원으로 옮겨 다니는 실험을 하고 있었으며, 전기를 이용하여 물체가 보이지 않도록 하는 것이 가능하다고 믿은 시카고 대학에서도 이에 관한 연구를 시작했습니다. 한편 이보다 먼저 아인슈타인도 '중력과 전기의 통일장 이론'을 내놓고 이 원리를 이용하여 바다에서 전자기파로 배를 위장하는 방법을 시도한 적이 있었습니다. 아인슈타인은 1925~1927년 사이에 독일어로 이 논문을 프러시아 과학저널에 발표했으나 후에 완전치 못하다고 철회했습니다. 폰 노이만이 있던 프린스턴 대학의 진보학문연구소(Institute of Advanced Studies)는 1939년 작은 물체를 보이지 않게 하는 데 성공했습니다. 이 연구소는 이를 미국정부에 알렸으며, 군에서는 당시 전쟁에 돌입한 상황을 고려하여 이를 실전에 이용하려 했습니다. 이것이 "무지개 작전"으로 구체화 되었고, 결론은 테슬라 코일 4개를 작동시켜 자장을 만들고 그 자장으로 소위 '과도공간기포(Hyper Space Bubble)'를 물체 주변에 조성해 보이지 않게 만드는 것이었습니다. 이 원리는 함선 주변에 아주 강력한 자장을 만들어 감싸면 태양빛 같은 광선이나 레이더 등에 사용하는 전파는 마치 아지랑이처럼 굴절하게 되어 보이지 않게 되며, 혹시라도 적이 어뢰를 발사하면 그 진로가 굴절되어 옆으로 빗나가게 된다는 것이었습니다. 이 실험은 마치 보이지 않는 옷을 몸에 입는 것처럼 배가

적에게 노출되지 않는 것이 첫째 목적이었습니다. 그 때 아인슈타인과 테슬라는 만약 이런 기술이 개발 된다면 인류를 위해 사용되지 않아야 한다는 경고를 했습니다. 드디어 1943년 여름,

〈USS Eldridge DE 173〉

뉴욕 해군 항만기지 소속 엘드리지(USS Eldridge DE 173) 경구축함에 75KVA(킬로볼트암페어)짜리 발전기 2대, 자장을 만드는 테슬라코일 4개를 위시한 여러 전기 기구를 잔뜩 싣고 필라델피아 해군 항 앞바다에서 실험이 시작됐습니다.

   1943년 7월 22일 오전 9시 함상의 발전기를 발동시켰고, 곧 선박 주변이 초록색 안개로 가려지면서 선박은 보이지 않기 시작했습니다. 얼마 후 안개 자체가 걷히면서 선박도 함께 사라졌습니다. 이를 주시하던 해군 고위 장교들이나 과학자들은 선박이 레이다망에만 잡히지 않는 것이 아니라 눈으로도 볼 수 없다는 것에 대단히 만족했습니다. 얼마 후 발전기를 끄도록 명령하자, 다시 초록색 안개가 서서히 나타났다가 그 안개가 가라앉으면서 엘드리지호가 모습을 드러냈습니다. 그러나 육지에 있던 관련자들이 승선해 보니 무언가 잘못되어 있었습니다. 갑판에 있던 선원들은 얼이 빠져 있었고 매스꺼움과 어지러움을 호소했습니다. 당국은 선원들을 모두 교체시키고, 앞으로는 레이다에만 감지되지 않게 만드는 방향으로 실험을 변경했습니다. 10월 28일 오후 5시 15분, 다시 실험이 시작되었습니다. 발전기를 가동하고 테슬라코일이 작동하여 전기자장이 일자, 함선은 서서히 사라지기 시작해 뱃머리만 약간 보일 정도였습니다. 얼마 동안은 모든 것이 예상대로라고 느껴졌는데 갑자기 선박에서 파란불이 번쩍 일면서 배 전체가 완전히 사라져 버렸습니다. 불과 수초 사이에 함선은 약 400Km 남쪽에 있는 버지니아 주 노포크항 앞 바다에 수분 동안 나타났다가 다시 필라델피아 해군기지 앞 바다에 돌아왔습니다. 이번에는 모두 181명이 승선했었는데, 그 중 120명은 온데간데 없었고, 40명은 죽

고, 21명만 살았는데, 일부는 미쳐 버렸고 산 사람 모두는 신체적으로 매우 심한 이상 증세를 보였습니다. 가장 이상한 일은 그 중 5명이 함선의 철판에 아주 박혀 철의 일부가 되어버린 것이었습니다. 애초 레이다망에 걸리지 않게 하려던 실험이 뜻하지 않은 선박 전체의 텔레포테이션(teleportation, 물체 따위를 이동시키는 것)을 맛보는 사고로 끝을 맺은 것입니다. 이에 대해 해군 당국은 그런 실험을 한 일도 없고 '엘드리지' 라는 함선이 없어진 일도 없었다고 주장하며, 그 함선의 일지를 공개하기도 했습니다. 여하튼 필라델피아 실험으로 당국과 실험 당사자들은 많은 것을 배웠을 것이고 누구보다 우월한 무기를 가지려는 욕망에 이를 포기했을 리는 만무합니다. 알려진 바로는 미국 해군이 1950년대에 팀머맨(USS Timmerman)이란 함선으로 또 다른 실험을 했으며, 이번에는 '엘드리지' 호 때처럼 400헤르츠를 사용하지 않고 1000헤르츠를 사용했다고 합니다. 이 이론을 비행기에도 적용시키려는 노력도 있었습니다. 1984년 라필(Stewart Raffil)감독의 〈필라델피아 실험〉이라는 영화는 이를 바탕으로 픽션으로 그려진 영화라고 볼 수 있습니다.

사진: 영화 Philadelphia Experiment의 비디오 표지. 주연 Michael Pare, Nancy Allen

4. 전자무기의 창시자 니콜라 테슬라

현대사회에서 전기는 인간생활과 분리시킬 수 없는 매우 중요한 요소입니다. 전기의 발전에는 에디슨을 위시해서 패러데이, 헤르츠, 볼타 등등 많은 과학자들의 공헌이 있었지만 누구보다 큰 공헌을 하고도 숨겨진 존재가 니콜라 테슬라입니다. 19세기 후반 그가 이 세상에 나왔을 때는 지금과 비교해 전기가 매우 원시적인 상태였습니다. 기초적인 전기이론은 어느 정도 확립되었지만 직류 전기 밖에는 생각하지 못하던 때였습니다. 지금 우리가 사용하고 있는 전기는 배터리에서 생성되는 전기 외에는, 대부분이 교류전기 입니다. 교류전기가 보편화되기까지의 과정은 그리 만만치 않았는데, 교류전기는 이론에서 실용화까지 완전히 테슬라의 업적이었습니다. 21세기에 들어선 지금도 아직 소개되지 않은 그의 이론과 발명품들이 너무도 많습니다.

테슬라가 발명한 것들은 너무나 대단하고 가공할 만한 위력을 가진 것이기에 누군가 자기네들만의 무기로 사용하기 위해 세상에 숨기므로 테슬라로 하여금 돈벌 기회를 빼앗아 버렸습니다. 테슬라는 제 2의 산업을 일으킨 장본인이요, 역사상 가장 위대한 과학자란 소리를 들을 정도의 인물입니다. 그는 아인슈타인과 함께 일하기도 했으며, 에디슨보다 뛰어난 발명가입니다. 그런데 세상에서 그를 아는 사람이 거의 없습니다. 그는 마차 시대에 살면서 달에 로켓을 보낼 수 있는 이상의 미래를 개척한 과학자입니다. 그는 19세기 후반에서 20세기 전반을 산 사람이지만, 21세기 지금에도 세상 사람들이 아는 최첨단 과학기술보다 훨씬 더 앞선 과학을 만들었습니다. 휴고 건스백은 과학소설의 아버지라고 불리며, 90여 년 전에 녹음기, 홀로그램, 팩스 따위의 필연적 발명을 예견했고, 1928년에 이미 텔레비전 설계도를 잡지에 발표했습니다. 3차 세계대전 이후에나 나올 듯싶은 미래사회를 묘사한 [랄프124C41+]라는 소설을 쓴 그는 테슬라를 가리켜 인류 역사상 가장 훌륭한 과학자라고 다음과 같이 평했습니다. "일반적으로 발명이란 것이 이미 다른 사람들이 만들어 놓은 지식을 토대로 만드는데 비해 니콜라 테슬라는 두 번 다시 생각할 필요 없이 과학을 창조했다. 그는 지금까지의 역사에서 가장 뛰어난 과학자일뿐 아니라 미래에도 그를 능가할 과학자는 없을 것이다… 그가 대담무쌍한 담력으로 이룩한 기초 지식과 혁명적인 과학발견은 지식세계에서 또다시 일어 날 수 없는 일이다."

1) 시대를 앞선 발명

테슬라는 1901년 초부터 JP모건의 경제적 후원 약속 하에 유명한 '워든크리프 타워'를 계획하게 됩니다.[2] 롱아일랜드에 지상 높이 57미터, 지하 깊이 37미터의 탑에 직경 21미터, 무게 55톤 되는 버섯모양의 금속관을 씌운 워든클리프 타워 착공에 들어갔습니다. 그는 이 탑으로 전기는 무제한 무선 송전 할 수 있고, 방송국 역할도 할 수 있다고 했습니다. 그의 목표는 누구나 필요할 때에 아무데서나 무제한 전기를 아주 싼 값에 얻을 수 있도록 하는 것이었습니다. 그러면 사람들이 심한 육체적 노동의 사슬에서 풀려나 평화와 번영을 즐길 수 있을 것이라 기대했던 것입니다. 그는 이를 증명하기 위하여 자기 실험실에서 26마일 떨어진 곳에, 전깃줄 대신 땅을 통해 전기를 보내 200개의 전등을 켜보였습니다. 후원을 약속한 JP모건이 이리저리 핑계를 대고 약속을 지키지 않았습니다. 착공에 들어가 이미 기술자들까지 채용한 테슬라는 특허 이익의 51퍼센트를 모건의 소유로 한다는 조건하에 15만 달러의 착수금만 겨우 받았을 뿐, 결국 '워든클리프 타워' 공사는 좌절되고 이에 따른 경제적 압박이 테슬라를 괴롭혔습니다.

---

[2] 테슬라가 발표한 중요한 주장은 다음과 같습니다. 1. 지구는 표면이 한 극이 되고 또 다른 한 극이 되는 전리층(지상 40~400킬로미터 정도에 형성된 기류층)이 상호 작용하는 거대한 전기적 공명체이다. 2. 지구 자체는 엄청난 전기를 이미 갖고 있기 때문에, 수도관 연결하듯 뽑아 쓰는 기구만 만들면 무료로 전기를 사용할 수 있다. 3. 무선 전기 전송 시스템은 지구 표면과 전리층에 있는 기본전파 혹은 고정전파 형태의 에너지를 활용하여 전송할 수 있다.

테슬라는 이 공사 좌절 이후 특히 1905년 이후에는 이렇다 할 일을 해내지 못하였습니다. 세상 사람들이 그의 천재적인 능력은 인정하였으나 아무도 그에게 투자하지 않았기 때문입니다. 그는 1907-1908년에는 심리적으로 좌절감에 빠지기도 했습니다. 그는 쉬지 않고 새로운 것을 만들어 내고 있었습니다. 그는 이것을 남이 알아차리지 못하도록 기록하여 여러 개의 트렁크 속에 넣어 약 20여 군데에 분산 보관했습니다. 그가 살던 뉴욕 가버너 호텔에는 1만 달러

테슬라의 워든 클리프 타워

를 들여 만든 금고까지 있었습니다. 그는 1943년 1월 7일 아무도 없는 방에서 외롭게 숨졌고, 시체는 호텔 청소부가 발견했습니다. 그가 미국에 온지 59년 되는 해였습니다. 그가 죽자 FBI가 외국인 자산관리소를 시켜 그의 모든 소지품을 차압하여 그가 남긴 모든 자료들을 가져가 자신들만의 소유로 만들었습니다. 테슬라가 발명한 것들에 투자를 하지 않은 것은 세상에 나타내지 않으려는 음모였습니다. 테슬라에 따르면 '워든클리프 타워'는 모든 종류의 전신과 음성과 글자를 자유자재로 세계 어느 곳이든 무선으로 보낼 수 있을 뿐만 아니라 세계 각지에 있는 모든 전화와 전신 송신소들의 설비를 개조하지 않고도 가능하며, 같은 원리로 수신기만 갖고 있으면 육지나 바다나 관계없이 세계 어느 곳에서도 음악이나 목소리를 들을 수 있게 됩니다. 지구 자체가 거대한 도체이기 때문에 당시 유선으로 가능한 일 대부분이 무선으로 가능케 된다는 뜻입니다.

1926년 1월 30일에 그가 호텔 객실에서 자기 신세를 한탄하면서 적은 글이 있습니다.

"모든 실체가 리듬을 가진 분자로서 전 세계를 하나의 거대한 두뇌처럼 작동하게 만드는 무선이 완전히 적용되는 날에는, 인류는 거리 감각

을 잊어버리고 즉각적으로 누구와도 교신을 하게 될 것이요, 그 때에는 사람들이 원거리 전화와 원거리 영상으로 마치 얼굴을 맞댄 것과 다름없이 교신할 것이며, 그 때의 TV전화는 지금 우리가 사용하는 전화보다도 훨씬 더 간단해져서 사람들은 윗옷 호주머니에 그 TV전화기를 넣고 다닐 것이다. 필경 가장 가치 있는 무선 에너지의 원리를 적용시켜 만들 수 있는 이기(利器)는 연료 없이 현재의 비행기나 비행선이 갖고 있는 여러 한계를 벗어나 자유로이 다닐 수 있는 비행기의 추진력이 될 것이다. 또 각 가정에 배달되는 종이 신문 대신에 사람들이 잠자는 동안에 무선으로 각 가정에 신문이 직접 배달되어 집에서 인쇄된 신문을 읽는 것과 같이 신문을 읽게 되는 일은 꿈이라기보다 현실에 훨씬 가까운 이야기이다. 그리고 자동차들의 주차문제와 겸하여 상용도로와 개인용무를 위한 도로를 별도로 사용하는 문제도 해결할 수 있을 것이다. 벨트로 장치된 고층 주차장 빌딩을 세우고 도로는 필요한 대로 겹으로 증폭시키면 된다. 그러나 자동차의 바퀴를 날개로 대치하는 문명이 도래하면 그런 도로마저 결국 사라질 것이다."

2) 테슬라의 에테르 연료 자동차

전기자동차에 대한 인류의 관심은 20세기 후반이나 21세기에 들어와 화석연료 고갈이나 환경문제 때문에 촉발된 것은 아닙니다. 1920년대에 이미 전기자동차의 필요성에 관심이 고조되었고, 각 자동차 제작사들이 전기자동차를 선보이기도 했습니다. 당시 전기자동차 출시로 유명했던 회사들은 디트로이트 일렉트릭, 콜럼비아, 베이커, 라우시 & 랭, 우즈 같은 회사들이었습니다. 지금은 모두 생소한 이름이지만 그 때는 포드, GM 같은 회사들도 여러 자동차 회사들 틈에 끼어 생존경쟁을 하고 있었습니다. 전기자동차는 배터리로 에너지를 공급하기 때문에 무겁고 덩치가 크며 속력이나 운행시간에 제한이 있는 것이 단점이었으나 그런 상황에서도 특수 용도로서의 인기는 유지하고 있었습니다. 그러던 중 내연엔진의 셀프모터의 등장으로 스위치 하나로 시동이 가능해지자 전기자동차의 인기는 급속히 떨어지게 되었던 것입니다. 일반적으로 전기자동차는 직류모터를 사용하는데, 이에 반해 테슬라는 교류모터를 사용했고 차 뒤에는 180센티미터 정도 길이의 안테나를 장착했습니다. 1931년 피어스-애로사와의 계약하에 진행된 테슬라의 자동차를 시험 운전한 사람은 같은 유고슬라비아 태생 오스트리아 공군 조종사 출신으로서 테슬라를 삼촌이라고 부르며 따르던 피타 사보(Petar Savo)라는 32세 청년이었습니다. 사보가 허락 없이 차에 대한 소문을 퍼트린 덕에 테슬라는 어떻게 배터리 없는 전기 자동차를 만들 수 있으며 전원은 어디에서 얻느냐는 질문을 많이 받았습니다. 테슬라는 주변에 널려 있는 에테르에서 얻는다고 마지못해 대답을 했습니다. 그 후에 피어스-애로사와 협상이 잘 안됐거나 다른 사정 때문인지 이 전기 자동차는 결국 햇빛을 보지 못했습니다.

1960년대에 이르러 사보가 증언한 바에 의하면, 그들은 버팔로의 어느 작은 차고에 들어가서 자동차 본네트를 열고 가져온 진공관 12개를 장치에 꽂고 시동을 걸었습니다. 전기를 일으키는 장치는 길이 80센티미터에 폭 30센티미터, 높이 15센티미터의 상자처럼 생겼으며, 사용한 진공관은 어떤 것인지 모르지만 후에 3개는 70L7-GT진공관으로 밝혀졌습니다. 사보가 운전대에 앉고 테슬라는 보조석에 앉아 지시하는 대로 시동스위치를 켰는데 아무 소음이 없었고, 전진기어를 넣고 가속페달을 밟으니 앞으로 굴러 나가기 시작했습니다. 그들은 120마일(시속 192km)까지 밟았고 그런 고속에서도 자동차는 아주 조용했습니다. 시험운전을 마친 테슬라는 확신을 얻고 자동차에 대해 설명했습니다. 그 자동차는 연료가 전혀 필요 없으며, 가정에 전기도 공급하게 될 것이고, 기차, 선박, 비행기에도 사용될 것이라는 내용이었습니다. 모터의 원리에 대해서는 자세히 설명하지 않으나 그의 장치는 단순히 에테르에 있는 신비스런 방사선을 받는 장치일 뿐이며, 그 방사선은 공중에 무궁무진하게 존재하므로 인간은 대기에 그런 에너지가 한 없이 존재한다는 사실에 감사해야 할 것이라 말했습니다. 사보는 그 후 8일 동안 계속 그 차로 시내와 시외를

운전하고 다녔습니다. 그들은 자동차를 다시 버팔로에서 20마일 떨어진 교외의 어느 비밀장소에 갖다 놓고, 시동키와 전기장치를 떼어 집으로 가져갔습니다.

원래 에테르는 하나의 가설로, 19세기에 빛, 열, 전자파 같은 매체이자 우주 공간을 채우는 눈에 보이지 않는 물질로 이해되고 있었습니다. 테슬라가 사회의 통념을 따라 '에테르'라고 표현했지만, 실제 그가 말한 것은 '슈만공명'을 의미했습니다. 그는 지구 표면에서 전리층(고도 약 80킬로미터) 사이를 '슈만층'이라 하고, 슈만층에는 7.83헤르츠의 전자기파가 흐르고 있는데, 이를 슈만공명 또는 '지구 자장의 맥박'이라고 했습니다. 이 파장은 지구 표면의 슈만층 어느 곳에나 전혀 약화됨이 없이 돌고 있다는 것입니다. 테슬라가 자동차에 사용한 무료전기는 바로 이 슈만공명을 잡아 전기에너지로 변환시킨다는 의미였고, 누구나 간단한 변환기만 있으면 지구 어느 곳에서나 쉽게 전기에너지를 얻을 수 있다는 것입니다. 그리고 그가 이미 그 기구를 만들었다는 것입니다.

이런 슈만공명을 이용한 자동차가 실용화 되지 못한 것은 석유재벌들이 이것을 용납할 수 없었기 때문입니다. 그들은 석유로 돈을 벌어야 하는데, 이런 슈만공명을 이용한 자동차가 나오면 석유장사는 끝나기 때문입니다. 석유는 그들만이 독점해서 떼돈을 벌 수 있는 물질이지만 슈만공명 같은 것은 공기와 같이 누구나 무진장 사용 가능하기에 석유재벌들로서는 용납할 수 없었습니다. 그래서 테슬라는 평생 이들에게 외면당했던 것입니다. (독일 나치의 UFO 개발도 이 슈만공명을 잡아 전기에너지로 변환시킨 것이 아닐까 내 나름대로 생각해 봅니다.).

3) 퉁구스카 폭발

1908년 6월 30일 오전 7시 17분 바이칼 호수 북쪽 시베리아 포드카메나야 퉁구스카 강 지역 상공 8킬로미터 지점에서 이상하고 거대한 폭발이 일어났습니다. 퉁구스카 강 주변은 툰드라가 끝난 남쪽의 광대한 침엽수 원시림 지역이었습니다. 이 폭발로 바로 밑에 있던 2,150 평방킬로미터 면적에 초속 60킬로미터 강풍에 해당하는 공기파와 섭씨 1,600만도 정도의 열파가 덮쳤으며, 다음 약 8천 평방킬로미터 지역에 있던 8천만 그루 이상 되는 나무들이 불에 탔습니다. 폭발의 충격파는 런던의 지진 관측소에까지 감지되었는데, 그 위력은 진도 5의 지진 또는 TNT 10-15메가톤에 해당하여 히로시마와 나가사키 원폭의 약 2천 배 규모였습니다. 이 지역은 광활한 무인지대로 알려져 있으나, 그 속에는 원주민들이 간헐적으로 작은 마을을 이루며 살았고 많은 사슴 떼도 살고 있었습니다. 그런데 이들이 모두 사라져 버린 것입니다. 1960년 우바로프박사의 조사 때에 인근 약 3000명의 사람들이 그 당시의 폭발을 목격했다고 합니다. 이들에 의하면 북동쪽 하늘이 밤새 오랜지색을 띤 강력한 노란빛이었고 다음날 아침 동이 틀 때까지 훤했으며, 빛이 번쩍이거나 깜박거리는 일도 없었으며 무지개나 오로라처럼 빛줄기가 나타나는 경향도 전혀 없었다고 합니다. 세계적인 과학자들로 구성된 조사단이 여러 차례 답사하여 땅을 40미터나 파보았는데도 운석이나 분화구의 흔적이 없었기에 핵폭탄이나 유성이 떨어진 것은 아니라는 의견이 지배적이었습니다.

한편 이 사고에 대해 테슬라를 의심하는 사람들이 많습니다. 왜냐하면 테슬라는 무선으로 엄청난 양의 전기를 원하는 곳에 보낼 수 있을 뿐만 아니라 이를 무기로 사용할 수 있다는 말을 누누이 했기 때문입니다. 워든클리프 타워로 전압 1억 볼트에 전류 1천 암페어까지 실험을 해본 그는 만약 이런 전량을 아주 짧은 시간에 방출하게 되면 TNT 수백만 톤을 터트리는 것과 같은 효과를 내며, 이런 전기 덩어리를 지구 어디든 원하는 곳에 빛의 속도로 보낸다면, 그 지역은 순식간에 증발해 버릴 것이라고 결론 내렸습니다. 그리고 무선송전이라는 그의 발명이 얼마나 위력적인 가를 보여주기 위해 인명피해가 없는 지역을 선택하여 시범을 보였고, 그것이 1908년 퉁구스카 폭발이라는 것입니다.

평화주의자요 인본주의 사상이 투철한 그가 많은 짐승과 원주민을 죽이는 일을 했을 리 없는데, 필경 테슬라의 실험이었다면 예기치 않았던 것일 수도 있고 목표가 빗나갔을 것이라고 추측합니다. 그 당시 피어리(Robert E. Peary)는 10여 년 동안 계속해서 북극 지역을 측량하고 탐험했는데 그 탐험팀의 기지가 캐나다의 최북단 엘레스미어 섬의 엘러트였습니다. 이 앨러트는 지구본에서 워든클리프 타워와 퉁구스카를 북극을 통해 직선으로 연결하면 바로 그 선상에 있기 때문입니다. 혹시 테슬라의 본래 의도는 피어리 탐험팀이 북극 어느 곳 폭발의 규모를 증언하도록 해서 자신의 발명이 위대함을 증명해 여론을 몰아 자본가나 투자자들의 주목을 끌어 보려 했으나, 뜻하지 않은 인명 피해와 자연파괴 때문에 오히려 비난을 받을까 두려워 입을 다물었던 것이 아닌가 추측하는 것입니다.

4) 가공할 무기 하프(HAARP, High Frequency Active Auroral Research Program)

세계 3차 대전이 일어날 때에는 경무기로 시작되지만 마지막은 연무기로 끝날 것입니다. 경무기란 지금 우리가 지상의 무기로 여기고 있는 소총에서부터 원자탄 등이고, 연무기란 지금부터 소개하려는 전자 무기 등을 의미합니다. 전자 무기 중에서도 가장 극치라고 할 수 있는 하프(HAARP)를 우선 소개하겠습니다. 아직 하프(HAARP)에 대해 아는 사람들은 그렇게 많지 않지만, 이 무기를 알고 있는 사람들은 이것이 궁극적인 무기라고 믿고 있습니다. 이 전자기나 전자파 무기 앞에서는 현대의 군대도 원시군대(마치 소총이나 기관총으로 무장한 군대 앞에 활이나 창으로 무장한 채 서 있는 군대보다 못한) 이하로 전락할 것입니다. 그러면 하프(HAAARP)를 이용해서 무엇을 할 수 있습니까?

첫째, 적이 소유한 모든 인공위성이나 비행기, 미사일, 트럭 따위를 한꺼번에 파괴시킬 수 있습니다. 현대 인공위성은 스파이 활동으로 적군이 어떻게 움직이며 어떤 장비를 갖고 있는지 상세한 자료를 제공해 주는데 그것을 모두 한꺼번에 없애버리면 아군은 적이 모르게 마음대로 움직일 수 있을 것입니다. 마치 두 권투선수가 링에서 싸우는데 한 사람은 맹인이고 한 사람은 눈을 뜬 선수라고 생각해 봅시다. 이것이 앞에서 말한 테슬라의 살인광선의 위력입니다.

둘째, 이것으로 지구 주변에 보이지 않는 막을 형성하고 그 막을 통과할 수 없게 만들 수 있습니다. 대륙간 탄도탄이든 일반 비행기든 이 막에 도달하면 모두 폭발하거나 추락해 버립니다. 이 막이란 광선의 속도로 움직이는 전자운을 살포하는 것입니다.

셋째, 전리층을 변형시키거나 옮겨서 하늘을 태울 수 있습니다. 예를 들면 어떤 도시에 살고 있는 사람들을 포함하여 생물을 죽이려면 하프(HAARP)가 위치한 장소에서 세밀하게 계산하여 그 도시 상공에 있는 오존을 모두 태워버리면 됩니다. 그러면 우리 눈으로 확인할 수 없지만 하늘에 구멍이 뚫려 그 도시에는 여과되지 않은 햇빛, 우주광선이 직접 비치게 됩니다, 그렇게 되면 폭발음도 없고 눈에 보이는 위험한 물건도 없이 그저 조용하게 생명체가 죽어갈 뿐입니다.

넷째, 제트기류도 조절할 수 있습니다. 마치 돋보기에 햇빛 초점을 맞추면 높은 열을 내어 물건을 태울 수 있듯이, 그 반대로 지상에서 여러 개의 송신 안테나로 발사하는 전파로 상공에 초점을 맞추면 그 위치에 높은 열이 생깁니다. 기후는 대기에서 일어나는 일종의 열교환입니다. 열의 차이에 따라 기류가 한 곳에서 다른 곳으로 옮겨가는 과정에 폭풍도 일고, 비도 오고, 가뭄도 생기게 됩니다. 물론 이러한 현상은 자연적으로 생기는 것이지만 하프(HAARP)를 이용해서 인위적으로도 만들 수 있습니다. 기후를 무기로 사용할 수 있다는 말입니다. 미국이나 러시아나 중국이든 누가 이런 활동을 할 때에 우리는 보이지도 들리지도 않기에 홍수나 가뭄 같은 현상이 자연적인지 인위적인지 분별이 불가능합니다.

다섯째, 눈 깜짝할 사이에 지구상 어디든지 집중적으로 번개와 벼락을 몰아 올 수도 있습니다. 번개와 천둥을 생각해 봅시다. 공기가 더울수록 올라가는 속도는 더욱 빨라집니다. 이 공기가 아주 높이 올라 찬 기류를 만나면 물방울로 변해 구름이 됩니다. 구름이 형성되는 중에 아랫부분은 마이너스를 띠게 되고 상부는 플러스를 띠게 됩니다. 그리고 중간은 마치 콘덴서 역할을 하다가 그 플러스와 마이너스의 전압의 차이가 중간 구름의 저항을 능가하게 되면 번개가 일어나는 것입니다. 다른 한편, 땅은 원래 플러스와 마이너스가 짝지어져 있어 중성인데, 번개구름이 땅 위를 지나면서 지상과 그 위 공기의 플러스전기를 끌어당기게 됩니다. 그래서 땅과 구름의 전극 차이가 아주 심해지면 천둥이 치는 것입니다. 지구와 지구 주변에는 항상 엄청난 전기가 자연적으로 발생하고 있습니다. 이 전기를 모으면 공짜로 필요한 전기를 충분히 얻을 수 있습니다. 이런 원리를 인위적으로 이용하면 1초에 20번 이상 원하는 장소에 벼락을 치게 할 수도 있으며, 원자탄 이상의 폭발력을 가진 전기뭉치를 빛의 속도로 원하는 곳에 보내 그 지역을 전부 태워 버릴 수도 있습니다.

여섯째, '매스 마인드컨트롤(mass mind control)이 가능합니다. 예를 들면, 어떤 특정 지역의 사람들이 불이익을 당해서 몹시 흥분된 상태인 것을 무마시키기 위해 이유 없이 기분 좋게 만들거나 반대로 이유 없이 자기의 분을 못 이기고 행패를 부리도록 만드는 것이 가능합니다.

일곱째, 원하는 지역에 전기를 끊을 수 있습니다. 하프(HAARP)는 태양에서 일어나는 현상을 인위적으로 재현시키려는 노력이라고도 말할 수 있습니다. 태양표면이 어떤 이유로 끓었을 때 이것을 태양풍이라 하는데, 약하게 일어날 때는 지구통신에 지장이 생기고 심할 때에는 전기가 끊어지기도 합니다. 이런 현상은 지구의 자장이 영향을 받기 때문입니다. 정전은 상업과 공업에 어마어마한 손실을 가져다줍니다. 정전이 오래되면 물 공급이 끊어져 화장실도 사용할 수 없게 되고, 밥도 지을 수 없고, 냉장고도 달아오르고, 병원에서 수술을 할 수 없어 사람이 죽게 되고, 겨울에는 온방을 할 수 없어 얼어 죽게 됩니다. 그러나 전기를 끊은 측에서는 계속 전기를 보유하고 통신에도 전혀 지장이 없이 모든 것을 정상적으로 운행하게 될 것입니다.

하프(HAARP)는 테슬라가 100여 년 전에 이미 언급한 살인광선의 원리를 이용한 것입니다. 테슬라 이후 이것을 실용화하려는 시도는 거의 없었습니다. 그러다가 1984년 ARCO(Atlantic Richfield Company) 석유회사 소속 연구소 소장 이스트룬드 박사가 '지구의 대기, 전리층과 전리층의 부분적 변환방법 및 기구'에 대한 특허를 냈습니다. 이 연구소의 목적은 석유나 천연가스를 찾는 것이었습니다. 그는 비행기에서 30와트의 출력으로 전파를 땅에 쏘면서 알래스카는 물론 전 세계의 석유, 천연가스 매장상태를 조사했습니다. 현재 알래스카 가코나의 70-80만 평의 땅에 180개의 안테나가 설치되어 있는데, 이것이 하프(HAARP)시설의 전부입니다. 안테나가 가로 12줄, 세로 15줄의 십자형 안테나의 원 명칭은 '전리층 연구기구'인데 세계에서 가장 강력한 초단파 송신안테나지만 실제로 라디오 방송은 하지 않고 전리층의 한 영역을 뜨겁게 가열하는 것이 그 기능입니다. 현재 지구상에는 전리층 가열기가 여러 대 있으나 하프(HAARP)가 나머지 전체를 합한 것보다 몇 배 더 강력합니다. 이것은 무엇이든지 지하에 있는 물질을 감별할 수 있는 것이 원래의 기능 중 하나였고, 이를 EPT (Earth Penetrating Tomography)라고 부릅니다. 이를 이용하면 화산폭발이나 지진도 가능합니다. 이것을 개발한 이스트룬드 박사도 사실 테슬라가 100여 년 전에 이미 역설했던 확대송신기를 만들어 낸 것뿐입니다.

5) EMP(Electric-Magnetic Pulse) 무기

우리말로 '전자기파 고동' 이라고 부를 수 있는 EMP는 손에 들고 다닐 수 있을 정도로 작은 크기로도 개발되어 있습니다. 이 무기를 갖고 증권시장을 한 바퀴 돌면 그 부근의 컴퓨터 데이터 베이스는 모두 망가져 버립니다. 역시 뉴욕 월스리트 근방을 자동차로 한 바퀴 돌면 세계 경제시스템에 대 혼란을 야기하게 될 것입니다. EMP는 대기권 위에서는 훨씬 더 광범위한 지역에 사용될 수도 있습니다. 그럴 경우에는 핵무기 시설을 모두 무기력하게 만들 수도 있다는 뜻입니다. EMP 폭탄은 모든 전기나 전자장치를 망가트립니다. EMP의 용도는 무궁무진합니다.

6) 플라즈마 무기

1989년 미국 에너지성은 불덩이가 폭탄처럼 하늘을 날아 대륙간 탄도탄을 떨어트리는 플라즈마 무기의 특허를 얻었습니다. 미사일의 속도가 초속 1,600 킬로미터를 조금 넘는데 비해 플라즈마는 초속 30만 킬로미터로 날아갑니다. 인공위성으로 세계 전 지역을 매초 관측하여 날아오는 미사일을 발견했다고 가정합시다. 그러면 불과 수초 후에 플라즈마탄이 날아가 그 미사일을 맞추어 폭발시키게 됩니다. 아무리 미사일을 쏘아도 목적지에 당도하기는 커녕, 바로 미사일을 쏜 당사자 머리 위에서 터져 버리는 것입니다.

7) 테슬라의 조종된 지진

과학자들은 지진이 일어나면 전리층과 자기층에 변화가 일어난다는 것을 발견했습니다. 이를 뒤집어 생각하면 전리층이나 자기층에 변화를 일으켜 지진을 유발할 수도 있다는 말입니다. 그렇다면 하프(HAARP)나 러시아의 딱따구리 전파를 이용해서 자연의 흉내를 내거나 자연의 약점을 자극시켜 인조지진을 만들 수도 있습니다. 테슬라는 '조화공명' 의 원리를 보여주기 위해 한 가지 실험을 했습니다. 한 고층건물 밑에 건축에 사용하는 철근을 깊이 꽂아 놓고는 그 철근에 진동기를 부착하고 자신이 조종하는 주파수에 맞추어 작동하도록 만들었습니다. 진동기가 작동을 시작하자 빌딩 전체가 심하게 흔들리고, 이어서 부근의 건물들도 흔들리기 시작했습니다. 그 정도가 너무 심해지자 테슬라는 다급히 진동기를 망치로 내리쳐 중단시켰습니다. 이미 주변 건물의 유리 수천 장이 깨졌고 사람들은 모두 지진이 난 줄 알고 밖으로 뛰쳐나온 후였습니다.

1978년 1월 푸하리치의 [자기의 지구전쟁: 1976-1977년 지구상에 인위적으로 발생한 어떤 현상에 대한 비전문가의 견해]란 논문에서 그의 초기 관심사는 소련의 테슬라 확대송신기(TMT: Tesla Magnifying Transmitter) 실험이었습니다. 그는 TMT의 용도가 '조종된 지진'이라고 믿고, 1976년에 일어난 여러 지진 중 1976년 7월 28일의 중국의 광공업도시 탕산에서 있었던 지진에 특별한 관심을 두었습니다. 이 지진으로 약 65만 명이 죽은 것으로 추정되고, 도시는 완전히 파괴되었습니다. 이 지진이 있은 후 약 1년 후인 1977년 6월 5일자 뉴욕타임스는 이 지진에 대해 '새벽 3시 42분 진동이 있기 직전 흰색과 붉은 색을 위주로 한 여러 색으로 하늘이 찬란하게 대낮처럼 밝아졌고, 이 광경은 200마일 떨어진 곳에서도 볼 수 있었다. 나뭇잎들은 부서질 정도로 바싹 타버렸고 풀잎들은 마치 불덩이를 만난 것처럼 한쪽이 그을렸다'고 묘사했습니다.

그 후 수많은 과학자들은 탕산 지진이 TMT에 의한 지진이었다고 확신하게 되었습니다. 1981년 1월 워싱턴포스트는 '미국 지질탐사회의 보고에 의하면 1980년에 전 세계적으로 71회의 대형지진이 일어났으며, 이는 전년에 비해 56회나 더 많은 것입니다. 물론 우연의 일치일 수도 있습니다. 그러나 우리가 아는 사실은 러시아 딱따구리 전파가 더욱 강력해지는 동시에 지진 횟수도 증가했다는 사실입니다.

미국의 테슬라 연구 권위자이며 핵 기술자인 비어든 중령은 1981년 미국 정신공학협회 심포지엄에서 강연할 때에 '테슬라는 지구 핵이나 바위를 통해 정상파를 만드는 방법을 발견했다. 그는 바위를 통과시켜 훨씬 강력한 전파를 얻었고, 이 개념을 확대송신기(TMT)라고 불렀다. 이것이 유명한 '테슬라 확대송신기' 라는 것입니다. 그는 또한 1984년에도 같은 심포지엄에서 '북미에서의 소련 기후 전쟁무기' 라는 제목으로 강연을 하면서 미국 상공에 형성된 새롭고 희귀한 구름의 형태를 소개했는데 그에 따르면 소련이 TMT를 사용하고 있다는 증거라고 했습니다. 그 중 하나가 일본해군의 떠오르는 태양깃발을 연상케 하는 '거대 방사상' 구름이었습니다. 지평선 위의 둥근 원을 중심으로 가느다란 선들이 부챗살처럼 뻗어 나간 모양으로 구름이 형성된 것입니다.

HAARP RING

DONUT형 구름 HAARP RING

방사선형 구름 HAARP RING

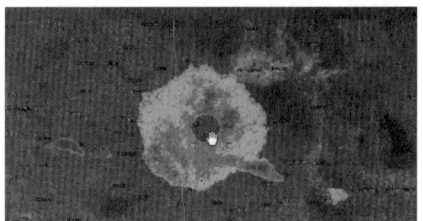
도낫형 구름 HAARP RING

도넛모양의 구름인 이 하프링(Haarp Ring)은 HAARP로 들어올려진 전리층을 채우기 위해 유입된 공기로 인해 생겨난 것입니다. 미국 중남부에 많은 하프링이 관측되고 2011년 4월 17일에 강력한 토네이도가 덮쳐 수십 명이 사상되었습니다. 하프링이 작게 나타날 때는 지진이 일어나고, 하프링이 크게 나타날 때는 토네이도나 홍수 등 기상이변이 일어납니다. 하프링이 나타난 후

24-48시간 안에 재앙이 시작되는 것입니다. 그리고 2011년 5월 24일에도 강력한 토네이도가 오클라호마, 캔자스, 알칸소를 덮쳐 적어도 9명이 숨지고 60명이 다쳤습니다. 앞서 초강력 토네이도가 휩쓸고 간 미주리주 조플린 시에서는 사망자 124명으로 늘었고, 수백 명은 행방불명 상태입니다. 이 모두가 미국 중부에 하프링이 관측된 다음 날 발생했습니다. 저주파 발생은 하프가 지진을 일으킬 때 만들어내는 전형적인 특징이며, 단층면이 미끄러질 때까지 자극시킵니다. 저주파를 지표 내부에 공명시키면 지각에 진동이 일어나고, 지각판이 미끄러지면서 지진이 일어납니다. 지진대는 지각판이 맞닿아 서로 압력을 가하는 상태이기 때문에 작은 자극이 기폭제가 되어 큰 지진을 일으킬 수가 있습니다. 하프 연구소에서 일하는 연구자들은 2.5헤르츠가 지진에 심각한 영향을 미치는 주파수라는 사실을 발견했습니다. 자기력계는 지구 상층부 대기의 자기장 교란을 측정하는데 2011년 3월 8일부터 2.5헤르츠 주파수를 보였고, 지진이 일어난 2011년 3월 11일까지 저주파는 계속되었습니다. 반사된 주파수는 목표지점의 지질학적 구조에 따라 7-8킬로미터 깊이까지 흡수됩니다. 특정한 궤도에 쏜 주파수는 지구의 어느 곳에서든지 지진을 일으킵니다.[3]

  단발성 공격은 단단한 지각을 교란시키는 데 충분치 않기 때문에 그들은 2.5 헤르츠의 지진 주파수를 그들이 원하는 효과를 얻을 때까지 수시간 혹은 수일 동안 쏘아댑니다. 최근의 지진은 진앙 깊이가 지하 10킬로미터일 경우

---

3) 최근에 일어난 지진의 진앙 깊이는 다음과 같습니다.
- 2008년 5월 12일, 쓰촨성 지진 진앙지: 10km
- 2008년 10월 29일, 파키스탄 지진 진앙지: 10km
- 2010년 1월 12일, 아이티 지진 진앙지: 10km
- 2010년 10월 25일, 인도네시아 지진 진앙지: 10km
- 2011년 1월 28일, 뉴질랜드 지진 진앙지: 10km
- 2011년 3월 11일, 일본 동북부 지진 진앙지: 10km
- 2011년 3월 24일, 미얀마 지진 진앙지: 10km
- 2012년 8월 11일, 이란 서북부 타브리스시 인근:10km

지진을 일으키는 HAARP의 주파수 2.5헤르츠

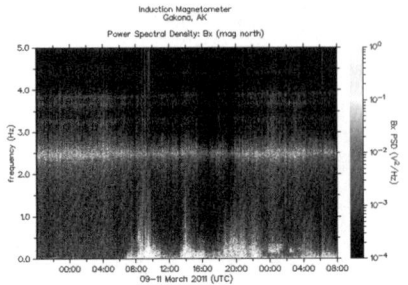

HAARP 지진대:

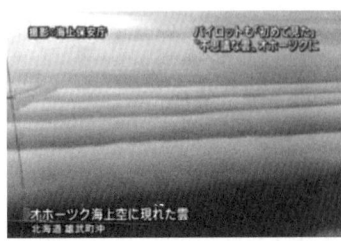

비행기에서 내려다 본 일본지진 때의 HAARP

일본지진 때의 HAARP

비행기에서 내려다 본 일본지진 때의 HAARP

가 많은데 이것은 하프 공격이 의심스러운 지진의 특징입니다. 영국 국영방송 BBC는 30만 명이 희생된 2004년 인도네시아 쓰나미 때 인도양 미군 기지인 '디에고 가르시아'가 진앙지 부근에 있었음에도 피해를 입지 않은 것과 관련, 미군을 사전에 대피 시킨 것이 아니냐는 의문을 제기했고, 그 원인으로 전자기파 무기인 하프를 지적한 바 있습니다.

5. 지구 기후의 현실

이제부터 2011년 6월 30일자 헤럴드 경제신문(로스엔젤레스 출간)의 '이상 기후 지구촌 습격'이란 제목 하의 기사들을 소개하겠습니다.

이상기후는 일상… 지구가 미쳤다?

#1. 지난 27일 프랑스 파리 에펠탑 앞 트로카데로 광장, 근처 분수대가 때 이른 수영장으로 변했다. 이달 들어 파리 최고 기온이 섭씨 40도에 육박한 가운데 시민들은 분수에 뛰어들어 더위를 식히느라 여념이 없었다. 파리의 수은주는 연일 35-40도를 오르내리며 초여름인 6월부터 살인적인 더위가 기승이다.

#2. 대서양 건너 미국, 미주리 강 상류지역에는 최근 몇 주간 동안 한 해 강수량에 달하는 300mm의 폭우가 쏟아져 사상 유래 없는 호우 피해를 입었다. 지난 달에는 60년만의 시속 320km, 폭이 무려 1.6km나 되는 가장 강력한 토네이도가 덮쳤다. 미주리 주 조플린 시의 30%가 폐허가 될 정도의 위력이었다.

#3. 태평양 건너 한국, 지난 26일에 한반도에는 때 아닌 태풍이 찾아왔다. 올해 다섯 번째로 발생한 태풍 '메아리'는 6월 태풍으로는 이례적으로 한반도에 영향을 미쳤다. 피해는 크지 않았지만 6월 태풍이 한반도에 상륙한 것은 1963년 6월 부산에 상륙한 셜리 이후 반세기 만이다. 이웃나라 일본은 세계에서 4번째로 강력한 규모 9.0의 강진과 쓰나미가 몰려와 2만 2천여 명이 사망 또는 실종됐고 우리 돈으로 226조원의 막대한 피해를 입었고 상흔은 아직도 여전하다.

"당신이 홍수로 피해를 보지 않았다면, 폭염에 시달리고 있을 것" 이라는 전문가의 말처럼 세계 곳곳이 이상기후로 몸살을 앓고 있다. 폭설과 한파, 홍수, 가뭄 등이 지구촌을 종잡을 수 없이 휘젓고 다니는 것이다. 자연재해로 인한 난민도 한국 인구수에 육박한다. 각 나라가 관측해온 최고, 최저기온도 이미 무의미 해졌다. 이상 기후가 이상(異常)이 아닌 일상(日常)이 됐다는 얘기가 나올 정도다.

• 이상기후의 일상화, 사상 최악의 재난의 해= 지난해 겨울, 유럽과 아시

아, 북미 등 북반구 전역은 폭설과 한파로 혹독한 계절을 맞았다. 올 2월 미국 50개 주 중 하와이를 제외한 49개 주에선 눈이 내렸다. 유럽에서는 유래 없는 폭설로 주요 공항이 폐쇄되고 대중교통이 마비됐다. 1981년 이후 최악의 한파가 덮친 영국에서는 학교 수백 곳에 대해 임시 휴교령이 내려졌다. 폴란드에서는 기온이 영하 33도까지 떨어지면서 52명이 동사한 것으로 집계됐다. 그러나 뒤이어 찾아온 봄은 100년 만에 가장 더웠다. 영국과 프랑스, 스위스 등 서유럽 16개 국은 강바닥이 드러날 정도로 가뭄을 겪다가 이달 초 폭우로 강물이 범람했다. 이달 말부터는 기록적인 폭염에 시달리고 있다. 한 달새 극에서 극단을 오간 셈이다.

호주에선 지난해 말부터 올해 초까지 내린 폭우로 독일과 프랑스를 합친 면적에 해당하는 지역이 침수되기도 했다. 이상기후 빈도와 강도는 더욱 세졌다. 비정부 기구 옴스팜이 지난달 발표한 보고서에 따르면, 지진이나 화산폭발 등 '지구 물리적' 재난은 일정한 수준을 유지한 반면, 홍수나 폭풍 등은 1980년대 연간 133건에서 올해는 상반기에만 350건 정도로 늘어났다. 올해는 사상 최악의 이상기후와 자연재난의 해가 될 것이란 얘기가 나오고 있다.

• 라나다가 원인, 새로운 기준 필요= 기상학자들은 자연재해를 불러오는 극단적 기후의 원인으로 지구 온난화를 꼽고 있다. 온난화 효과로 대기 중 습기가 증가함에 따라 엘니뇨와 라니냐가 더 심해진다는 설명이다. '라나다'(La Nada-공백)라는 새 기후현상도 등장했다. 미국 항공우주국은 올 초부터 이어진 폭설, 토네이도, 홍수 등 미국의 이상기후 원인으로 라니냐와 엘니뇨가 갑자기 사라지면서 생긴 '라나다'를 꼽는다. 차가운 제트기류가 하강하는 것을 억제해온 라니냐와 엘니뇨가 사라지면서 이상기후가 발생했다는 설명이다.

• 자연재해의 경제학 – 손실이 갈수록 '눈덩이 … 인류생존 위협
2013년에 발간될 유엔 정부 간 기후변화위원회의 5차 보고서– 21세기 말

지구 평균 기온은 4.8도 이상 상승하고 강수량은 6% 이상 증가할 것으로 예측했다.

북극은 21세기 말 기온이 무려 20도 이상 오르고, 한반도 기온도 1세기 전에 비해 최고 6도 오를 것이라는 전망을 내놓았다. 돌이킬 수 없는 온난화는 지구촌이 앞으로도 자연재해로 바람 잘 날이 없을 것이란 얘기이기도 하다. 이상기후는 일상생활 면면을 바꿨다. 한파, 폭설, 홍수, 지진, 토네이도 등으로 인한 피해 액수는 매번 최고치를 갈아치우고 있다. 기온 1도가 오를 때마다 농산물 생산량은 10% 이상 줄어든다는 경고도 잇따른다.[4]

• 자연재해 피해규모 나날이 경신= 지난 3월(2011년) 일본 대지진과 쓰나미로 인한 피해액은 약 17조 엔, 우리 돈으로 환산하면 226조원이다. 이는 1995년 한신 대지진 당시 피해액(약 9조 6천억 엔)의 1.8배에 달한다. 지난 4월 한 달 동안 토네이도가 600여 차례 발생한 미국 미주리 주, 138명이 숨지는 등 인명피해도 잇따랐던 조플린 시의 피해액은 30억 달러로 추산했다. 토네이도피해 규모로는 미국 역사상 여덟 번째다. 미시시피 강 홍수로 인한 피해액도 50억 달러이다. 기록적인 폭우로 물난리를 겪은 미국 중남부 피해액은 150억 달러에 달한다. 세계 최대 재해보험사 스위스리의 지난달 발표 자료에 따르면 재해로 인한 연간 손실액은 지난 1980년대 250억 달러에서 2000년대 1300억 달러로 늘어났다.

• 식량대란을 부르는 이상기후 = 지구 온난화로 식량 대란이 발생할 수 있다는 분석도 잇따른다. 국제 구호단체 옥스팜은 세계 식량시스템이 개혁되지 않는다면 주요 곡물가격이 2030년까지 배 이상 오를 가능성이 있다고 경

---

[4]

자연재해 연간 발생 건수		자연 재해로 인한 난민 수		자연 재해로 인한 연간 손실액	
1980년대	133건	2009년	1700만 명	1980년대	250억 달러
2011 상반기	350건	2010년	4200만 명	2000년대	1300억 달러

고했다. 옥스팜은 작물 경작비 증가분의 반이 이상기후에 의해 유발될 것이라며, 각국 정부에 세계 기후변화기금에 투자할 것을 촉구했다. 기후변화로 인한 식량위기는 한반도도 위협하고 있다. 환경부 보고서에 따르면 벼농사의 경우 온도가 1도 오를 경우 생산량이 15만 2천톤 감소한다. 이에 따른 국내 식량 자원 생산량 피해는 700조원에 달할 전망이다. 또 2100년까지 침엽수림이 25% 감소해 목재 생산량 감소, 식생 변화 등 생태계 피해가 최소 3300억원, 최대 200조원 내외의 피해가 추산 된다. 기후 전문가들은 이제 이상기후가 생존을 위한 기본조건인 의식주 수급을 위협하는 요인이 되고 있다고 지적했다.

이상의 헤럴드 경제신문 기사에서 한국을 비롯해 전 세계에 기상이변이 일어나고 있는데 그 원인이 무엇이겠는가 생각해 볼 여지가 많습니다.

6. 마인드 컨트롤은 인간통치의 궁극적 수단

우리가 주목해야 할 점은 종교 또는 정신적 정복입니다. 단순히 신을 믿거나 나라의 지도자를 신으로 믿게 만드는 정도가 아니라 과학기술을 이용하여 강압적으로 정신을 통제하는 새로운 세상에 당면하게 되었습니다. 다시 말해서 과학적으로 사람의 생각을 다운로드하고 업로드해서, 생각의 자유를 빼앗는 정도를 넘어 각 개인이 생각하는 바를 당국이 읽을 수도 있고, 당국이 원하는 바에 따라 각 개인의 생각을 조작할 수도 있다는 것입니다.

구소련 스탈린 시대에는 정부의 정책과 조금만 다른 말을 해도 강제수용소에 잡혀가 평생 가축처럼 통제 당했습니다. 그러나 아무리 그 때가 무시무시했어도 생각의 자유는 있었습니다. 아무리 반공산, 반체제 사상을 갖고 있어도 겉으로 열성당원인 양 꾸미면 무사하게 살 수 있었고 출세도 가능했습니다. 그러나 이제는 당국이나 사상에 반대하는 생각 자체가 불가능하다는 것입니다. 바로 '마인드 컨트롤' 이라는 기술 때문입니다. 사람의 마음을 통제하는 이 기술은 세계 제 3차 전쟁이 끝나고 전 세계 단일정부가 수립되고 난 뒤 세상의 모든 인간을 다스리기 위한 수단으로 사용될 것입니다. 물론 반항이나 불복종은 생각 단계부터 불가능해 집니다. 사람이 더 이상 사람이 아니고 가축에 불과하다는 말입니다. 세계 3차 대전 이후에는 인류가 주인과 종속 인종으로 노예화 되어 다시는 신분이 바뀌지 않는 신세로 전락하게 될 것입니다.

하나님께서 인간을 창조하실 때에 하나님의 형상으로 만드셨습니다. 사람에게 영을 주셨고 자유의지를 주셨습니다. 사람의 영은 하나님과 교통하도록 주신 기능입니다. 자유의지를 주신 것은 사람의 영이 하나님을 자신의 의지로 섬기도록 하셨습니다. 그런데 하나님께서 인간의 의지를 꺾으시고 하나님 마음대로 조종하신다면 하나님께서 스스로 자신의 법을 어기시는 결과가 되기 때문에 하나님은 인간의 자유의지를 억지로 꺾지 않으십니다. 그러나 사탄은 그렇지 않습니다. 어떻게 하든 인간의 의지를 무시하고 자기 맘대로 사람을 부려먹고 조종하고 통제하려는 것입니다. 사람 속에 들어와서 사람의 마음을 통제하려고 하는 것은 귀신들이 하는 일입니다.

사람의 마음을 다른 사람이 마음대로 조종하고 관리한다는 것은 인간으로서의 가치를 완전히 상실시키는 일이 될 것입니다. 사람은 누구나 자기만의 생각으로 자기가 하고 싶은 일을 하고자 하는 욕망을 가지며, 또한 그것이 보장되는 것이 마땅합니다. 이것은 인간의 존엄성과도 직결됩니다. 만일 이런 사생활이 보장되지 않는다면 인간됨 또한 상실하는 일이 될 것입니다. 다른 한편 인간에게는 정복욕이 있습니다. 정복을 위해서, 남보다 우월하기 위해 언제나 무기가 필요합니다. 인류의 역사는 끊임없는 전쟁과 무기의 경쟁사라고도 말할 수 있습니다. 여기서 무기는 칼이나 창과 총 같은 남을 죽이는 도구 뿐만 아니라 남을 괴롭히고 남보다 더 나은 위치에 서도록 만드는 데 이로운 조건이 되는 것까지 포함해야 합니다. 그렇다면 공기, 물, 식량부터 시작해서 사람이 필요로 하는 것은 모두 무기가 될 수 있다는 말입니다.

지구정복의 야욕을 품은 세계단일정부 주의자들은 자유무역이나 시장경제라는 눈속임으로 세계 식량과 물을 독점하는 한편, 폭발무기를 위시해서 생화학무기나 세균무기 같은 신무기 개발에도 박차를 가하고 있습니다. 게다가 개인의 사생활까지 감시하고 있다는 것은 정복의 기본공작을 이미 끝냈다는 것을 알 수 있습니다. 그러면 일단 세계를 정복하고 나서는 어떻게 인류를 다스릴 것이냐는 문제가 제기됩니다. 이에 대한 해답이 바로 심리조종입니다. 사람의 마음을 읽어 그가 어떤 사람이라는 것을 아는 것도 중요하지만, 그 사람을 자신이 원하는 사람으로 만드는 기술은 더욱 중요합니다. 그래서 '마인드 컨트롤'이 궁극적인 무기가 되는 것입니다. 사람이 자유롭게 생각하고 행동할 수 있다는 것은 인간이 인형이나 로봇이나 동물이 아니라 진정한 인간임을 보여주는 가장 중요한 표지입니다. 벌레도 마음대로 행동할 자유가 있거늘 하물며 만물의 영장인 인간에게 이런 자유가 허락되지 않고 정복자의 의도에 의해 좌우된다면 인간은 어떻게 되겠습니까?

세계를 정복하려는 이들의 첫 번째 계획은 개인의 일거수일투족을 감시하여 모든 정보를 수집하는 것이고, 둘째는 이 정보를 기반으로 하여 사람의 몸과 마음을 조종하는 일입니다. 이 단계에서 '마인드 컨트롤'이란 기술을 개발하여 인간에게 끈을 매달아 움직이는 꼭두각시처럼 전락시키고, 결국엔 지구를 거대한 인간 농장으로 만들어 인간재배를 한다는 것입니다. 또 사람의 마음을 조종하는 방법도 세 가지로 분류하여 생각할 수 있습니다. 첫째는 약물을 이용하여 화학적으로 심경을 변화 시키는 방법이 있고, 둘째는 최면술을 걸어 자의가 아닌 타인의 최면력에 의해 행동하도록 체계화하는 분야도 있고, 마지막으로 현대에 와서 가장 보편적인 방법으로 사람의 수에 관계없이 전자기파로 대중을 동시에 조종하는 방법이 있습니다.

1) 전자기파를 이용한 다양한 마인드 컨트롤

인간의 두뇌는 배터리처럼 그 속에 전기에너지가 통하고 있으며, 우리 신체의 말단신경에서는 전기자장, 즉 전자기 에너지가 방출되고 있습니다. 그 에너지의 상태는 개인마다 달라서 각 개인은 각각 다른 인격을 가지게 됩니다. 그렇기 때문에 그 에너지 상태를 조종한다면 사람의 성격을 마음대로 바꿀 수 있습니다. 이것을 라디오에 비유해 보면, 라디오의 다이얼을 돌릴 때에 주파수가 맞지 않으면 아무 소리가 들리지 않지만, 어느 주파수에 도달하면 깨끗한 소리가 들리게 됩니다. 마찬가지로 두뇌도 자기 두뇌와 맞지 않는 주파수가 지나갈 때에는 아무 일도 일어나지 않다가 알맞은 주파수와 만날 때에 작동하게 됩니다. 인간의 두뇌는 대략 30헤르츠 미만의 주파수로 운영됩니다. 즉 뇌파는 초당 30회의 진동을 하는 파장을 갖고 있음을 말합니다. 그런데 외부에서 같은 주파수로 전파를 보내면 두뇌는 그 외부전파에 사로잡혀 그 주파를 따르게 됩니다. 두뇌가 이렇게 외부 전파를 따를 때에는 두뇌의 화학성분에 변화가 일어나고 그 결과 사람의 감정이 바뀌게 됩니다.

2) 유비컴

요즈음 한국에서도 유비컴 이야기가 많이 나오고 있습니다. 물론 유비컴이란 것은 컴퓨터의 자연적인 발달과정으로 보아야 할 것입니다. 유비컴 시대의 도래는 한층 더 인류의 삶을 편리하게 만들 것입니다. 유비컴 시대가 되면, 주변의 모든 물건이 지능을 갖게 됩니다. 이것을 바꾸어 말하면, 우리는 그만큼 유비컴의 노예가 되어 주변의 모든 물건을 포함해서 일거수일투족을 감시당하며, 결국 유비컴의 족쇄에서 풀려날 수 없는 신세로 전락할 것입니다.

유비컴은 지능을 가진 물건과 사람 사이의 정보교환을 가능하게 해줍니다. 컴퓨터가 내장된 옷을 입고, 시계, 허리띠, 운동화 등에 컴퓨터가 장착되면 주변 환경에 설치된 컴퓨터와 통신하여 우리의 일상생활이 모두 기록될 것입니다. 예를 들면, 손목시계에 내장된 컴퓨터의 고유정보를 사용하여 출입문, 책장서랍 등을 자동으로 여닫을 수 있고 사람의 생각과 행동도 기록이 가능합니다. 사람과 사람간의 정보 교환도 순간적으로 완벽하게 가능해져서 입는 컴퓨터를 착용한 사람끼리 악수를 하면 손을 통해 정보가 건네지므로 상대방의 이름, 직장, 주소, 취미 등등의 정보가 즉시로 교환되며, 내가 사귀는 사람의 모든 신상명세서가 전달되고 기록됩니다. 그런데 이런 기능을 좀더 확대하여 칩을 아예 태어날 때 몸에 심어 놓고 인공위성 GPS장치 같은 것으로 그 사람을 찾아내려고 하면 간단하게 찾을 수 있을 것입니다.

02 Chapter

일곱 나팔재앙 실시

1. 나팔소리가 울려 퍼지다

 우리 주님께서 직접 일곱 인을 떼신 후에 일곱 나팔재앙이 전개 됩니다. 일곱 나팔재앙 기간은 전 3년 반의 기간입니다. 일곱 나팔재앙은 일곱 천사들에 의해 수행됩니다. 나팔은 구약시대에 40년 광야생활을 할 때에는 회중을 소집하거나 행진을 진행시킬 때에 나팔을 불었습니다. 또한 전쟁할 때에도, 희년을 알릴 때, 희락의 날이나 정한 절기나 월삭에는 번제물의 위와 화목제물의 위에 나팔을 불었는데, 이것은 하나님께서 이스라엘 백성들을 기억하신다는 뜻입니다(민수기 10:1-10).
 특히 이스라엘의 칠대 절기 중에 나팔절이 있습니다. 이 나팔절은 유대인들의 민간력으로는 새해 첫날을 알리는 신호요, 그 해 농사를 위한 대추수 기간임을 알리는 신호였습니다. 또한 나팔절은 영적 추수를 나타내는 휴거를 상징합니다. 일곱 나팔들이 불려진다는 것은 드디어 칠년 환난이 시작됨을 알리는 신호입니다. 칠년 환난이 시작된다는 것은 주님의 재림이 가까웠다는 것을 의미합니다. 알곡추수가 시작되었다는 표시입니다. 알곡은 모아 곡간에 들이고 쭉정이는 꺼지지 않는 불에 태워지게 됨을 의미합니다.[5]

2. 일곱 나팔재앙과 일곱 대접재앙의 차이점

계시록을 풀이하는 많은 분들이 일곱 나팔재앙과 일곱 대접재앙을 같은 재앙으로 생각합니다. 나팔재앙과 대접재앙이 행해지는 대상이 비슷하기 때문입니다. 단지 재앙이 임하는 범위가 다를 뿐이라는 해석입니다. 나팔재앙의 범위는 삼분의 일이지만 대접재앙은 땅 전체라는 것입니다. 그러나 성경은 나팔재앙과 대접재앙을 동일시하는 것은 옳지 않다고 말씀하십니다.

첫째 대접재앙이 시작될 때, "또 하늘에 크고 이상한 다른 이적을 보매 일곱 천사가 일곱 재앙을 가졌으니 곧 마지막 재앙이라 하나님의 진노가 이것으로 마치리로다."(계 15:1) 이제까지 일곱 인을 떼심과 일곱 나팔재앙이 전개된 후에 마지막 재앙으로 일곱 대접재앙이 임한다는 말씀입니다. 이 대접재앙으로써 하나님의 진노가 끝난다는 말씀입니다. 즉 일곱 대접재앙이 마지막 재앙이란 말씀입니다.

일곱 나팔재앙과 일곱 대접재앙은 대상이 비슷하지만, 재앙의 성격이나 범위가 다릅니다. 일곱 나팔재앙은 단일정부를 수립한 적그리스도가 자신의 통치 방법대로 지구의 인구수를 축소하기 위해 일으키는 재앙들입니다. 표면적으로는 자연현상 혹은 자연적으로 일어나는 것 같으나 실상은 인위적인 것이요 속임수인 것입니다. 결과적으로 세계 제 3차 전쟁으로 인해 지구인의 1/3 이상이 죽게 됩니다.

한편 일곱 대접재앙은 후 3년 반에 들어와 적그리스도가 제 3차 대전에서

---

[5] "손에 키를 들고 자기의 타작마당을 정하게 하사 알곡은 모아 곡간에 들이고 쭉정이는 꺼지지 않는 불에 태우시리라(마태복음 3:12)."

압도적인 승리를 거둠으로 인해 지구상에서 적그리스도를 대항할 개인이나 단체나 나라는 완전히 사라졌습니다. 적그리스도는 단일정부를 완전히 장악한 후 지구인을 완전히 통제하며, 억압하고 노예화합니다. 일곱 대접재앙은 적그리스도가 행하는 재앙이 아니라 적그리스도와 그 정부를 향한 하늘에 계신 하나님의 진노요, 심판인 것입니다. 일곱 대접재앙은 하나님이 직접 내리시는 것을 알 수 있습니다. 예를 들면, 첫째 대접 심판 때는 짐승의 표를 받은 사람들과 그 우상에게 경배하는 자들에게 악하고 독한 헌데가 나는 재앙입니다. 둘째 때는 바다가 죽은 자의 피같이 되어 모든 바다 생물들이 죽게 된다고 했습니다. 셋째 때는 강과 물 근원이 피가 되는데 물을 관리하는 천사가 말하기를 성도들과 선지자들의 피를 흘렸으므로 저희들이 피를 마시는 것이 합당하다라고 합니다. 넷째 대접을 해에 쏟으매 해가 뜨거워져서 사람들을 태우는데 사람들이 이런 재앙을 행하는 하나님의 이름을 모독한다고 했으며, 다섯째 대접 재앙은 짐승의 보좌 즉 적그리스도의 보좌에 쏟으니, 그 나라가 암혹으로 덮이고 사람들이 아파서 자기 혀를 깨물며, 아픈 것과 종기로 인해 하늘의 하나님을 모독, 저주한다고 했습니다. 이런 내용들을 볼 때에 확실히 대접재앙은 하나님이 적그리스도와 그 정부와 짐승의 표를 받고 우상에게 경배하는 자들에게 직접 내리시는 심판인 것을 깨닫게 됩니다. 그런데 도대체 신세계 단일정부의 엘리트들이 어떤 자들이기에 전 3년 반의 일곱 나팔재앙들을 조작할 수 있느냐 하는 의문이 듭니다.

3. 첫째 나팔재앙

"첫째 천사가 나팔을 부니 피 섞인 우박과 불이 나와서 땅에 쏟아지매 땅의 삼분의 일이 타버리고 수목의 삼분의 일도 타버리고 각종 푸른 풀도 타버렸더라."(계 8:7)

전 삼년 반 동안에 지구상에서 일어날 재해를 말합니다. 첫째 나팔재앙의 대상은 지상입니다. 무기들은 '피 섞인 우박과 불'이라고 했습니다. 이것은 앞에서 소개한 바와 같이 퉁구스카 폭발과 같은 양상을 보여 줍니다. 이 폭발로 바로 밑에 있던 2,150평방킬로미터 면적에 초속 60킬로미터 강풍에 해당하는 공기파와 섭씨 1,600만도 정도의 열파가 덮쳐 약 8천 평방킬로미터 지역에 있던 8천만 그루 이상 되는 나무들이 불에 탔다고 했습니다. 이것의 위력은 진도 5의 지진 또는 TNT10-15메가톤에 해당하는 히로시마와 나가사키 원폭의 약 2천 배 규모였다고 합니다. 이 사건은 하나의 실험이었는데 만약 이것을 실제로 사용하게 된다면 더 큰 위력으로 더 광범위한 지역에 사용될 수 있습니다.

이 재해가 세계 곳곳에서 일어남으로 그 결과는 땅의 삼분의 일이 타버리고 땅 위의 각종 수목과 푸른 풀들이 타서 소멸됩니다. 각종 수목과 푸른 풀은 인간에게 산소를 공급합니다. 이것들이 삼분의 일이나 소멸됨으로 지구의 자연환경이 얼마나 피폐하게 될지를 보여 줍니다. 수목은 과일나무도 포함 될 것이요, 푸른 풀은 농작물도 포함될 것입니다. 이는 식량공급에 심각한 차질을 빚게 되어 결국 인구감소로 이어질 것입니다.

이런 퉁구스카 지역의 폭발과 같은 현상은 HAARP(High Frequency Active Auroral Research Program)와 같은 전자기파 무기에 의한 것일 수 있습니다. 이 무기는 눈 깜짝할 사이에 지구상 어디든지 원자탄 이상의 위력을 가진 전기뭉치를 빛의 속도로 원하는 곳에 보내 그 지역을 전부 태워버릴 수 있기 때문입니다.

4. 둘째 나팔재앙

"둘째 천사가 나팔을 부니 불붙는 큰 산과 같은 것이 바다에 던져지매 바다의 삼분의 일이 피가 되고 바다 가운데 생명 가진 피조물들의 삼분의 일이 죽고 배들의 삼분의 일이 깨지더라." (계 8:8-9)

사도 요한께서 '불붙는 큰 산과 같은 것' 이 바다에 떨어지는 것을 목격했습니다. 첫째 나팔과 둘째 나팔, 셋째 나팔에서 공통점은 불 뭉치입니다. 첫째 나팔 때는 '피 섞인 우박과 불이 나와서' 라 했고, 둘째 나팔에서는 '불붙는 큰 산' 셋째 나팔에서는 '횃불같이 타는 큰 별' 이라고 했습니다. 첫째 나팔에서는 그 대상이 땅과 그 위에 있는 풀과 수목이었는데 둘째 나팔 재앙에서는 그 대상이 바다입니다. 첫째 나팔에서 언급했듯이 이 전자기파 무기인 HAARP에 의해 원자탄 이상의 폭발력을 가지 전기뭉치를 여러 바다에 쏘면 물고기들과 조개류들과 수많은 해초들의 삼분의 일이 죽게 될 것이라고 했습니다. 바다가 피가 되는데 이 재해에 사용된 무기의 독성 오염 때문일 것입니다. 또한 배들의 삼분의 일도 파괴된다고 했습니다.

5. 셋째 나팔재앙

"셋째 천사가 나팔을 부니 횃불 같이 타는 큰 별이 하늘에서 떨어져 강들의 삼분의 일과 여러 물샘에 떨어지니 이 별 이름은 쑥이라 물의 삼분의 일이 쓴 쑥이 되매 그 물이 쓴 물이 되므로 많은 사람이 죽더라" (계시록 8:10-11).

셋째 나팔재앙 역시 횃불 같이 타는 큰 별이라고 했는데 이것 역시 둘째 나팔재앙과 마찬가지로 HAARP 전자기파 무기에 사이클로트론 공명을 적용하는 방법을 사용하여 지구상의 물과 물샘에 떨어뜨려 물들을 쓰게 만들어 많은 사람들이 죽게 됩니다. 사이클로트론 공명은 물질 내의 아주 작은 양의 물질을 EMR (Electro-Magnetic Radiation)에 노출시키면 그 물질이 자극되어 실제 양의 수천수만 배가 생성됩니다. 모든 물질은 그 물질을 형성하는 원소의 원자가에 따라 전자의 운동이 각각 다르기 때문에 그 물질 특유의 전자파를 발산합니다. 이 전자파가 공명작용을 일으키는 다른 전자파를 만나게 되면 그 진동은 어마어마해집니다.

그래서 측정 불가능할 정도로 적은 양의 독극물이 존재한다 해도 이 '사이크로트론 공명'을 사용하면 갑자기 치명적인 독극물로 둔갑하게 됩니다. 전쟁에 적군이 안심하고 행동할 때에 적진을 향해 송신기를 이용하여 전자파를 쏘면 적군을 전멸시킬 수 있는 가공할 무기가 되는 것입니다. 목표가 되는 강물이나 호수 또는 물샘에 적은 양의 독극화학물질을 넣고 사이크로트론 공명을 일으키면 지구의 물 삼분의 일에 해당하는 물을 오염시키는 것은 문제가 아닙니다. 이와 같이 지상의 강물과 샘물 등 삼분의 일이 오염됨으로 마실 수 없게 되면 사람들은 실로 참을 수 없는 육체의 고통 속에서 신음하며 죽어가게 될 것입니다. 첫째 나팔과 둘째 나팔까지는 직접 사람을 죽이지 않고 간접적으로 죽였는데 셋째 나팔부터는 사람을 직접 죽이게 됩니다. 인구감소정책을 감행하게 됩니다.

6. 넷째 나팔재앙

"넷째 천사가 나팔을 부니 해 삼분의 일과 달 삼분의 일과 별들의 삼분의 일이 타격을 받아 그 삼분의 일이 어두워지니 낮 삼분의 일은 비추임이 없고 밤도 그러하더라" (계시록 8:12).

넷째 나팔재앙은 전 3년 반 기간 동안에 있을 낮 삼분의 일과 밤 삼분의 일이 비침이 없게 되는데 이것은 광도의 삼분의 일뿐만 아니라, 구름에 가리워 낮의 햇빛과 밤의 달빛과 별들의 어두컴컴한 상태가 지구의 삼분의 일 정도의 지역에 이를 것입니다. 이 구름이 왜 발생했겠습니까? 이것은 환경과 기후를 조종하는 전자기파 무기를 활용한 결과일 것입니다. 넷째 나팔재앙의 경우를 어떻게 설명해야하는가 하고 고심하고 있는 중에 우연히 책상서랍을 뒤적거리는 중에 이 프린트 물을 발견했습니다. 인터넷에나 발견한 이 기사는 아주 적절한 예가 될 것입니다. 이 사건은 가히 기적이라 할 수 있습니다. 그런데 더 놀라운 기적은 이런 어마어마한 기적이 일어났는데 왜 이런 현상이 일어났는가에 대해 설명하려는 시도가 전혀 없었느냐 하는 것입니다.

햇빛 쨍쨍 도시, 순식간에 '암흑' 으로 변해 기사입력 2007-05-31

  햇볕이 쨍쨍 내리 쬐던 도시가 순식간에 '암흑' 으로 변해 주민들이 깜짝 놀라는 사건이 일어났다고 29일 중국 언론들이 보도했습니다. '도심 암흑 돌변 사건' 은 지난 월요일 오후 중국 산동성 리자오시에서 일어났습니다. 오후 5시 38분, 밝았던 하늘이 갑자기 어두워졌고, 한 밤중처럼 변했다는 것입니다. 이 같은 현상은 수 분 동안 지속되었는데, 지평선 너머로 '빛' 이 어렴풋이 포착되었다고 언론은 전했습니다. 수분 동안 계속된 이 같은 현상은 중국 언론을 통해 보도된 후 인터넷을 통해 그 모습이 소개되면서 해외 인터넷에서 큰 화제를 낳고 있습니다. (사진 : 갑자기 암흑으로 변한 도시 풍경 / 중국 언론 보도 화면)
  현대 과학은 지구의 기후를 정복하고 관장하려 하고 있습니다. 이것을 환경조작(Environment Modification)이라 부릅니다. 이는 모든 기후를 비롯해 바다의 조류나 하늘의 오존조작 등을 포함하며 1946년 미국에서 비를 내리게 할 목적으로 행해진 소위 구름씨(Cloud Seed)연구에서부터 시작되었습니다. 현재는 66년 전에 비해 엄청난 발전을 이룩하여 무엇이든지 원하는 대로 기후를 조작할 수 있는 단계까지 이른 것 같습니다. 지구의 기후조종을 위해 땅과 하늘을 변조하는 방법을 실험하기 위해 원하는 지역의 전자기의 상태를 이온화 또는 반이온화 하는 조작을 하고 있습니다. 이들의 괴상한 실험이 수십 년 동안 계속되면서 이상기후현상이 많아졌습니다. 그러면서 사람들에게는 일산화탄소로 인한 지구 온난화 때문이라고 속이고 있습니다.

1) 캠트레일 (Chemtrail)

(1) 하늘에 살포되는 살인 구름

여러분은 언제든지 맑은 하늘에 비행기가 날면서 비행운을 만드는 것을 보았을 것입니다. 이 비행운에는 콘트레일(Contrail)과 캠트레일(Chemtrail)이 있습니다. 콘트레일은 제트비행기가 고도를 비행할 때에 생기는 비행운입니다. 이 비행운은 비행기의 이착륙 때는 생기지 않고 영하 40도 가까이 되는 곧 8킬로미터 이상을 날 때만 생깁니다. 비행운은 크게 두 가지로 나눕니다. 첫째는 배기가스에 들어 있는 미세 입자에 주변 수증기가 달라붙었다가 얼면서 구름이 생기며, 둘째는 비행기가 구름을 뚫을 때처럼 날개 끝에서 공기의 순간적 팽창으로 온도가 갑자기 내려갈 때에 수증기가 얼음이 되면서 구름이 생깁니다. 이 비행운은 얼음 알갱이가 다시 증발하면서 보통 몇 분에서 한 시간 사이에 모두 사라집니다.

그런데 캠트레일은 콘트레일과는 다른 양상의 비행운입니다. 캠트레일은 저고도에서도 생기며, 콘트레일처럼 사라지지 않고 양 옆으로 퍼져서 옅은 구름의 형태로 바뀝니다. 캠트레일은 동시에 여러 개의 X자, S자, 평행선 모양으로 그려집니다. 또 하늘 전체로 퍼져서 5시간에서 8시간까지 머물러 있습니다. 캠트레일은 청명했던 하늘을 회색빛으로 바꿔놓는 원인으로 알려져 있으며, 우리나라를 비롯해 세계전역에서 관측되고 있습니다. 캠트레일은 적갈색의 젤 형태의 물질로 산화알루미늄, 산화바륨, 칼슘, 붕소, 각종 바이러스, 독성 물질, 기타 알려지지 않은 생물학적 요소들을 포함하고 있는 것으로 밝혀졌습니다. 캠트레일이 살포되는 지역에서는 호흡기 질환, 감기, 천식, 폐렴, 두통, 알레르기 등의 질병이 증가합니다. 캠트레일은 어떤 표식도 없는 흰색의 비행기에서 살포되는 것을 자주 볼 수 있습니다. 또 살포하던 캠트레일이 소진되면 새것으로 교체하여 살포하기도 합니다. 캠트레일로 미세 물질을 계속적으로 살포하면 대기의 가시거리가 점점 짧아집니다. 대기는 산소, 이산화탄소, 질소, 수증기 등으로 이루어진 기체 상태여야 하는데, 점점 더 대기 속에 '이온화 금속 소금'(Ionized Metalic Salts)이 추가되면서 대기가 전자기 요소로 가득한 플라스마(Plasma:전기적으로 중성을 띄는 상태)가 됩니다. 전 세계에 뿌려지는 캠트레일은 앞에서 살펴본 HAARP 전자기파가 제대로 작용할 수 있도록 하는 매질 역할을 합니다.

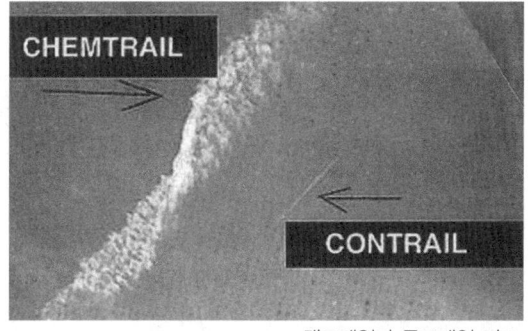

캠트레일과 콘트레일 비교

(2) 캠트레일 살포 이유

우리가 사는 공간(지상 10킬로미터 이하의 대류권 공간)이 전자기파가 활발히 활동하는 이온화된 플라스마 상태가 되면 베리칩이나 RFID로 개인을 감시하고 통제하는 것이 더 용이해 집니다. 또 3D 홀로그램 이미지를 상공에 나타내기도 쉬워져 가짜 UFO나 가짜 재림주 이미지로 사람들을 미혹할 수도 있습니다. 그리고 캠트레일 연구가인 클리포드 카니컴(Clifford Carnicom)에 의하면, 캠트레일 살포 원인은 다음과 같습니다.

1. 대기 환경 조작 또는 기후 조작을 위한 환경 조성 2. 군사적 응용 3. 전자기파 응용(HAARP와 연계) 4. 생물학적 조작에 응용 5. 지구 물리학적인 환경 변화를 일으킴 6. 첨단감시 사회시스템 구축에 필요(베리칩과 연계) 7. UFO를 감지 또는 탐지하는데 필요

많은 수의 캠트레일 연구가들에 의하면 모종의 어떤 계획과 관련이 있다고 봅니다. 그 계획은 신세계질서입니다. 이들의 궁극적인 목표는 현재 70억 인구를 축소시키는 것이 목표입니다. 캠트레일이 지구 자체를 간소화시켜 하나의 통제 밑에 둔다는 세계정부 수립 계획 중 하나라고 합니다. 캠트레일은 주로 전쟁 지역에서 유난히 많이 목격되는데, 분쟁지역에서의 인구감소를 위한 군사전략임을 알 수 있습니다.

캠트레일을 살포하는 모습

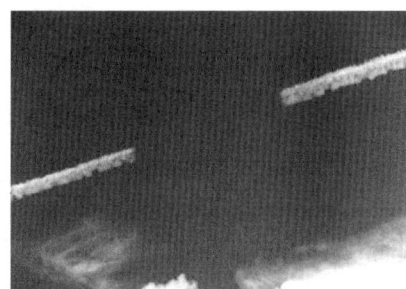
캠트레일 살포를 중단한 모습

(3) 세계 각처에서 일어나는 여러 이상한 현상들 (인터넷에서 인용)

◇ 스웨덴에서 발견된 새떼들의 죽음을 보도한 CNN 인터넷판 화면 캡처.

美. 유럽. 남미. 亞 등 곳곳서 속속 나타나, 음모론. 종말론 등장.

하늘에서 새떼 주검들이 우박처럼 후두둑. '지구 종말?'
아칸소 찌르레기 5천 마리 떼죽음 이어 브라질 등 전 세계 확산 기미
스팟 뉴스팀 (2011.01.08 13:01:25)

새해 첫날 직전 미국 아칸소 주에 5천 마리의 찌르레기가 마치 하늘에서 비가 내리듯 떼죽음을 당한 이후 조류와 어류 등에 대한 이 같은 현상이 세계 곳곳에서 나타나고 있습니다. 미국 각 지역을 넘어 유럽의 스웨덴과 영국, 남미 브라질, 오세아니아 뉴질랜드, 아시아 일본과 태국 등에서 지속되고 있으며 피해 대상도 비둘기에서부터 해파리, 도미, 갈 까마귀 등 가리지 않고 나타나고 있습니다.

◇ '세계적 현상' 떼죽음 = 스웨덴 남서부 도시 팔최핑에서 지난 5일 최고 100 마리에 이르는 갈 까마귀 떼가 눈 덮인 거리에서 죽은 채 발견됐습니다. 이들은 일단 날씨가 몹시 추워 먹이마저 찾기 힘든 상황에서 전날 밤 인근에서 열린 불꽃놀이로 인한 충격 탓에 스트레스가 겹쳤거나 도로를 달리는 차

량들에 부딪쳐 죽었을 수 있다는 설명이 나오고 있습니다. 미국 플로리다의 작은 만에서는 물고기 수천 마리가 둥둥 떠다니는 모습이 목격 됐으며 미국 텍사스의 한 고속도로 다리에선 새 200마리 가량이 죽은 채 발견됐습니다. 브라질 남부의 항구도시인 파라나구아 해안에서는 최소 100t 가량의 정어리와 작은 흑조기, 메기 등이 죽어 있어 관계자들을 깜짝 놀라게 했다고 영국 일간 메일 인터넷 판은 6일 보도했습니다.

뉴질랜드에서도 6일 더 많은 물고기가 죽어 있다는 보고가 있었으며 영국에서는 켄트 해안을 따라 약 4만 마리의 꽃게들이 역시 떼죽음을 당한 모습이 발견됐습니다. 미국 펜실베이니아의 길버츠빌에는 찌르레기와 울새 수백 마리가 죽었으며 미국 메릴랜드의 체사피크만에서는 200만 마리로 추정되는 물고기들이 흉한' 모습을 드러냈습니다.

◇ 구굴, 동물 떼죽음 관련 지도 서비스 = 새와 물고기의 잇단 떼죽음에 대한 관심이 고조되자 검색엔진 구굴은 6일 이와 관련된 지도 서비스를 시작했습니다. 이 서비스에 접속하면 미국과 스웨덴, 브라질, 뉴질랜드 등에서 최근 발생한 동물 떼죽음 사건뿐 아니라 조류 인플루엔자로 새들이 떼죽음 당한 곳도 지도상에 표시 됩니다. 구굴은 지도 왼편에 동물 떼죽음 사건들을 관련 기사 웹 주소와 함께 순서대로 정리 했으며 지도상에 표시된 지점을 클릭해도 관련 기사 웹 주소를 볼 수 있도록 했습니다. 지도에는 지금까지 11개국에서 30건의 떼죽음이 발생한 것으로 되어 있습니다.

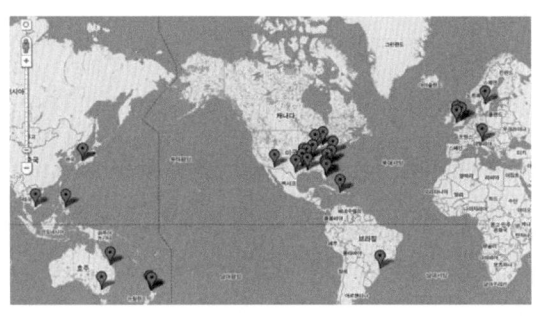

구굴 동물 떼죽음 서비스 캡쳐

▶ 죽은 물고기 떼는 질병 때문이다?

같은 날 아칸소주 북서부 아칸소강에서는 물고기들이 떼죽음을 당했다. 그것도 한 어종에만 국한됐다는 점에서 질병과 관련되어 있다는 것으로 추정되고 있으나, 물고기가 떼죽음을 당한 지역은 찌르레기 떼가 떨어진 비브시에서 서쪽으로 떨어져 있기 때문에 두 사건에 연관성은 없다고 당국은 보고 있다고 밝혔다. 한편 미국 일간에서는 두 사건을 놓고 온갖 추측과 가설, 종말론 등이 나오면서 마을 주민들 사이에 우려가 빠르게 확산되고 있다고 전했다.

▶ 또 죽은 새 수백 마리 낙하도 전염병인가?

불과 4일 만에 또 미국에서는 죽은 새 수백 마리가 하늘에서 쏟아져 내리는 현상이 발생하였다. 외신에 따르자면, 5일 미국 루이지애나주 푸엔트 쿠페이 패러시에서 붉은 어깨 찌르레기 약 500여 마리가 죽은 채 도로에 떨어졌다고 밝혔다. 당국에서는 사건 후에 바로 원인 조사에 착수 하였으며, 주 야생동물, 어로국의 올리비아 왓킨스는 미주리에 있는 연구소로 검시를 보내 결과를 기다리고 있다고 말했다.

검사 결과는 며칠이나 걸릴 것으로, 죽은 새들은 인근 아칸소주에서 죽은 새 수천 마리가 떨어진 지 사흘 만에 비슷한 기현상이 또 발생한 것으로, 그 원인이 무엇인지에 관심이 쏠리고 있다고 한다. 하지만 전문가들은 조류 떼 죽음 현상은 먹이부족과 폭풍, 질병이나 살충제, 인공구조물과 충돌 등의 다양한 원인으로 발생하는 현상이므로 크게 염려할 필요는 없다고 설명하였으나, 일각에서는 종교적, 성서적 종말론이 떠돌면서 이와 같은 의견이 충돌하고 있다. 한편에는 지난 2일 아칸소강에서 죽은 물고기 약 10만 마리가 떠오르는 사건도 찌르레기 떼죽음과 무관한 쪽으로 결론이 모아지고 있으며, 죽은 물고기는 모두 같은 종으로 확인돼, 전염성 질환이 원인으로 지목되고 있다.

▶ 뉴질랜드에서도 도미 떼죽음? 굶어죽었나? 아니면 전염병?

미국에서 새와 물고기들이 떼죽음을 당한 데 이어서 뉴질랜드에도 이와 같은 현상이 발생하였다. 바로 죽은 도미 수백 마리가 해변에 올라와 당국이 조사를 벌이고 있다고 한다. 뉴질랜드 북섬도 해안에 있는 코로만델 지역에서 4일 오후 여름휴가를 즐기던 사람들에 의해 크고 작은 도미 수백 마리가 죽어 해변에 올라와 있는 것이 발견되었다. 뉴질랜드 언론계에 따르자면 리틀 베이와 와이카우 베이 해변에서 바다에 들어갔던 아이들이 도미들을 한 아름씩 들고 나온 것을 보고 사람들은 깜짝 놀랐다고 한다. 몇 분 지나지 않아 해변은 바닷물에 밀려온 죽은 도미들로 뒤덮였다. 리틀 베이 지역에서는 지난 30년 동안 가족들과 함께 살아오고 있는 샬럿 피어샐은 이번과 같은 일을 이전에는 본 적이 없다고 설명했다. 그는 기상천외한 일로 믿을 수 없는 정도의 피해였다며 그 정도면 코로만델 북단 지역에 사는 주민들 모두 먹을 수 있는 정도의 양이었다고도 덧붙였다. 쌍안경을 가진 사람들은 쌍안경으로 볼 수 있는 거리 안에는 해변이 도미들로 뒤덮여 있었다고 말했으며, 보트를 타고 바다로 나갔던 사람들은 해안선을 따라 죽은 물고기 떼들이 바다를 뒤덮고 있었다고 증언하였다. 피어샐은 우리는 처음에는 도미를 공짜로 주어 먹는가보다 라고 생각하였으나, 눈동자가 탁해져 있었고, 새들이 물고기들에게 달려들어, 눈이 없어진 물고기들도 많이 볼 수 있었다고 말했다. 그와 부모는 곧바로 자연보호부에 전화로 신고를 했는데, 자연보호부 관계자들은 기상조건 때문에 물고기들이 굶어 죽었을 가능성이 크다고 말했으나, 도미들이 대부분 크고 건강한 상태로 보였기에 그런 설명에 동의할 수 없었다고 말했다.

▶ 정어리떼 종말' 일본 핏빛바다에 200톤 폐사[6]

최근 일본 지바현의 이스미시 오오하라항 해안이 200톤에 달하는 정어리

---

6) 한국일보 2012.06.08. 보도. http://news.hankooki.com/lpage/world/201206/h2012060814320997100.htm

떼 사체로 덮이는 사건이 발생해 충격을 주고 있다. 8일 영국 일간 데일리메일에 따르면 일본 인터넷언론사인 재팬투데이는 지난 4일 오오하라 항에 200톤에 달하는 대량의 정어리떼가 죽은 상태로 발견됐다고 보도했다. 목격자들에 따르면 지난 3일부터 해안이 검붉은 색으로 물들기 시작했으며, 곧 이어 죽은 정어리떼 무리가 속속 수면 위로 모습

일본 항구도시 오오하라 해안에서 떠오른 수 천만 마리의 정어리떼 사체

을 드러냈다. 이를 본 주민들이 재빨리 죽은 정어리들을 건져냈지만 그 양이 엄청나 작업이 쉽사리 진행되지 못하고 있다. 더구나 불어난 물고기는 악취가 심해 마을 주민들은 이중으로 고통을 겪고 있다고 전했다. 한 주민은 "이틀 이상 이러한 현상이 지속되고 있다. 숨쉬기 힘들 정도의 악취가 큰 문제"라면서 "하지만 주민들은 여전히 이 죽은 정어리떼를 어떻게 처리해야 할지 몰라 막막한 상황"이라고 말했다. 일각에서는 지난 3·11지진 발생 6일 전 이바라키현 카시마시 해안에서 고래 50마리가 폐사한 사례가 있어 대지진의 징후가 아니냐는 예상도 조심스럽게 나오고 있다.

일본 멸치 떼죽음, 천적설 있으나 '원인 불명'…"공포감 확산" 2012-06-15

일본에서 멸치 떼죽음이 또 발생해 충격을 주고 있다. NHK에 따르면 14일 기나가와현 미우라시의 후미에서는 멸치 수천 만 마리가 떼죽음을 당했다. 멸치 떼죽음과 같은 현상이 계속되면서 주민들은 '두려움'에 떨고 있는 것으로 알려졌다. 한편 일본에서는 지난 1998년 오사와 어항에서 약 60여 톤의 멸치

떼가 몰려와 시체로 떠오른 바가 있다.

• 독수리의 예고: 화, 화, 화

"내가 또 보고 들으니 공중에 날아가는 독수리가 큰 소리로 이르되 땅에 사는 자들에게 화, 화, 화가 있으리니 이는 세 천사들이 불어야 할 나팔 소리가 남아 있음이로다 하더라"(계 8:13).

네번째 천사가 나팔을 불고 난 후에 잠시 막간이 있습니다. 이 막간에 하늘에서 독수리가 큰 소리로 화, 화, 화가 있으리라고 외칩니다. 그랜드 종합주석은 이렇게 설명합니다. 독수리는 성경에서 종종 하나님의 임박한 심판과 관련하여 언급되어 있으며(렘 48:40; 겔 17:3; 호 8:1; 합 1:8), 계시록 4:7에서도 하나님을 수종드는 네 생물 중 하나로 등장하고 있습니다. 그러므로 '땅에 거하는 자들'은 불신자들을 말하며, '화, 화, 화'는 다섯째와 여섯째와 일곱째 나팔재앙을 말하고, 앞의 네 나팔과는 달리 더 혹독한 재앙이 될 것을 강조하고 있습니다.

7. 다섯째 나팔재앙

"다섯째 천사가 나팔을 불매 내가 보니 하늘에서 땅에 떨어진 별 하나가 있는데 그가 무저갱의 열쇠를 받았더라"(계 9:1).

이사야 14:12 '너 아침의 아들 계명성이여 어찌 그리 하늘에서 떨어졌으며, 너 열국을 엎은 자여 어찌 그리 땅에 찍혔는고'

누가복음 10:18 '예수께서 이르시되 사탄이 하늘로부터 번개같이 떨어지는 것을 내가 보았노라.'

하늘에서 땅에 떨어진 별은 사탄을 의미하는데, 이 별이 사탄이란 견해는 땅에 떨어졌다는 데 근거를 두고 있습니다. 떨어졌다는 말은 타락했다는 뜻이기에 떨어진 그 별은 선한 천사라기보다는 악한 천사임에 틀림없습니다. 더욱이 '떨어진' 에 해당하는 원어 '페트토코타' 는 완료형으로서 이미 떨어져 있는 상태를 가리키는데, 그것은 이사야 14:12과 누가복음 10:18과 잘 부합됩니다. 즉 이 별의 떨어짐은 지금 이 시점에 떨어진 것이 아니고 이미 오래 전에 하늘에서 떨어졌음을 나타내고 있습니다. 땅에 떨어진 별이 무저갱의 열쇠를 하나님께로부터 받았습니다. 계시록에 의하면 무저갱은 음부나 지옥과는 달리 또 다른 사탄이 갇히는 장소임을 알 수 있습니다. 한편 무저갱의 열쇠를 사탄이 받았다는 것은 사탄이 무저갱의 열쇠를 받아 문을 열어 수하 세력들을 이끌어 내기도 합니다. 그런데 다섯째 나팔재앙에서는 하늘에서 쫓겨 내려오면서 무저갱의 열쇠를 받아서 여는데, 계시록 20:1에서는 하나님께로부터 큰 쇠사슬과 무저갱의 열쇠를 받은 한 천사에 의해 자신이 무저갱에 천년 동안 결박당해 갇힙니다. 무저갱을 관리하시는 분은 하나님이신데 필요에 따라 무저갱의 열쇠를 사탄에게 주시기도 하고 선한 천사들에게도 주셔서 사탄을 가두기도 하시고 사탄에게 주어 황충 같은 것을 풀어 놓기도 하십니다.

사탄에 대해서 한 마디 더 하자면 비록 하나님 보좌 앞에서 쫓겨나 공중의 권세 잡은 자로 존재하지만 한번씩 잠깐 동안 하나님 보좌 앞에 나가 하나님을 뵙기도 하는가 봅니다. 욥기서 1:6-12에 보면 알 수 있습니다. '하루는 하나님의 아들들이 와서 여호와 앞에 섰고 사탄도 그들 가운데에 온지라.' (6절)

무저갱에 대해서

신약성경에서 무저갱이란 말이 9번 나옵니다. 누가복음 8:31과 로마서 10:7과 유다서 6절과 계시록 9:1, 2, 11:7, 17:8, 20:1, 3입니다. 누가복음 8:31절과 유다서 6절, 계시록 9:1,2 20:1,3절은 귀신들과 악령이 갇히는 장소로 표현되어 있습니다. 로마서 10:7은 죽은 사람들이 갇히는 곳으로, 계시록

11:7절과 17:8절은 짐승이 올라오는 장소로 묘사하고 있습니다. 그런데 어떻게 짐승이 두 번이나 무저갱에서 올라온다고 말합니까?

> 계시록 11:7 '그들이 그 증언을 마칠 때에 무저갱으로부터 올라오는 짐승이 그들과 더불어 전쟁을 일으켜 그들을 이기고 그들을 죽일 터인즉,'

> 계시록 17:8 '네가 본 짐승은 전에 있었다가 지금은 없으나 장차 무저갱으로부터 올라와 멸망으로 들어갈 자니...'

무저갱은 사탄과 그 졸개들이 갇히는 장소인데 어떻게 짐승이 무저갱에서 올라온다고 말합니까? 신약성경에 의하면 사람이 죽으면 그 영혼이 백보좌 심판받기 위해 부활하기까지 임시로 음부에 들어갑니다. 그리고 사탄과 귀신들이 임시로 갇히는 곳이 무저갱입니다. 실제로 짐승이 무저갱에서 나온다는 말이 아니라 사탄에 속한자란 뜻이요, 세상에 재앙을 불러오고 악을 조장하는 자라는 것을 나타내는 표현입니다.

> "그가 무저갱을 여니 그 구멍에서 큰 화덕의 연기 같은 연기가 올라오매 해와 공기가 그 구멍의 연기로 말미암아 어두워지며 또 황충이 연기 가운데로부터 땅 위에 나오매 그들이 땅에 있는 전갈의 권세와 같은 권세를 받았더라."(계 9:2-3)

황충은 메뚜기를 의미하는데 성경에서는 종종 엄청나고도 처참한 재앙을 가져다주는 하나님의 심판의 도구로 묘사되었습니다(왕상 8:37, 대하 6:28, 7:13, 요엘 1-2장). 황충은 무수히 많은 떼로 몰려다니는 특징이 있어서 그 수를 헤아릴 수 없습니다. 이 황충에게 풀이나 푸른 것이나 각종 수목은 해하지 말라고 합니다. 본래 황충은 곡식이나 초목을 먹어 치우는 곤충인데 하나님께서 그들에게 일차 공격 대상인 곡식과 초목을 해하지 말라고 하신 것은 이 재앙이 자연계에 닥치는 재앙이 아닌 인간들에게 직접적으로 닥치는 재앙임을 시사해 줍니다. 사탄이 사람들을 괴롭히거나 해할 수 있지만 오직 하나님께서 허용하신 범위 내에서만 해할 수 있습니다.

왜 연기 같은 연기라고 합니까? 이것은 실제로 연기가 아니고 사탄이 무저갱에 갇혀 있던 악령들을 풀어 놓아 올라오는 광경을 표현한 것입니다. 이 악령들이 얼마나 많이 올라왔으면 해가 어두워지고 공기가 탁해질 정도이겠습니까? 실제로 황충 떼들이 몰려오면 해를 가려서 어두워집니다. 무저갱에서 올라오는 악령들을 다섯째 나팔재앙에서 풀어 놓았으니 세상이 엄청나게 험악할 것입니다. 연기와 함께 황충도 올라온다고 한 것은 짐승이 무저갱에서 올라온다는 말과 같이 황충도 사탄에 속한 것으로 엄청난 재난을 가져올 것을 말하고 있습니다.

'그들에게 이르시되 땅의 풀이나 푸른 것이나 각종 수목은 해하지 말고 오직 이마에 하나님의 인침을 받지 아니한 사람들만 해하라 하시더라. 그러나 그들을 죽이지는 못하게 하시고 다섯 달 동안 괴롭게만 하게 하시는데 그 괴롭게 함은 전갈이 사람을 쏠 때에 괴롭게 함과 같더라. 그날에는 사람들이 죽기를 구하여도 죽지 못하고 죽고 싶으나 죽음이 그들을 피하리로다"(계 9:4-6).

여기 황충들은 전쟁을 위한 전쟁무기로 만들어진 어떤 물체인 것 같습니다. 그런데 이들은 '전갈의 권세와 같은 권세를 받았더라'와 10절에서, '또 전갈과 같은 꼬리와 쏘는 살이 있어 그 꼬리에는 다섯달 동안 사람들을 해하는 권세가 있더라.' 종합해 보면 황충들의 무기는 뒤의 꼬리로만 공격을 하는 것 같습니다. 황충들의 꼬리에 의한 공격을 받으면 사람들이 큰 고통을 당하는데 죽을 정도로 아픈 고통을 줍니다. 그러나 죽음에 이르지는 않습니다.

다섯째 나팔재앙은 짐승정부에 대한 전 세계 사람들의 반항을 수습하는 과정입니다. 전 3년 반 단일세계정부에 대한 불만이 전 세계 사람들로부터 분출됩니다. 인간통제(666 짐승표)와 식량난, 첫째 나팔에서 넷째 나팔재앙으로 인한 공포감 등으로 사람들이 불만을 터뜨린 대규모 데모가 세계 곳곳에서 일어납니다. 이것을 진압하기위해 짐승정부가 황충떼들을 풀어 놓아 진압하는 과정이 5개월입니다. 황충무기에 쏘인자들의 고통은 차라리 죽는 것이 나을 정도로 고통스러운데 더 무섭고 공포스러운 것은 죽을 수가 없다는 것입니다. 그런 사실 때문에 세계인민들이 더 이상 반항할 수 없다는 사실을 깨닫게 되고 서서히 짐승정부에 길들여져 가는 것입니다.

앞에서 언급했듯이 전 3년 반은 적그리스도가 전 지구인에 대한 인구축소 정책으로 여러 가지 재난을 일으킵니다. 다섯째 나팔재앙 역시 사탄의 사주로 짐승 적그리스도가 황충이란 과학무기로 인간들을 무력하게 하는 작업을 하고 있는 것입니다. 예를 들면, 이 황충 무기는 비살상 무기인 것 같습니다. 근래에 와서 비살상무기가 군수산업의 대단히 중요한 개발 과제가 되어 계속 신무기가 나오고 있는데, 대부분 기밀사항이어서 일반인은 잘 알지 못하고 있습니다. 비살상 무기는 사람에게 영구적 해를 끼치지 않고 일시적 기능상실을 일으켜 문제의 사람들을 통제하는 기능을 가진 무기입니다. 치안기관 요원들은 예전처럼 국민 앞에 위엄과 공포를 주는 대상이 아니라 친절한 민중의 지팡이라는 이상을 심어주면서 문제를 일으킨 사람들을 격렬한 대립 없이 점잖게 호송해 가지만, 내적으로는 예전보다 더욱 강력한 통제가 가능한 무기를 사용하고 있습니다. 목표대상만 맞출 수 있는 정향 방사능(DER: Directed Energy Radiation)이나, 초고음파, 초저음파 무기들입니다. 비살상 무기 중에 열총(Thermal Gun)에 맞으면 체온이 올라가 정신이 혼미해지고 육체적 기능도 심히 저하됩니다. 기절총(Seizure Gun)에서 나오는 전자에너지에 맞으면 마치 까무러치는 것과 같이 정신을 잃게 됩니다. 자기권총(Magnetophosphene Gun)은 마치 몽둥이로 머리를 얻어맞을 때 눈에서 번쩍하고 별들이 나오는 것과 같은 효과가 있습니다. 고성능 초단파 총을 쏘면 상대방의 전자부속이 모두 녹아버리며, 지능성 레이저 총은 적의 감지기능을 마비시켜 버리기도 합니다. 이런 무기를 비살상 무기라고 하지만 전자나 전자광을 첨가하면 살상무기로 얼마든지 전환할 수 있는 것입니다. 이런 무기들은 전쟁터에서 사용하기 보다는 일반사회에서 일어나는 사건들, 즉 정부측에서 볼 때 불순분자나 테러분자 또는 데모군중에게 사용됩니다.

또한 음파무기가 있습니다. 인간의 가청음파는 20헤르츠-2만 킬로헤르츠 입니다. 제일 낮은 20헤르츠보다 더 낮은 음파를 초저음파라 하고 제일 높은 2만 킬로헤르츠보다 더 높은 음파를 초고음파라고 부릅니다. 초저음이나 초고음 파장은 우리의 고막이 반응하지 못하는 공기의 파도입니다. 이 파도는 청각기능이 관리할 수 없는 진동이기 때문에 우리가 들을 수 없습니다. 그런데 음파는 공기 중에서만 전파되는 것이 아니라, 금속, 콘크리트, 돌, 플라스틱, 나무, 물, 심지어 사람을 통해서도 전파됩니다. 음파가 통과하지 못하는 것은 진공상태 뿐 입니다. 말하자면 이 황충은 일종의 비살상 무기로서 마인드 컨트롤로 사용하게 될 것입니다.

'다섯달' 은 다섯째 나팔재앙의 기간인 것 같습니다. 대개 전 3년 반의 일곱 나팔재앙에서 나팔재앙의 기간이 다섯 내지 여섯 달인 것 같습니다(6 x 7=42개월). 4절을 보고 다섯째 나팔재앙 때에 성도들은 어디 가고 불신자들만 황충의 공격을 받는가라고 말합니다. 그것은 황충의 독이 이마에 인침을 받은 성도들에게 들어오더라도 그 독에 대한 면역성이 있어 그 독이 아무런 영향을 주지 않게 하신 것입니다. 예수 그리스도의 보혈과 이마에 맞은 인으로 인해서 말입니다. 출애굽기 7장에 하나님께서 애굽의 왕으로부터 이스라엘 사람들을 해방시키기 위해 열 가지 재앙을 내리실 때에 첫째 재앙에서 물이 피가 되게 했습니다. 애굽의 물들과 하수들과 운하와 못과 모든 호수와 심지어 그릇에 있었던 물들 곧 나무그릇과 돌그릇에 이르기까지 피가 되었습니다. 이 첫째 재앙이 칠일 간(25절)이었다고 합니다. 그 기간 동안 이스라엘 사람들은 어디 있었습니까?

이스라엘 사람들도 이 기간 동안에 애굽 땅에 애굽 사람들과 같이 있었습니다. 그렇다면 이스라엘 사람들도 애굽 사람들과 함께 물을 마시지 못해 고통을 받았을까요? 아닙니다. 하나님께서 따로 취급하셨습니다. 이스라엘 사람들이 마시는 물은 피가 되지 않게 하셨을 것입니다. 그 외 다른 아홉 가지 재앙에서도 애굽 사람들과 이스라엘 사람들이 애굽 땅에 섞여 살았지만 하나님께서는 애굽 사람들에게 임하는 재앙이 이스라엘 사람들에게는 미치지 않게 하셨습니다. 이와 마찬가지로 다섯 째 나팔 재앙 때도 성도들이 있었지만 그 황충들의 독이 이마에 인침받은 성도들에게는 아무런 효력을 발휘하지 못했습니다.

> "황충들의 모양은 전쟁을 위하여 준비한 말들 같고 그 머리에 금 같은 관 비슷한 것을 썼으며 그 얼굴은 사람의 얼굴 같고 또 여자의 머리털 같은 머리털이 있고 그 이빨은 사자의 이빨 같으며 또 철 호심경 같은 호심경이 있고 그 날개들의 소리는 병거와 많은 말들이 전쟁터로 달려 들어가는 소리 같으며 또 전갈과 같은 꼬리와 쏘는 살이 있어 그 꼬리에는 다섯 달 동안 사람들을 해하는 권세가 있더라 그들에게 왕이 있으니 무저갱의 사자라 히브리어로는 그 이름이 아바돈이요 헬라어로는 그 이름이 아볼루온이더라"(계 9:7-11)

다섯째 나팔재앙 때에 나타날 황충들은 전자 정보에 기초한 첨단 과학, 로보트 무기들일 것입니다. 모양은 메뚜기 같이 생기기도 하면서 말과 같고 머리는 사람 얼굴과 같고, 긴 머리털을 가졌고, 머리에는 금으로 도금한 관 비슷한 것이라 했으니 투구의 모양을 묘사한 것이요 철 호심경이 있고 날개가 있다고 했습니다. '저희에게 왕이 있으니 무저갱의 사자라. 히브리어로 이름은 아바돈이요 헬라어로 이름은 아볼루온이더라' 에서 아바돈은 파괴 또는 멸망을 의미하고, 아볼루온은 파괴자, 살인자를 의미합니다. 그러므로 황충의 우두머리는 사탄으로 그의 이름은 파괴자요 살인자입니다.

"여섯째 나팔과 일곱째 나팔 예고"

"첫째 화는 지나갔으나 보라 아직도 이 후에 화 둘이 이르리로다"(계 9:12).

다섯째 나팔재앙인 황충재앙이 있은 후, 계 8:13절의 공중에 날아가는 독수리가 화 화 화가 있을 것이라 했습니다. 이것은 앞으로 있을 다섯, 여섯, 일곱째 나팔재앙에 대한 예고인데 계 9:12에서 다섯째 나팔재앙이 끝난 후 다시 공중에 나타나 독수리가 큰 소리로 외치기를 아직 두 개의 화가 있을 것을 예고합니다.

여섯째 나팔재앙과
제 3차 세계 대전

"여섯째 천사가 나팔을 불매 내가 들으니 하나님 앞 금 제단 네 뿔에서 한 음성이 나서 나팔 가진 여섯째 천사에게 말하기를 큰 강 유브라데에 결박한 네 천사를 놓아 주라 하매 네 천사가 놓였으니 그들은 그 년 월 일 시에 이르러 사람 삼분의 일을 죽이기로 준비된 자들이더라 마병대의 수는 이만 만이니 내가 그들의 수를 들었노라"(계 9:13-16).

앞에서 예루살렘의 유대인 성전재건을 하는 적그리스도 및 국제 금융가, 엘리트들의 의도는 제 3차 세계대전을 일으키기 위한 사전 포석이라고 했습니다. 이슬람을 자극하여 중국과 러시아로 하여금 전쟁을 도발하게 하기 위한 것입니다. 전 세계를 자신들의 손아귀에 쥔 적그리스도가 전 세계를 효과적으로 통치하기 위해서 세계 3차 전쟁을 일으킵니다. 물론 상대방이 먼저 전쟁을 선포했으나 실제로는 이들이 도발하도록 유도한 것입니다. 전 세계를 손아귀에 넣고 통치하기에는 세계 인구가 너무 많기에 전 3년 반 동안 하나씩 하나씩 나팔들이 불릴 때마다 재앙들이 닥치므로 지구상에는 인구 감소가 일어납니다.

여섯째 인을 떼심으로 인해 대이변이 일어난 이후, 시간이 지나면서 지구 경제가 조금씩 회복되고 세계인들이 점차 정신을 차리게 됩니다. 그때서야 자신들이 엘리트들에게 농락당하고 있음을 깨닫습니다. 지구가 강탈당한 것과 자신들이 노예가 되었다는 사실을 알고, 서구 중심의 세계단일정부에 대한 반기를 들게 됩니다. 아시아 국가 특히 중국을 주축으로 러시아, 인도, 일본과 기타 아시아 국가와 이슬람이 합세하여 유럽과 미국을 중심한 단일정부에 반항하는 전쟁이 일어납니다. 이것이 단일정부의 바라던 바요, 오래 전부터 음모하고 계획하던 제 3차 전쟁이 되는 것입니다. 이 전쟁으로 지구 인구의 수를 1/3이나 감소시킵니다. 유브라데강에 묶여 있던 네 천사가 풀려나면서 년 월 일 시에 지구 인구 1/3을 죽이기로 예비한 자들이라 했습니다. 네 천사는 공중의 권세 잡은 자, 사탄의 부하 천사장들로서 지구를 4등분으로 관할하는 자들입니다. 유럽과 미국을 중심한 서구권인 기독교문화권과 러시아정교 문화권, 중국을 중심한 아시아 유교 문화권과 중동 아랍 이슬람 문화권들인데 이 전쟁은 서구권을 대항하는 비서구권 나라들이 연합하여 일으킨 전쟁이며 이 전쟁이 발발한 장소는 유브라데 강역입니다.

이슬람 입장에서는 국제 금융 엘리트들에게 강탈당했던 석유 소유권을 다시 회복하기 위해서요, 예루살렘에 세워진 유대인 성전건축에 대한 반발입니다. 뿐만 아니라 종교통합으로 이슬람 종교신앙을 핍박한데 대한 반항입니다. 중국은 석유가 필요해서 러시아와 석유동맹을 맺었고, 러시아 역시 석유자원을 다 빼앗겼기에 중국과 동맹을 맺고 제 3차 세계대전의 주동역할을 합니다. 군대 수가 2억이나 됩니다. 전쟁의 결과는 엘리트들을 중심한 세계단일정부가 이 전쟁을 오래 전부터 구상했고, 계획했고 준비해 왔기에 최상의 무기들을 동원하여 사람을 1/3이나 살육하고자 의도했기에 단시일에 일방적인 승리로 끝냅니다.

결과로 엘리트 단일정부가 온 세계를 완전 장악하고 본격적인 단일정부를 가동하는 것이 후 3년 반입니다. 후 3년 반에 들어가기 전 전 3년 반의 일곱 나팔재앙의 마지막 나팔인 일곱째 나팔, 즉 마지막 나팔, 큰 나팔이 불려질 때에 성도들의 부활과 함께 공중휴거가 있습니다. 여섯째 나팔재앙에 대한 이해를 돕기 위해서 아래의 몇 가지 의문을 제시하고 그에 답하는 형식으로 문제에 접근하려 합니다.

1. 큰 강 유브라데에 결박과 놓임 받는 네 천사들의 정체

'큰 강 유브라데에 결박한 네 천사를 놓아주라' 고 하셨는데 네 천사들은 어떤 천사들이겠습니까? 이 천사들은 네 나라들을 지배하는 공중에 권세 잡은 자들, 사탄의 졸개들이요 악의 천사장들입니다. 결박했다는 것은 그들이 행동을 하지 못하도록 묶었다는 말이요, 이 묶였던 천사들이 놓임을 받는 것은 활동을 하라는 의미입니다. 그들의 행동이 무엇이겠습니까? 다니엘서에 보면 이들이 행동이 무엇인가를 예견할 수 있습니다.

다니엘 10:10-14 "한 손이 있어 나를 어루만지기로 내가 떨었더니 그가 내 무릎과 손바닥이 땅에 닿게 일으키고 내게 이르되 큰 은총을 받은 사람 다니엘아 내가 네게 이르는 말을 깨닫고 일어서라 내가 네게 보내심을 받았느니라 하더라 그가 내게 이 말을 한 후에 내가 떨며 일어서니 그가 내게 이르되 다니엘아 두려워하지 말라 네가 깨달으려 하여 네 하나님 앞에 스스로 겸비하게 하기로 결심하던 첫날부터 네 말이 응답 받았으므로 내가 네 말로 말미암아 왔느니라 그런데 바사 왕국의 군주가 이십일 일 동안 나를 막았으므로 내가 거기 바사 왕국의 왕들과 함께 머물러 있더니 가장 높은 군주 중 하나인 미가엘이 와서 나를 도와 주므로 이제 내가 마지막 날에 네 백성이 당할 일을 네게 깨닫게 하러 왔노라 이는 이 환상이 오랜 후의 일임이라 하더라"

다니엘이 자기 백성의 장차 당할 일에 대해 하나님의 응답을 받기 위해 21

일간 절식하고 있을 때에 하나님께서는 기도 첫날에 가브리엘 천사를 보내셔서 다니엘의 기도에 대한 응답을 보냈습니다. 그러나 가브리엘이 다니엘에게 오는 도중에 사탄의 군대에게 방해를 받아 응답이 21일이나 늦게 도착했습니다.

> 다니엘 10:19-21 "이르되 큰 은총을 받은 사람이여 두려워하지 말라 평안하라 강건하라 강건하라 그가 이같이 내게 말하매 내가 곧 힘이 나서 이르되 내 주께서 나를 강건하게 하셨사오니 말씀하옵소서 그가 이르되 내가 어찌하여 네게 왔는지 네가 아느냐 이제 내가 돌아가서 바사 군주와 싸우려니와 내가 나간 후에는 헬라의 군주가 이를 것이라 오직 내가 먼저 진리의 글에 기록된 것으로 네게 보이리라 나를 도와서 그들을 대항할 자는 너희의 군주 미가엘 뿐이니라"

그런데 바사 군주는 바사 나라 왕을 의미하는 것이 아니고, 그 나라를 영적으로 지배하는 공중의 권세 받은 천사(악한 천사)를 말합니다. 바사 나라의 왕은 공중에 권세 잡은 영계의 조직의 운명에 따르게 되며, 이 운명은 하나님이 조정하십니다. 왜냐하면 20절에 '이제 내가 돌아가서 바사 군주와 싸우려니와 내가 나간 후에는 헬라의 군주가 이를 것이라"에서 가브리엘 천사가 바사를 지배하는 공중 권세 잡은 악령의 군대와 싸워 바사군을 밀어냄으로 헬라군이 들어서게 된다는 의미입니다. 물론 직접 싸우는 것은 미가엘 천사장이 싸우는 것입니다(21절). 바사를 지배하는 악령들이 물러가면, 그 후에 헬라를 지배하는 공중에 권세 잡은 악령들의 우두머리가 바사 나라를 접수하게 됩니다. 헬라 나라의 알렉산더 대왕이 페르샤를 정복하게 될 것을 말합니다. 공중에서의 일이 땅의 현실 나라의 운명을 지배하게 됩니다.

다니엘 10장을 길게 설명한 것은 여섯째 나팔재앙의 큰 강 유브라데에 결박된 네 천사들의 역할에 대해 설명하기 위해서 입니다. 이 네 천사들은 공중의 권세 잡은 영계의 우두머리로서 네 나라(서구권, 아시아권, 러시아권, 이슬람권)의 운명을 좌우합니다.

2. 왜 3차 세계대전 장소가 유브라데인가?

이 전쟁이 일어난다고 예언된 유브라데 지역은 사막지대입니다. 군사적으로도 요새가 아닙니다. 그런데 여기서 무서운 큰 전쟁이 일어난다는 것입니다. 유브라데 강이 국토 한복판으로 흘러가는 이라크와 강 하류에 국경선을 두고 있는 이란과 쿠웨이트, 시리아 등지에서 일어난다는 뜻입니다. 우리는 항상 중동정세에 관심을 가지고 있습니다. 중동에서 전쟁이 일어나면 제 3차 세계대전이 될 것이라고 말해 왔습니다.

현재 페르시아만의 석유 공급원은 다음 다섯 나라들입니다. 사우디아라비아가 2,635억 배럴, 이라크가 1,325억 배럴, 아랍 에미리트가 897억 배럴, 쿠웨이트가 965억 배럴, 이란이 897억 배럴 등이라고 추정합니다. 다수의 군소 석유 보유국으로는 바레인, 오만, 카타르, 예멘 등이 포함됩니다. 석유는 더 이상 상품 중의 하나가 아닙니다. 석유는 군사 전략가들에게 필요 불가결한 전쟁 필수품이며, 어느 나라든지 석유가 없으면 교통과 산업과 일반 시민들의 생활 등 모든 것이 미비됩니다. 석유는 우리 몸의 피와 같기에 석유가 없는 나라는 존재 자체가 불가능합니다. 미국뿐 아니라 세계의 모든 나라가 미래에 닥칠 석유전쟁에 대비하여 고심하며 대책을 강구하고 있습니다. 유전지대에서 문제가 발생하면 세계 어느 나라도 자유로울 수가 없고 부득이 전쟁에 참전할 수밖에 없습니다. 앞으로 올 세계 인구 삼분의 일이 죽게 되는 세계대전도 결국 석유 때문일 것입니다. 이라크의 석유 매장량은 사우디아라비아 다음으로 세계 2위에 속한다고 합니다. 이 전쟁은 석유시대에 석유 때문에 일어날 것이며, 그 장소는 사막지대로써 석유 외에는 세계가 탐낼 만한 것이 하나도 없는 지대입니다. 세계단일정부에 의해 빼앗겼던 주권을 다시 되찾고 에너지인 석유를 확보하기 위해서 전쟁을 일으킨 것입니다. 유브라데는 수에즈 운하처럼 전략적, 교통으로 중요한 곳도 아니고, 다이아몬드나 금 덩어리가 쏟아져 나오는 세계 경제의 중요한 지대도 아닙니다. 만일 대체 에너지가 발견되어 석유가 필요 없이 된다면 왜 그 사막지대에서 그렇게 큰 희생을 치르는 전쟁을 시작하겠습니까? 석유의 매장량은 40-50년 내외에 고갈될 것이라고 말합니다. 석유시대에 이 전쟁이 일어난다고 가정한다면, 이 세대에 사는 사람들이 이 전쟁을 보게 될 것이라는 결론에 도달합니다.

3. 왜 군대의 수가 2억이 되는가?

중동에서 전쟁이 일어난다면 모든 강대국들이 참전할 수밖에 없으므로 계시록의 예언대로 2억의 군대가 동원될 가능성이 충분하다는 것입니다. 인구가 가장 많은 중국이나 인도, 러시아, 일본 등이 참전하는 지구 전면전이 될 것입니다. 현재 파키스탄, 이란, 이라크, 시리아, 리비아, 알제리 등 이슬람 국가들이 중국과 다양한 공조체제를 가지고 대량살상 무기를 개발하고 있습니다. 1980년 이란과 이라크 전쟁 시에는 중국이 이란의 무기 22%를 제공했으며 1989년에는 중국이 단일 국가로서는 이란에 가장 많은 무기를 수출한 나라이며, 핵을 가지겠다고 공개적으로 선언한 이란을 적극적으로 후원하고 있습니다. 1993년 3월에는 이란에 300메가톤 용량의 원자로 건설에 동의하고 우라늄 농축 장비를 제공했습니다. 한편 파키스탄이 이란의 과학자들을 훈련시켰으며, 1992년 11월에 파키스탄, 이란, 중국이 핵 개발을 공동으로 추진할 것을 합의했고, 세 나라의 대량 살상 무기 개발 계획에 서로 협조하고 있습니다. 중국은 계속적으로 산유국인 아랍 국가들과 긴밀한 외교적인 협력 관계를 수립해 나가고 있습니다. 중국, 러시아, 인도와 중동의 모든 나라들과 유럽과 미국과 이스라엘이 주축이 된 세계단일 정부군들의 수를 계산하면 3차 세계 대전에 2억의 군대가 동원되는 것은 어려운 일도 아닙니다.

4. 왜 지구 인구의 삼분의 일이 죽게 되는가?

"이같은 환상 가운데 그 말들과 그 위에 탄 자들을 보니 불빛과 자줏빛과 유황빛 호심경이 있고 또 말들의 머리는 사자 머리 같고 그 입에서는 불과 연기와 유황이 나오더라 이 세 재앙 곧 자기들의 입에서 나오는 불과 연기와 유황으로 말미암아 사람 삼분의 일이 죽임을 당하니라 이 말들의 힘은 입과 꼬리에 있으니 꼬리는 뱀 같고 또 꼬리에 머리가 있어 이것으로 해하더라 이 재앙에 죽지 않고 남은 사람들은 손으로 행한 일을 회개하지 아니하고 오히려 여러 귀신과 또는 보거나 듣거나 다니거나 하지 못하는 금, 은, 동과 목석의 우상에게 절하고 또 그 살인과 복술과 음행과 도둑질을 회개하지 아니하더라"(계 9:17-21).

인류의 삼분의 일이나 죽는 전쟁은 분명히 핵을 포함한 대량 살상 무기를 사용할 전쟁일 것입니다. 제3차 세계대전이 시작될 무렵에는 유브라데 강을 중심으로 일어나지만 전쟁의 끝에 가서는 중국과 러시아, 인도의 패전으로 끝이 나게 됩니다. 물론 유브라데 강 유역의 나라들은 말할 것도 없습니다. 그러나 유럽과 미국과 이스라엘은 무사하게 됩니다. 왜냐하면 이들 나라들은 전자운으로 전자망을 쳤기 때문입니다. 처음에는 경무기로 시작되지만 마지막은 연무기로 끝날 것입니다. 지금 우리가 최고의 무기라고 여기고 있는 소총에서부터 원자탄 따위가 모두 경무기이고, 전자기 무기가 연무기의 대표격입니다.

예수 그리스도의 공중강림 예고
(계 10장)

📜 '내가 또 보니 힘센 다른 천사가 구름을 입고 하늘에서 내려오는데 그 머리 위에 무지개가 있고 그 얼굴은 해 같고 그 발은 불기둥 같으며 그 손에는 펴 놓인 작은 두루마리를 들고 그 오른발은 바다를 밟고 왼발은 땅을 밟고' (계 10:1-2)

계시록 10장과 11장은 너무나 중요합니다. 제 10장은 재림 주 예수 그리스도의 공중강림에 대해 설명하고 있으며, 제 11장은 일곱째 나팔이 울려 퍼질 때에 성도들의 부활과 휴거가 일어납니다. 예수 그리스도께서 하늘을 향하여 오른손을 들고 맹세하시면서 지체하지 않고 꼭 하나님의 비밀인 공중강림과 휴거를 시행하실 것을 말씀하고 있습니다. 먼저 계시록 10장의 내용을 전반적으로 분해하면서 다섯 가지로 나누어 설명하겠습니다.

1. 공중강림하시는 주님의 모습

힘 센 다른 천사가 구름을 입고 하늘에서 내려온다고 했습니다. 힘 센 다른 천사는 장차 공중 강림하실 예수 그리스도를 가리키고 있습니다. 성경에는 두 가지 종류의 천사가 나옵니다. 그 한 가지는 하나님으로부터 창조 받은 피조물로서의 천사를 말하며, 다른 하나는 피조물이 아닌 삼위일체 되시는 성자 예수님께서 육신을 입고 이 세상에 오시기 전에 여호와의 사자나 천사의 모습으로 나타난 창조주 예수 그리스도를 가리키는 경우를 말합니다. 예를 들면 모세가 떨기나무 불꽃을 보고 가까이 갔을 때에 여호와의 사자가 말한다고 했는데 나중에는 여호와라고 말씀하시는 것을 볼 수 있습니다. 또한 사도행전 7:38에 보면 시내산에서 모세를 부른 것은 천사라고 했는데 실제로는 여호와였습니다. 이 천사는 피조물 천사가 아니라 성육신하기 전의 예수 그리스도입니다. 여기서 힘센 천사가 예수 그리스도라는 확실한 성경적 근거는 이 힘 센 천사에 대한 묘사들이 공중 강림하시는 주 예수 그리스도에게만 해당되는 특별한 표현들이기 때문입니다. 힘 센 천사에 대한 모습을 사도요한은 일곱 가지로 묘사하고 있습니다.

첫째로 강림하시는 예수 그리스도의 모습은 구름을 입고 하늘에서 내려오시는 분입니다. 구름은 하나님의 영광을 상징합니다. 구름을 입었다는 것은 구름 속에 싸였다 구름에 둘렸다는 의미입니다. 하나님이 나타나시는 곳에 구름이 있다는 것은 구름이 하나님의 영광을 나타내기 때문입니다. 예수 그리스도께서 강림하실 때에 구름을 타고 하나님의 큰 영광 중에 오실 것을 보여 줍니다. 출애굽기 40:34,35에 구름이 회막에 덮이고 여호와의 영광이 성막에 충만했다라고 했습니다.

사도행전 1:9 '이 말씀을 마치시고 그들이 보는데 올려져 가시니 구름이 그를 가리어 보이지 않게 하더라 올라가실 때에 제자들이 자세히 하늘을 쳐다보고 있는데 흰 옷 입은 두 사람이 그들 곁에 서서 이르되 갈릴리 사람들아 어찌하여 서서 하늘을 쳐다보느냐 너희 가운데서 하늘로 올려지신 이 예수는 하늘로 가심을 본 그대로 오시리라 하였느니라'

예수님은 공중강림하실 때도 구름을 타고 오십니다. 신약성경에 보면 주님께서 공중강림하실 때에 구름을 타고 오신다는 묘사가 많습니다.[7] 택하신 자들을 하늘 이 끝에서 저 끝까지 사방에서 모으는 때는 공중강림하실 때입니다. '저가 큰 나팔 소리와 함께 천사들을 보낸다' 는 말은 세계 전역에 있는 성도들을 이끌어 올리도록 천사들을 사방으로 보내는 것을 말합니다. 역시 공중강림을 의미합니다.

데살로니가전서 4:16,17은 주님이 능력과 큰 영광으로 오시는 광경을 묘사하고 있습니다. 그렇다면 땅의 모든 족속들이 통곡할 것이요 각인의 눈이 그를 보겠고, 그를 찌른 로마군인들은 음부에서 볼 것입니다(영적 존재이므로 영의 눈으로 봄).

둘째 주님의 모습은 그 머리 위에는 무지개가 있다고 했습니다. 성경에서 무지개는 하나님의 영원한 언약을 상징하고 있습니다.[8] 구약 시대에 성부 하나님이 홍수 심판 때에 노아에게 주신 언약은 '내가 다시 홍수로 심판하지 않겠다' 는 무지개 언약이었습니다. 신약 시대에 예수님께서 요한복음 14:3 '가서 너희를 위하여 거처를 예비하면 내가 다시 와서 너희를 내게로 영접하여 나 있는 곳에 너희도 있게 하리라.' 하신 언약은 예수님의 무지개 언약입니다. 예수님의 머리에 무지개가 있다는 것은 언약을 꼭 지킬 것이란 의미입니다. 우리가 주님 머리에 있는 무지개를 볼 때마다 두 가지 언약을 생각하게 될 것

---

7) 데살로니가전서 4:16,17 "주께서 호령과 천사장의 소리와 하나님의 나팔 소리로 친히 하늘로부터 강림하시리니 그리스도 안에서 죽은 자들이 먼저 일어나고 그 후에 우리 살아 남은 자들도 그들과 함께 구름 속으로 끌어 올려 공중에서 주를 영접하게 하시리니 그리하여 우리가 항상 주와 함께 있으리라"
마태복음 24:30-31 "그 때에 인자의 징조가 하늘에서 보이겠고 그 때에 땅의 모든 족속들이 통곡하며 그들이 인자가 구름을 타고 능력과 큰 영광으로 오는 것을 보리라 그가 큰 나팔소리와 함께 천사들을 보내리니 그들이 그의 택하신 자들을 하늘 이 끝에서 저 끝까지 사방에서 모으리라"
8) 창세기 9:13 '내가 내 무지개를 구름 속에 두었나니 이것이 나와 세상 사이의 언약의 증거니라.'

입니다. 하나는 다시는 물로 세상을 심판하지 않겠다는 언약이요, 다른 하나는 예수님께서 우리를 위해 다시 오시리라 하신 약속이 꼭 성취되리라는 것입니다. 계시록 4:3은 하나님 보좌 주위에 무지개가 둘렸다고 했습니다. 우리가 이상한 구름을 볼 때마다 구름을 타고 오실 주님을 생각하고, 무지개를 바라볼 때마다 다시 오시리라 약속하신 주님을 생각해야 할 것입니다.

셋째로 주님의 모습은 그 얼굴이 해 같이 빛난다고 했습니다. 구약성경에는 하나님을 해로 비유한 곳이 많습니다. 시편 84:11에, '여호와 하나님은 해요 방패시라' 하셨고, 말라기 4:2은 '내 이름을 경외하는 너희에게는 의로운 해가 떠올라서 치료하는 광선을 발하리라.' 했습니다. 계시록 1:16에도 주님의 얼굴이 해가 힘 있게 비취는 것 같다고 했습니다.

넷째 주님의 모습은 불기둥 같은 발을 가지고 오신다고 했습니다. 발은 심판을 의미합니다. 강력한 능력의 상징입니다.

> 계시록1:13-15 '촛대 사이에 인자 같은 이가 발에 끌리는 옷을 입고 가슴에 금띠를 띠고 그의 머리와 털의 희기가 흰 양털 같고 눈 같으며 그의 눈은 불꽃같고 그의 발은 풀무불에 단련한 빛난 주석 같고 그의 음성은 많은 물소리와 같으며'

다섯째 공중 강림하실 주님의 모습은 그 손에 펴 놓인 작은 두루마리를 들고 있다고 했습니다. 이 작은 책은 바로 주님의 손에 들여진 요한계시록을 말합니다. 왜 요한계시록을 작은 두루마리로 표현했겠습니까? 그 이유는 이제까지 요한계시록은 멸시 받고 보잘 것 없는 두루마리로 취급받고 있다는 것을 암시하고 있기 때문입니다. 요한계시록은 비중성이나 중요성으로 보아 굉장히 크고 중요한 책인데 반해 이제까지 기독교 역사적으로 볼 때에 하나의 작은 두루마리처럼 무시당하고 소외당했던 책입니다. 예를 들면 주후 363년 라오디게아 종교회의에서 요한계시록을 정경으로 인정도 하지 않아 신약을 26권으로 결정했었던 때도 있었습니다. 주후 397년 칼타고 종교회의에서 가까스로 정경으로 편입되었습니다. 요한계시록은 옛날과는 다르게 주님의 손에 완전히 활짝 펼쳐진 책입니다. 계시록이 완전히 열려 있다는 것은 누구든지 원하면 이 말씀을 받아 먹을 수 있고, 이 말씀을 깨달을 수 있고, 이 말씀을 통해 은혜 받을 수 있다는 의미입니다. 오늘날 목사님들이 이 책을 금기의 책으로 여기고 이단이 여기에서 많이 나온다고 생각하고 요한계시록을 가르치다가 이단으로 몰리면 어떻게 하나 하고 계시록을 덮어두고 펼칠 생각을 하지 않습니다. 요한계시록 22:10은 '이 두루마리의 예언의 말씀을 인봉하지 말라 때가 가까우니라' 했습니다.

여섯째로 공중강림의 주님의 모습은 오른발은 바다를 밟고, 왼발은 땅을 밟고 서 계시는 모습입니다. 이 표현은 5절과 8절도 언급하고 있습니다. 오른발은 바다, 왼발은 땅을 밟고 설 사람은 재림주 예수 그리스도 밖에는 없습니다. 바다와 땅은 오대양 육대주인 이 세상 전부를 말합니다. 재림주 예수 그리스도께서 장차 이 세상을 정복할 권세를 보여 주는 것입니다. 계시록 17:15에서는 '물'은 백성과 무리와 열국과 방언이라 했습니다. 물은 바닷물을 말합니다. 민물은 바닷물의 2%(얼음, 수증기, 강, 호수, 지하수)밖에 되지 않습니다. 땅 역시 바다에 비하면 29% 밖에 안 됩니다. 이 세상 모든 나라와 인간들을 말할 것입니다. 장차 주님은 만왕의 왕, 만주의 주로 오신다는 것을 예고합니다.

일곱 번째로 주님의 모습은 사자의 부르짖는 것 같은 큰 소리를 발하시는 주님이십니다. 들짐승 중에 왕은 사자입니다. 주님의 위엄성과 지배성을 상징하는 말입니다. 실제로 데살로니가전서 4:16에서 주님은 공중 강림하실 때에 주께서 호령을 하시고 천사장은 소리를 발하며, 하나님의 큰 나팔소리가 온 지구에 울려 퍼지는 중에 강림하십니다.

2. 일곱 우레 소리의 비밀

'일곱 우레가 말을 할 때에 내가 기록하려고 하다가 곧 들으니 하늘에서 소리가 나서 말하기를 일곱 우레가 말한 것을 인봉하고 기록하지 말라 하더라' (계 10:4)

현재까지 일곱 우레의 비밀을 알 사람은 한 사람도 없습니다. 사도요한은 일곱 우레의 비밀이 무엇인가를 알고 보았습니다. 그러나 주님은 일곱 우레를 기록하지 말고 인봉하라 하셨습니다. 물론 언젠가는 인봉을 떼실 때가 있을 것입니다. 종말 계시는 점진적인 계시이기에 언젠가 때가 되면 하나님께서 일곱 우뢰의 비밀을 풀어 주실 것입니다.

3. 재림주 예수 그리스도의 맹세

'내가 본 바 바다와 땅을 밟고 서 있는 천사가 하늘을 향하여 오른손을 들고 세세토록 살아 계신 이 곧 하늘과 그 가운데에 있는 물건이며 땅과 그 가운데에 있는 물건이며 바다와 그 가운데에 있는 물건을 창조하신 이를 가리켜 맹세하여 이르되 지체하지 아니하리니 일곱째 천사가 소리 내는 날 그의 나팔을 불려고 할 때에 하나님이 그의 종 선지자들에게 전하신 복음과 같이 하나님의 그 비밀이 이루어지리라 하더라' (계 10: 5-7)

예수님께서 말씀하신다면 틀림없는 일인데 왜 오른손을 들고 하늘을 향하여 맹세까지 하고 계십니까? 얼마나 중요한 사안이고, 도대체 얼마나 중요한 성명이기에 맹세까지 하면서 선포하고 계십니까? 이것은 보통 일이 아닙니다. 하늘나라의 중대한 일을 선포하고 계십니다.

주님의 맹세 방향: 하늘을 향하여 맹세했습니다. 하늘에 계시는 아버지 하

나님을 향하여 맹세했습니다. 성자 하나님이 성부 하나님을 향하여 맹세하십니다. 맹세는 확신이요 장담입니다. 꼭 그렇게 하고야 말겠다는 맹세입니다. 이 맹세 내용의 심각성과 중대성을 알 수 있습니다.

맹세의 방법: 하나님만 하실 수 있는 하늘과 땅을 밟고 오른손을 들고 맹세합니다. 오른손을 들어 맹세했다는 것은 확실하다. 분명하다. 절대로 변할 수 없다는 것을 강력하게 표시하는 표현입니다. 재림 주 하나님께서 창조주 하나님께 오른손을 들고 맹세하셨습니다.

맹세의 내용: 도대체 무슨 내용이기에 이렇게 거창하게 맹세를 하고 있습니까? '지체하지 아니 하리라.' 무엇을 지체하지 않겠다는 것입니까? 공중강림을 말합니다. 그런데 공중강림이 없이는 지상 재림이 없습니다. 공중강림으로 성도들의 완전구속이 성취됩니다. 모든 것이 끝난 것입니다. 그렇기에 이렇게 강력하게 맹세하시는 것입니다.

4. 일곱째 나팔의 예고

일곱째 나팔이 불려 질 때에 두 가지 일이 일어나는데, 첫째는 하나님의 비밀이 다 드러나게 될 것입니다. 이제까지 주의 선지자들에게 전하신 복음이 다 이루어지는 것입니다. 하나님의 아들이신 예수 그리스도께서 하늘 보좌를 내버리시고 이 땅에 육신으로 오셔서 구원의 복음을 가르치셨습니다. 십자가에서 흘리신 보혈을 믿는 자마다 죄 씻음 받고, 부활함으로 거듭나 영생을 받게 됩니다. 주님께서 승천하셔서 약속하신 바 성령 충만 받게 하심으로 성화의 삶을 살게 하십니다. 때가 차매 주님께서 공중강림 하심으로 예수 믿고 죽은 성도들을 죽음에서 부활시키십니다. 그 때에 살아 있는 성도들은 순식간에 변화되어 부활한 성도들과 함께 휴거되어 구름 타고 오신 주님을 공중에서 만나 주님과 함께 하나님 보좌로 인도함을 받는 영화의 단계로 들어가게 됩니다. 복음이 다 이루어지는 순간인 것입니다.

복음은 비밀(골로새서 1:27)이신 예수 그리스도 자신을 말합니다. 복음이시요 비밀이신 예수 그리스도께서 천국으로 입성하는 사랑하는 신부를 마중 나오시기 위해 공중 강림하실 것에 대한 비밀을 다 이루실 것입니다. 예수 그리스도란 이름의 의미는 예수는 구원자, 그리스도는 기름부음을 받은 자란 뜻입니다. 구약 시대에 기름부음을 받는 자들이 세 사람인데 그것은 선지자, 제사장, 왕입니다. 우리 주님은 초림 하셨을 때는 선지자로서의 사역을 하셨고, 지금 하나님 보좌 우편에 앉아 계시면서 대제사장의 직분을 수행하시고 계십니다. 주님이 구원자로서 완전한 구원을 이루실 때, 이 땅에 만왕의 왕으로 재림하실 때에 모든 인류의 구속을 완성하실 것입니다.

5. 펴 놓인 작은 두루마리의 비밀

"하늘에서 나서 내게 들리던 음성이 또 내게 말하여 이르되 네가 가서 바다와 땅을 밟고 서 있는 천사의 손에 펴 놓인 두루마리를 가지라 하기로 내가 천사에게 나아가 작은 두루마리를 달라 한즉 천사가 이르되 갖다 먹어 버리라 네 배에는 쓰나 네 입에는 꿀 같이 달리라 하거늘 내가 천사의 손에서 작은 두루마리를 갖다 먹어 버리니 내 입에는 꿀 같이 다나 먹은 후에 내 배에서는 쓰게 되더라 그가 내게 말하기를 네가 많은 백성과 나라와 방언과 임금에게 다시 예언하여야 하리라 하더라"(계 10:8-11)

왜 재림주 예수님의 손에 요한계시록이라는 작은 두루마리가 펴 놓인 채로 있을까요? 이것이 주는 의미가 굉장히 큽니다. 하나님의 손에서는 봉한 책이 있는데 주님의 손에서는 펴 놓인 채로 있습니다. 계시록은 원하는 자들이 언제든지 받을 수 있고 들을 수 있고 이해할 수 있고, 읽을 수 있고 깨달을 수 있고, 은혜 받을 수 있는 열려진 책이라는 것을 암시하고 있습니다. 말세를 사는 성도들은 요한계시록을 절대로 덮어두어서는 안 됩니다. 요한계시록은 금기의 책이라는 인식 때문에 대부분의 목사님들이 요한계시록을 손대지 않으려고 합니다. 그런데 하나님께서 사도요한에게 주님의 손에 펴 놓인 작은 책을 가져다 먹으라고 명령하십니다. 먹어버리라는 말의 의미는 내 것으로 소화시켜야 한다는 말입니다. 어떻게 하면 완전히 소화할 수 있겠습니까? 읽고, 듣고 기록된 말씀대로 지키라고 합니다. 내 것으로 소화시키기 위해 입에 넣고 충분히 씹어야 합니다. 먹은 후 성숙한 신앙으로 성장해야 합니다. 그리고 우리 이웃과 전 세계 사람들에게 전해야 합니다.

05 Chapter

성전 측량과 두 증인
(계 11:1-13)

"또 내게 지팡이 같은 갈대를 주며 말하기를 일어나서 하나님의 성전과 제단과 그 안에서 경배하는 자들을 측량하되 성전 바깥마당은 측량하지 말고 그냥 두라 이것은 이방인에게 주었은즉 그들이 거룩한 성을 마흔두 달 동안 짓밟으리라" (계 11:1-2)

계시록 8장과 9장에서 전 3년 반에 속하는 여섯 나팔이 울려 퍼지는 중에 어떻게 나팔재앙이 전개될 것인가를 보여 주었습니다. 계시록 11:1-13에서는 그 전 3년 반의 기간 동안에 적그리스도 통치 하에서 참된 교회와 성도들이 어떻게 지날 것인가를 두 증인을 통해서 보여 줍니다. 비록 교회가 박해와 핍박 가운데 있을 지라도 하나님께서 반드시 함께 하시고 끝까지 지키시고 보호하시고 구원하실 것을 보여 줍니다. 여기서 '이방인'과 '그들'은 적그리스도와 그 세력들을 말하며, 거룩한 성은 박해 받는 교회를 상징합니다. 전 3년 반의 마흔두 달은 년 수로는 3년 6개월, 날 수로는 1260일을 말합니다.

1. 성전 측량

성전 측량은 앞으로 세상에서 환난과 박해를 받아야 할 우리 성도들에게 굉장한 위로와 지혜를 주고 있습니다. 하나님께서 환난 기간 중에도 교회를 보호하신다는 사실을 알려 주시고 있기 때문입니다. 그래서 측량의 대상과 측량 목적과 그 의미에 대해 생각하겠습니다. 측량하는 의미는 재건이나 보존을 의미하고 또한 파괴를 의미합니다. 본문의 측량은 보존을 의미합니다. 왜냐하면 측량 되지 않은 것은 이방인들에 의해 짓밟힘을 당하기 때문입니다.

첫째로 측량되어진 대상은 하나님의 성전과 제단과 그 안에서 경배하는 자들이라 했습니다. 성전은 두 가지 단어로 표현되는데 헬라어에서 히에론은 마당과 행각을 포함한 성전 전체를 가리키고, '나오스'는 제사장들만이 들어가는 성소를 가리킵니다. 여기의 성전은 바깥마당과 구별되는 점을 볼 때에 '나오스' 즉 성소를 가리킴을 볼 수 있습니다. 성전은 환난을 통과하는 '교회' 즉 전 환난 기간 동안에 신실한 신앙을 지키며 살아가는 하나님의 백성들을 말합니다. 제단은 분향단을 말하며, 분향단은 기도를 드리는 것을 의미합니다. 제단을 측량한다는 것은 교회의 본질이나 위치와 모든 면에서 참된 기도제단, 참된 예배, 참된 교회인가 아닌가를 측량합니다. 교회의 본질이라 함은 그들이 기도(제단)에 그리스도를 모시고 있는지, 또 그들이 모든 제물을 과연 진실로 드리고 있는지, 제단이 가장 거룩한 곳에 위치하고 있는지, 교인들이 하나님을 신령과 진정으로 예배하고 있는지, 성전에서 경외하는 자들을 측량한다고 했는데 그들의 예배가 진실로 하나님께 영광을 돌리는 목적으로 하고 있는지, 그들의 생활이 하나님의 자녀답게 행하고 있는지 측량한다는 의미입니다. 과연 하나님의 측량에 합격할 수 있는지 우리 자신을 점검해 보아야 할 것입니다.

2절에 성전 바깥마당은 측량하지 말고 그냥 두라고 합니다. 성전 바깥마당은 성전 가까이에 있습니다. 이것은 예배드리려 성전에 나왔지만 거짓된 방법이나 위선적인 마음으로 예배하는 자들을 말합니다. 그들은 하나님께서 보호하지 않으신다고 합니다. 이것을 이방인에게 주었다고 했습니다. 이방인은 하나님을 대적하는 자들을 말합니다. 성전을 측량하는 것은 하나님을 따르는 거룩한 성도들과 짐승을 경배하고 따르는 자들 사이를 명백하게 분리하고 구별하기 위함입니다. 성전측량은 계시록 7:2,3에서 하나님의 인을 치는 것과 같은 것입니다. 인침과 하나님의 성전 측량에 대한 너무나 적절한 예로 에스겔서 9:1-6말씀을 소개 하겠습니다.

'또 그가 큰 소리로 내 귀에 외쳐 이르시되 이 성읍을 관할하는 자들이 각기 죽이는 무기를 손에 들고 나아오게 하라 하시더라 내가 보니 여섯 사람이 북향한 윗문 길로부터 오는데 각 사람의 손에 죽이는 무기를 잡았고 그 중의 한 사람은 가는 베 옷을 입고 허리에 서기관의 먹 그릇을 찼더라 그들이 들어와서 놋 제단 곁에 서더라 그룹에 머물러 있던 이스라엘 하나님의 영광이 성전 문지방에 이르더니 여호와께서 그 가는 베 옷을 입고 서기관의 먹 그릇을 찬 사람을 불러 여호와께서 이르시되 너는 예루살렘 성읍 중에 순행하여 그 가운데에서 행하는 모든 가증한 일로 말미암아 탄식하며 우는 자의 이마에 표를 그리라 하시고 그들에 대하여 내 귀에 이르시되 너희는 그를 따라 성읍 중에 다니며 불쌍히 여기지 말며 긍휼을 베풀지 말고 쳐서 늙은 자와 젊은 자와 처녀와 어린이와 여자를 다 죽이되 이마에 표 있는 자에게는 가까이 하지 말라 내 성소에서 시작할지니라 하시매 그들이 성전 앞에 있는 늙은 자들로부터 시작하더라'

여기 말씀에서 아직 구원받지 못한 사람들을 위해 탄식하며 우는 자들의 이마에 표를 하여 보호하고 구원하지만 교회 안에 거짓으로 신앙 생활하는 자들, 위선자들을 남녀노소 불문하고 처단하게 되는데 교회에서 먼저 심판을 시작하실 것을 보여 주고 있습니다.

측량 환상의 의미와 다섯 가지 교훈

첫째로 하나님은 이 세상이 끝날 때까지 성전과 제단을 이 세상에 두실 것입니다.

둘째로 측량사건을 통해 하나님께서 성전에 대해 엄격한 관심을 보이시며, 성전에서 되어지는 모든 일을 주목하신다는 것을 알 수 있습니다.

셋째로 위선적 예배, 형식적인 예배자들은 하나님 앞에서 물리침을 받게 됩니다.

넷째로 측량의 목적이 보호와 보존이라는 것은 교회가 처할 종말론적 환경 즉 많은 핍박과 박해가 있을 것이라는 사실을 미리 알려 주십니다.

다섯째로 교회에 대한 핍박과 박해는 '마흔 두 달'로 제한하시며, 교회를 보존하고 구원하실 것임을 보여 줍니다.

2. 두 증인 (계 11:3-13)

1) 두 증인의 정체

두 증인은 정관사가 붙어 있어 어떤 특정한 인물을 지칭하고 있음을 봅니다. 두 증인에 대한 다양한 해석들이 있습니다. 첫째는 모세와 엘리야라고 보는 견해입니다. 모세와 엘리야가 구약시대에 행했던 예들이 이 두 증인이 행한 것과 유사하기 때문입니다. 둘째는 두 증인을 에녹과 엘리야라고 보는 견해입니다. 왜냐하면 이 두 증인은 죽었다가 다시 살아날 것인데 모세는 이미 한 번 죽은 자이므로 그 대신에 세상에서 죽지 않고 하늘로 옮기어진 에녹을 생각한 것입니다. 두 증인을 두 명의 사람으로 보지 않고 종말에 하나님의 인 맞고 특별한 사명을 받은 144,000명의 주의 종들로서 봅니다. 이들은 전 3년 반 동안에 둘씩 짝을 지어 종말 사역하게 되는데 그 이유를 네 가지로 설명하겠습니다.

첫째로 두 증인은 개인적으로 나타나지 않고 모든 일을 함께 하고 있습니다. 함께 예언하고, 함께 고난을 받고, 함께 죽임을 당하고, 함께 다시 살아나 함께 승천합니다. 마가복음 6:7에, '열두 제자를 부르사 둘씩 둘씩 보내시며 더러운 귀신을 제어하는 권세를 주시고' 전도하러 보내셨습니다. 144,000을 둘씩 짝지어 보냄을 보여 줍니다.

둘째로 7절에 짐승과 두 증인 사이에 전쟁이 일어난다고 했는데 이들이 단지 두 사람만이라면 전쟁이라는 용어가 이 상황에 맞지 않습니다.

셋째로 전 세계 사람들이 전쟁에 패해 죽은 두 증인의 시체를 보는 장면(9절)이 나오는데 백성들과 족속과 방언과 나라 중에서 사람들이 그 시체를 사흘 반 동안을 본다고 했는데 두 증인이 두 사람이라면 한 장소에서 죽어 길거리에 방치된 시체를 온 세계에서 볼 수 있겠습니까? 물론 이 두 증인은 전 3년 반 시대의 사람이기에 인공위성으로 전 세계에 방영함으로써 현장에 없더라도 TV 중계를 통해서 볼 수는 있습니다만, 그것 보다는 144,000인이 세계 방방곡곡에서 사역하다가 죽은 시체들을 여러 나라에 흩어져 있는 것을 그 지역 사람들이 직접 눈으로 목격하는 것을 묘사한 것입니다.

넷째로 4절에서 두 증인을 '두 촛대'로 비유하는데, '촛대'는 1-2장에서 교회를 상징했습니다. 그러므로 '두 증인'은 전 3년 반 기간 동안에 복음사역을 할 144,000인 임을 알 수 있습니다. 하나님께서는 자신의 특별한 종들에게 권세와 능력을 부여하시고 전 3년 반 동안의 박해와 위협과 위험을 무릅쓰고 마지막으로 복음을 선포케 하시고 회개를 권면하고 계심을 봅니다.

2) 두 증인의 권세

두 증인을 감람나무와 두 촛대로 비유한 것은 구약적인 배경을 가집니다(슥 4:2-14). 거기서 두 증인은 대제사장 여호수아와 총독 스룹바벨이었습니다. 그들은 하나님의 기름부음을 받은 종이었습니다. 감람나무와 두 촛대는 서로 연관성이 있습니다. 감람나무에서 나온 감람유는 촛대에 기름을 공급하여 빛을 발하게 합니다. 그들이 전 3년 반의 적그리스도가 통치하는 영적으로 어두운 세상에서 기름을 태워 빛을 발하는 선지자적 사명을 감당하게 될 것임을 보여줍니다. 두 증인은 적그리스도의 세력으로부터 생명을 보호받을 뿐만 아니라 사탄의 세력을 해할 수 있는 권세를 받았습니다.

뿐만 아니라 이들의 입에서 불이 나와 원수들을 사르는데, 불은 하나님께서 내리시는 심판을 상징합니다. 불이 증인들의 입에서 나온다는 것은 그들의 심판의 메시지가 하나님의 능력에 의해 성취될 것을 의미합니다. 또한 두 증인이 땅 위에 많은 이적과 재앙을 행할 권세를 받았는데 이들의 권세는 출애굽기 7:17-21과 열왕기상 17:1에 나타난 모세와 엘리야의 사역을 암시해 주고 있습니다. 두 증인들은 불신자들과 배교자 그리고 적그리스도의 세력들에게 하나님의 능력과 권세와 심판을 보여줄 자들임을 알려 줍니다. 하나님의 백성으로 택함을 받은 성도들이 아무리 심한 박해와 핍박을 당할지라도 하나님의 목적이 성취될 때까지는 예수 그리스도에 관한 증거가 지속될 것임을 보여 줍니다.

3) 두 증인의 죽음

(1) 7절에서 두 증인은 그 증거를 마친다고 했습니다.

두 증인이 땅 위에서 자신들에게 주어진 사명을 완수했을 무렵에 무저갱으로부터 올라온 짐승에게 순교 당하게 됩니다. 하나님께서 이 짐승으로 하여금 두 증인을 이기도록 합니다. 짐승이 무저갱으로부터 올라온다는 것은 계시록 13장에서 암살된 후 다시 살아난 후부터 본격적인 박해를 감행할 것을 의미합니다. 짐승이 그들과 더불어 전쟁을 일으킨다고 했습니다. 전쟁 표현을 했을 만큼 전 세계적인 어마어마한 대박해가 지구상의 백성들과 방언과 족속과 나라들에서 있을 것을 시사합니다. 이 박해는 전 3년 반 동안에 통합종교가 참 교회와 베리칩을 받지 않는 성도들을 박해하는 것입니다. 그 결과 계시록 6:11에 '순교자의 수가 차기까지 기다리라' 고 제단 아래에서 탄원하던 순교자들에게 하신 말씀이 성취됩니다. 두 증인이 순교를 당하고 사탄의 박해가 시작되었다는 것은 교회가 사탄에게 완전히 패했다는 것을 의미하지 않습니다. 오히려 이는 하나님께서 적그리스도와 그 추종 세력을 최종적으로 멸망시키기 전에 성도들의 믿음을 연단하고 죄인들을 불러 회개 시킬 기회를 갖게 하기 위한 것입니다.

(2) 두 증인의 수모

죽은 두 증인들의 시체는 '큰 성', '소돔'. '애굽' 이라고 불리는 곳에서 장례를 하지 못한 채로 거리에 사흘 반 동안 방치되어 있습니다(8절). 여기에서 '큰 성' 은 언제나 악한 세속 도시를 상징하는 바벨론을 지칭합니다(계 16:19; 17:18; 18:10, 16, 18, 19, 21). 소돔은 도덕적으로 타락해서 심판받은 도시요, 애굽은 하나님의 백성들을 박해하고 대적하는 세상권세를 상징합니다. 세계 각처에서 복음을 전하다가 순교를 당하고 그 시체마저 온갖 수모를 당할 것을 보여 줍니다. '땅에 사는 자들' 은 이들이 죽어 길거리에 방치된 시체들을 보면서 기뻐하고 즐거워하며 서로 축하선물도 주고받기도 합니다(10절). 마치 신실한 성도들이 성탄절을 기뻐하면서 서로 선물을 주고받듯이 말입니다. 두 증인이 죽은 것을 왜 기뻐하느냐 하면 두 선지가 땅에 거하는 자신들을 괴롭혔기 때문이라 했습니다. 자신들의 양심을 찌르는 말씀 증거 때문에 괴로웠다는 말입니다. 마치 사도행전 7:54, 57에서 스데반 집사가 말씀을 전할 때에 유대인들이 마음에 찔려 스데반을 향하여 이를 갈았고 나중에는 돌로 쳐 죽였던 것과 같은 심정이었기에 두 증인의 죽음을 기뻐했던 것입니다. 더 이상 저들의 마음을 괴롭힐 자가 없어졌기 때문입니다.

4) 두 증인의 부활과 승천

일곱째 나팔, 마지막 나팔, 큰 나팔이 온 우주에 울려 퍼집니다. 이것은 주님의 공중 강림을 보여줍니다. 일곱째 나팔이 울려 퍼질 때에 주께서 호령과 천사장의 소리와 하나님의 나팔로 친히 하늘로 좇아 강림하시리니 그리스도

안에서 죽은 자들이 먼저 일어난다고 했습니다. '두 증인' 이 두 사람이었다면 함께 죽었다가 삼일 반 후에 함께 살아날 수 있다고 생각하겠지만 '두 증인' 이 두 사람이 아니고 144,000이라면 이 모든 사람이 같은 날 같은 시각에 세계 방방곡곡에서 죽었다가 삼일 반 후에 동시에 부활하지는 않을 것입니다. 그러므로 144,000의 증인들이 세계 각지에 흩어져 종말복음사역을 하다가 전 3년 반의 어느 시점에서 죽임을 당하게 되는데 그 시체들을 각기 삼일 반 동안 방치하도록 해서 사람들에게 보게 하는 방침을 세웠던 것 같습니다. 그러다가 일곱째 나팔이 울려 퍼질 때에 일시에 부활하게 될 것입니다. 본문 12절에 하늘로부터 큰 음성이 있어 이리로 올라오라는 음성을 듣고 각 지에서 일시에 함께 하늘로 구름을 타고 올라가는 광경을 주위의 사람들이 다 보게 될 것입니다. 그런데 계시록 11:12의 '큰 음성으로 이리로 올라오라' 는 음성은 데살로니가전서 4:16의 '주께서 호령' 하신다는 그 호령이 아니겠습니까? 바로 '이리로 올라오라' 는 그 호령 말입니다. 이 호령은 온 지구를 향한 호령입니다. 호령 소리와 함께 신약과 구약시대의 구원받은 영혼들이, 죽은 후에 낙원에 가 있다가 데살로니가전서 4:14에 ' …. 이와 같이 예수 안에서 자는 자들도 하나님이 그와 함께 데리고 오시리라.' 한 말씀처럼 예수님이 공중 강림하실 때에 그 영혼들을 다 데리고 강림하셔서 영혼과 몸의 결합이 이루어집니다. 예수님께서 이 땅에 오셔서 나사로를 살리실 때에도 나사로의 무덤 앞에서 호령하신 사실을 기억하십니까? 요한복음 11:43에 '나사로야 나오라' 고 호령하셨습니다.

이들이 구름을 타고 하늘로 올라간다고 했는데 예수님이 공중 강림하실 때도 구름을 타고 오신다고 했습니다. 데살로니가전서 4:17절에 보면 휴거된 성도들이 '구름 속으로 끌어 올려 공중에서 주님을 영접한다' 고 했습니다. 그런데 많은 사람들이 예수님이 공중강림하실 때에는 사람들이 모르게 오셔서 성도들만 휴거시키시고 재림하실 때는 모든 사람들이 알게 오신다고 말하는데 잘못된 생각입니다. 성경에는 그렇게 말씀하고 있지 않습니다. 계시록

11:12에서도 두 증인이 구름을 타고 하늘로 올라가는 것을 그들의 원수들도 구경하더라 하셨듯이, 주님의 공중 강림은 주께서 호령과 천사장의 소리와 하나님의 나팔로 친히 하늘로부터 강림하신다고 했습니다.

> 마태복음 24:30-31, '그 때에 인자의 징조가 하늘에서 보이겠고 그 때에 땅의 모든 족속들이 통곡하며 그들이 인자가 구름을 타고 능력과 큰 영광으로 오는 것을 보리라 그가 큰 나팔소리와 함께 천사들을 보내리니 그들이 그의 택하신 자들을 하늘 이 끝에서 저 끝까지 사방에서 모으리라'

이 말씀은 지상 재림의 광경이 아닙니다. 지상 재림하실 때는 '그 택하신 자들을 하늘 이 끝에서 저 끝까지 사방에서 성도들을 모으지' 않습니다. 재림하실 때는 이미 공중강림 때에 모은 성도들과 함께 위풍당당하게 아마겟돈 전쟁을 위해 백마타고 천군천사와 함께 오신다고 했습니다.

5) 하나님의 심판

두 증인은 부활 후 승천하고 교회는 승리하여 영광과 기쁨을 노래합니다. 반면에 하나님을 대적하고 성도들의 죽음을 기뻐하던 자들은 큰 고통과 두려움을 느끼게 될 것입니다. 두 증인의 부활과 휴거와 동시에 큰 지진으로 인해 성의 십분의 일이 붕괴되고 7,000명의 사람이 죽습니다. 십분의 일과 칠천이 어떤 상징적인 숫자인 것만은 분명합니다. 말하자면 지구상의 도시의 십분의 일일 수도 있습니다. 하나님께서 지구의 도시들 중 하나님께 바쳐야 할 십분의 일을 파괴하심으로 땅에 거하는 자들이 하나님의 주권을 인식할 수밖에 없도록 하신 것입니다. 나중에 일곱째 대접 때는 지구상의 만국의 도시들이 무너진다 했습니다(계 16:19). 7,000명의 사람들이 죽는다고 했는데, 하나님의 수 7에 1000을 곱한 것으로 하나님의 징벌이 많은 수의 사람들에게 임하며, 그 징벌은 실수함이 없이 완전하다는 의미입니다.

6) 주님의 공중강림과 휴거에 대한 남은 자들의 반응

13절 하반절 '그 남은 자들이 두려워하여 영광을 하늘의 하나님께 돌리더라.' 이 구절은 참으로 중요한 구절입니다. 먼저 생각해 볼 것은 '그 남은 자'들이라는 표현입니다. 만약 '두 증인'이 두 사람만이라면 그 '남은 자'라고 표현하는 것은 좀 이상합니다. 남은 사람이라고 할 때에 천 사람 중에 300 사람을 뺀 남은 사람, 이렇게 되어야 하지 않을까요? 이 말은 두 증인이 둘 만 아니고 144,000과 부활한 모든 성도들을 빼고 땅에 남아 있는 사람이란 뜻이 아니겠습니까? 남은 사람들이 두려워하여 하나님께 영광을 돌린다고 했습니다. 물론 남은 자들이 다 하나님께 영광을 돌리지는 않겠지만 하나님께 영광을 돌린 자들은 진작 회개하지 않고 있다가 주님의 공중 강림과 성도들의 부활과 휴거를 보고 회개하는 자들입니다. 이들은 들림 받지는 못했지만 다음 기회인 후 3년 반인 일곱 대접재앙 기간 동안에 어렵지만 잘 견디어 구원받을 수 있는 기회를 가지게 될 사람들입니다.

일곱째 나팔과
주님의 공중강림

"일곱째 천사가 나팔을 불매 하늘에 큰 음성들이 나서 이르되 세상 나라가 우리 주와 그의 그리스도의 나라가 되어 그가 세세토록 왕 노릇 하시리로다 하니 하나님 앞에서 자기 보좌에 앉아 있던 이십사 장로가 엎드려 얼굴을 땅에 대고 하나님께 경배하여 이르되 감사하옵나니 옛적에도 계셨고 지금도 계신 주 하나님 곧 전능하신 이여 친히 큰 권능을 잡으시고 왕 노릇 하시도다 이방들이 분노하매 주의 진노가 내려 죽은 자를 심판하시며 종 선지자들과 성도들과 또 작은 자든지 큰 자든지 주의 이름을 경외하는 자들에게 상 주시며 또 땅을 망하게 하는 자들을 멸망시키실 때로소이다 하더라"(계 11:15-18).

1. 일곱째 나팔에 관한 사항

이스라엘 백성들에게 7대 절기가 있습니다. 그 중에 넷째가 나팔절인데 이것은 가을 추수의 수확에 대한 감사절기입니다. 유대력으로 7월 1일이고,

민간력으로 1월 1일이며, 서기력으로는 9월 달에 해당됩니다. 이 날은 안식일이며, 유대인의 설날입니다. 일체의 노동을 금하며 제사장은 언덕에 올라가 온 종일 나팔을 불어 사람들을 예루살렘으로 모이게 합니다. 신약적 관점에서는 예수님이 공중 강림하셔서 성도들을 모으게 될 것을 예고한 절기입니다.

이스라엘 백성들은 오순절(칠칠절, 초실절)이 지나면 각자 고향에 돌아가 농사일에 전념합니다. 넉달 동안(요 4:35) 열심히 일하여 얻은 결과를 하나님께 감사드리는데, 이것은 이방인의 구원농사(교회시대)를 의미합니다. 초실절이 유대인의 구원농사 추수를 의미한다면, 나팔절은 이방인의 구원농사 추수를 의미합니다. 가을 추수는 종말 때를 의미하는 것으로 추수 때가 되면 버리는 것과 거두는 것의 두 부류로 나눕니다. 곡식과 가라지(마13:30), 그물 속의 좋은 물고기와 나쁜 물고기(마13:47-50), 양과 염소(마 25:31-33), 오른편에 있는 자들과 왼편에 있는 자들 (마25:34-46), 초림 예수님은 죄인을 부르려 오셨고, 재림 예수님은 의인을 부르려 오십니다.

2. 나팔과 관련된 사건들

1) 시내산 나팔과 공중강림 나팔의 유사점

시내산 나팔	주님 공중 강림 나팔
하나님께서 임재하심	예수님이 공중 강림하심
우레와 번개	우레와 번개(계11:19)
빽빽한 구름	구름 타고 오심(계 1:7, 마24:30)
나팔소리가 점점 커짐	큰 나팔 소리와 함께(마 24:31)
모세를 부르심	택한 자들을 부르심

2) 여리고성 나팔과 공중강림 나팔

여리고성 나팔	주님 공중강림 나팔
나팔을 든 일곱 제사장들	나팔을 든 일곱 천사들, 일곱째 천사
일곱 양각 나팔, 일곱째 나팔 불 때에	일곱째 나팔 불 때에
여리고성 무너짐	이 세상의 성들이 무너짐

3. 성경 본문 해석

　드디어 일곱째 나팔이 울리고 주님의 공중 강림이 이루어지며, 성도들의 휴거가 이루어졌습니다. 하나님의 구속사 계획의 일부가 이루어지는 순간입니다. 하나님의 창조함을 받은 인간이 마귀로 인해 타락하자 하나님의 아들, 예수 그리스도를 보내 주시겠다고 언약하셨습니다. 예수 그리스도께서 이 땅에 육신으로 오셔서 십자가에 못박혀 죽으시고 피를 흘리사 인간의 죄값을 치루셨습니다. 부활하심으로 우리를 의롭게 하시고 거듭나게 하셨습니다. 하늘로 올라가실 때에 우리를 다시 데리러 오실 것이라 약속대로 주님이 드디어 공중 강림하심으로 우리를 세상에서 이끌어 올려 하나님 보좌 앞에 서게 하셨습니다.

　일곱째 나팔이 울리자 마자 하늘 보좌가 있는 곳에서 천군천사들의 큰 찬양과 경배가 이루어집니다. '하늘에 큰 음성들이 나서 세상 나라가 우리 주와 그의 나라가 되어 그가 세세토록 왕 노릇 하시리로다' 라고 찬양합니다. 계시록 10:7에, '일곱째 천사가 소리 내는 날 그의 나팔을 불려고 할 때에 하나님의 비밀이 그 종 선지자들에게 전하신 복음과 같이 이루리라.' 라고하신 말씀이 주님의 공중 강림으로 그 비밀이 이루지게 된 것입니다. 주님의 공중 강림으로 세상 사람들에게 주 예수 그리스도의 위엄과 능력과 영광을 보여 주었습니다. 당신의 백성들을 하늘로 다 끌어 올렸습니다. 이제 이 세상에는 하나님의 격렬한 심판이 뒤따르게 됩니다. 당신의 백성들을 원수의 손아귀에서 빼앗아 올린 이상 하나님의 원수들에게 긍휼 없는 심판만 남았습니다. 지상 재림하심으로 세상 나라가 우리 주 성부 하나님과 그리스도의 나라가 되어 주님이 세세토록 왕 노릇하시게 됩니다.

천사들의 합창이 있자 곧 이어 24장로들의 화답송이 시작됩니다. 천상은 항상 경배와 찬양이 있습니다. 하나님 보좌가 보일 때마다 네 생물과 24장로들이 하나님께 찬양 드리는 모습을 보게 됩니다. 24장로들의 노래 가사 내용을 분석해 보면 세 가지입니다. 첫째는 하나님은 친히 왕 노릇하시는 분이시다. 우리는 그 왕께 경배한다. 둘째는 하나님은 죽은 자를 심판하시며, 땅을 망하게 하는 자들을 심판하신다. 셋째는 하나님은 종 선지자들과 성도들과 또 작은 자든지 큰 자든지 주의 이름을 경외하는 자들에게 상 주시는 분이시다. 우리는 이 하나님을 찬양하며 경배한다. 여기 종 선지자들은 성도들 중에서도 하나님의 부름 받은 이들, 특히 144,000이며, 성도들은 순교자들이나 성결된 그리스도인의 삶을 산 사람들을, 그리고 주의 이름을 경외하는 자들은 모든 믿는 자를 지칭하는 말입니다. 세 부류의 구원 받은 성도들에게 지상에서의 하나님께 바친 충성과 그들의 사역과 신앙 행위에 따라 상급을 주십니다. 계시록 19장에 있을 어린 양의 혼인 잔치에서 말입니다.

4. 찬양에 대한 하나님의 응답

하늘에 있는 하나님의 성전이 열리고 성전 안에 하나님의 언약궤가 보입니다. 하나님의 성전은 이스라엘 백성들이 40년 광야생활 할 때에 보았던 성막 안의 지성소나, 솔로몬 성전의 지성소의 원형인 하늘나라의 원형 지성소입니다. 언약궤도 지상의 모형이 아닌 진짜 원형입니다. 언약궤가 보이는 것은 하나님께서 당신의 자녀들에게 주신 성도들의 구원 언약이 성취되었다는 것을 보여 주시는 것입니다. 번개와 음성들과 뇌성과 지진과 큰 우박이 있는 것은 하나님의 임재하심과 하나님의 위엄과 권능을 나타내는 것입니다. 곧 있게 될 지상에 내리실 일곱 대접재앙을 보여 줍니다. 계시록 11:14에서 일곱째 나팔을 셋째 화라고 했는데 천사들의 찬양과 24장로들의 찬양만 있지 특별한 심판 재앙이 일곱째 나팔에서는 없습니다. 그러나 일곱째 나팔 안에는 앞으로 있을 일곱 대접재앙을 구성하고 있기 때문에 세번째 큰 화라고 하신 것입니다.

Chapter 07

성도들의 휴거
(일곱째 나팔, 마지막 나팔 때에)

1. 휴거는 언제 일어날까?

휴거사건은 성경 여러 곳에서 말씀하고 있으므로 틀림없이 일어날 것을 믿습니다(데살로니가전서 4:13-17, 고린도전서 15:51- 52, 마태복음 24:30, 31,). 성경학자들은 계시록 4장에서 환란 전이나 혹은 환란 중간에 있을 것이라고도 합니다. 시기에 대한 명확한 언급이 없지만 힌트는 얼마든지 얻을 수 있습니다. 그것이 바로 나팔소리입니다.

환난 중간 휴거 주장은 나팔소리에 근거

계시록 7장에 인침을 받은 자 십사만 사천 명에 대한 기사가 나옵니다. 6장에서 보여주는 일곱 인의 떼심 중 여섯째 인이 떼어진 후요 일곱째 인이 떼어지기 전에 일어나는 삽입부분입니다. 그런데 십사만 사천 명이 계시록 14장에서 하나님 보좌 앞에 있는 것을 봅니다. 계시록 14:1-5절은 일곱째 나팔이 불려 진 후입니다(계11:15-19). 그렇다면 십사만 사천 명은 일곱째 나팔이 불려 질 때에 성도들과 함께 휴거당해서 천상에 올라갔음을 보여 줍니다. 계시록 11장에 두 증인이 활동을 끝내면서 죽임을 당하지만 부활해서 "이리로 올라오라"는 하늘의 큰 음성의 말씀에 따라 하늘로 올라갈 때에 그들의 원수들도 목격했다고 했습니다. 성도들의 휴거는 일곱째 나팔이 불릴 때에 일어날 것이라고 추정하는 것입니다. 하나님의 나팔로 친히 하늘로부터 강림하신다고 했습니다.

데살로니가전서 4:15-18절 '우리가 주의 말씀으로 너희에게 이것을 말하노니 주께서 강림하실 때까지 우리 살아남아 있는 자도 자는 자보다 결코 앞서지 못하리라 주께서 호령과 천사장의 소리와 하나님의 나팔 소리로 친히 하늘로부터 강림하시리니 그리스도 안에서 죽은 자들이 먼저 일어나고 그 후에 우리 살아남은 자들도 그들과 함께 구름 속으로 끌어 올려 공중에서 주를 영접하게 하시리니 그리하여 우리가 항상 주와 함께 있으리라 그러므로 이러한 말로 서로 위로하라'

마태복음 24:30,31 "그 때에 인자의 징조가 하늘에서 보이겠고 그 때에 땅의 모든 족속들이 통곡하며 그들이 인자가 구름을 타고 능력과 큰 영광으로 오는 것을 보리라 저가 큰 나팔소리와 함께 천사들을 보내리니 저희가 그 택하신 자들을 하늘 이 끝에서 저 끝까지 사방에서 모으리라"

고린도전서 15:51, 52 "보라 내가 너희에게 비밀을 말하노니 우리가 다 잠 잘 것이 아니요 마지막 나팔에 순식간에 홀연히 다 변화되리니 나팔 소리가 나매 죽은 자들이 썩지 아니할 것으로 다시 살아나고 우리도 변화되리라."

'마지막 나팔소리' 라는 말에 힌트를 가지고 일곱째 나팔이 불릴 때에 주님의 공중강림이 있고 성도들의 부활과 휴거가 일어납니다.

2. 왜 일곱째 나팔에서 휴거가 일어날 것인가?

일곱째 나팔이 불릴 때에 휴거가 일어날 것이라는 근거는 고린도전서 15:51에서 마지막 나팔이라고 했습니다. 마지막 나팔이라고 했으니 일곱째 나팔 이전에 6개의 다른 나팔들이 불려 졌었기에 휴거가 일곱 나팔 중 마지막 나팔소리가 불려 질 때에 일어날 것이란 추정입니다. 계시록10:7 "일곱째 천사가 소리 내는 날 그의 나팔을 불려고 할 때에 하나님의 비밀이 그 종 선지자들에게 전하신 복음과 같이 이루리라."했습니다. '하나님의 비밀' 이라고 했는데 이 비밀이 무엇이겠습니까? 하나님의 비밀은 그리스도라고 했습니다.

골로새서 1:26-27 "이 비밀은 만세와 만대로부터 감추어졌던 것인데 이제는 그의 성도들에게 나타났고 하나님이 그들로 하여금 이 비밀의 영광이 이방인 가운데 얼마나 풍성한지를 알게 하심이라 이 비밀은 너희 안에 계신 그리스도시니 곧 영광의 소망이니라."

이 말씀은 그리스도의 복음으로 말미암은 이방인의 구원인데 이것은 만세로부터 감추어졌던 것이지만 이제는 성도들에게 나타났습니다. 비밀이란 언약의 외인이었던 이방인이 그리스도로 인해 구원받게 된 사실을 말합니다. 완전한 구원은 부활입니다. 부활은 휴거사건에서 이루어집니다. 이것은 비밀의 영광이요 영광스러운 소망이 성취되는 것입니다.

자연 속에 비친 부활의 신비
(고전 15:35-38)

우리 기독교는 부활의 종교입니다. 로마서 10:9 말씀은 믿음으로 구원받는데 그 믿음의 내용이 부활입니다.

"네가 만일 네 입으로 예수를 주로 시인 하며 또 하나님께서 그를 죽은 자 가운데서 살리신 것을 네 마음에 믿으면 구원을 받으리라"

부활을 마음으로 믿어야 구원을 받습니다. 구원이란 궁극적으로 영원한 천국에 들어가는 것인데 그것은 부활을 통하여 천국에 들어가는 것입니다.

고린도전서 15:12-13 "그리스도께서 죽은 자 가운데서 다시 살아나셨다 전파되었거늘 너희 중에서 어떤 사람들은 어찌하여 죽은 자 가운데서 부활이 없다 하느냐 만일 죽은 자의 부활이 없으면 그리스도도 다시 살아나지 못하셨으리라"

그리스도의 부활이 내 부활인 것입니다. 내가 장차 부활하는 것은 예수 그리스도의 부활로 말미암아 이루어진다는 것입니다.

고린도전서 15:20 "그러나 이제 그리스도께서 죽은 자 가운데서 다시 살아나사 잠자는 자들의 첫 열매가 되셨도다"

우리 주님이 부활하신 것과 같이 우리도 그렇게 부활한다는 것입니다. 우리가 부활을 믿기 때문에 부활에 대한 강렬한 관심을 가지는 것입니다. 부활되는 방법과 부활체에 대한 관심이 대단한 것입니다. 고린도전서 15:35-38의 말씀이 이 두 가지에 대한 답변을 명쾌하게 주고 있습니다. 고린도전서 15:35 "죽은 자들이 어떻게 다시 살아나며, 어떠한 몸으로 오느냐" 하는 질문입니다. 본래 성경에서 이 질문을 한 사람은 부활에 대해 의심과 불신으로 부활을 부정하기 위해 던진 질문인 것입니다. 부활이 이루어 질수 없다는 것입니다. 부활이 어떻게 일어나며 만약 부활이 일어난다 하더라도 어떤 형체이겠는가? 부활에 대한 이 두 가지 질문은 부활이 일어날 수 없다는 회의적 질문인 것입니다. 그러나 바울사도는 부활을 설명하되 '자연의 이치'를 가지고 부활을 설명하는 것입니다. 부활을 믿지 않는 것은 하나님을 믿지 않는 것이요, 하나님을 믿지 않으니 사람들이 자기 마음대로 행동하는 것입니다. 바울사도는 로마서 1:19, 20에서 하나님이 보이지 않는다고 하나님이 없다면서 자기 마음대로 악행하는 자들에게 경고하십니다. 하나님은 보이지 않으시지만 당신께서 만드신 만물 속에 하나님의 존재를 알도록 보이셨다는 것입니다.

"이는 하나님을 알만한 것이 그들 속에 보임이라. 하나님께서 이를 그들에게 보이셨느니라 창세로부터 그의 보이지 아니하는 것들 곧 그의 영원하신 능력과 신성이 그가 만드신 만물에 분명히 보여 알려졌나니 그러므로 그들이 핑계하지 못할지니라"

자연과 자연 현상 속에 하나님의 신성과 하나님의 영원하신 능력이 보여진다는 것입니다.
부활 역시 하나님의 만드신 만물 속에서 분명히 알 수 있고, 볼 수 있고 믿을 수 있습니다. 바울 사도께서는 식물의 씨앗으로 부활을 설명하고 있습니다. 즉 각 식물의 씨앗들이 땅에 떨어져 죽어야만 그 속에서 생명이 솟아나는데 그 씨앗의 형태와는 전혀 다른 식물의 형태가 나타나는 것입니다. 이것이 부활의 신비입니다. 수박 씨를 심었는데 수박 씨와는 전혀 다른 형체의 수박의 줄기와 잎사귀가 달린 넝쿨이 땅 속에서 솟아나는 것입니다. 인간 육체의 부활도 죽음이란 과정을 거쳐 부활의 몸을 가집니다. 그 부활의 몸은 원래 우리가 가지고 있던 육체의 원소를 땅 속에서 찾아 전혀 새로운 부활의 몸을 가지게 됩니다.

15:36-38 "네가 뿌리는 씨가 죽지 않으면 살아나지 못하겠고 또 네가 뿌리는 것은 장래의 형체를 뿌리는 것이 아니요 다만 밀이나 다른 것의 알맹이 뿐이로되 하나님이 그 뜻대로 저에게 형체를 주시되 각 종자에 그 형체를 주시느니라."

어떤 책을 보니 바닷가제에 대한 글이 있었습니다. 바닷가제는 일 년에 꼭 한번씩 정한 시기, 정한 날에 껍질을 벗고 다시 소생한다는 것입니다. 물론 각 바닷가제가 그 껍질을 벗는 시기는 다 다른 것입니다. 한 바닷가제가 그 껍질을 벗을 시간이 가까울 때 두꺼운 각질의 옷을 벗고 알몸이 됩니다. 알몸인 기간 동안에 다른 동물로부터 공격을 피하기 위해서 바위 밑으로 깊숙이 숨습니다. 며칠이 지나는 동안에 알몸에 새로운 껍질이 입혀집니다. 이때 지난해에 사고로 부셔졌던 지느러미나 다리들이 새롭게 생성됩니다. 완전한 새로운 몸이 되는 것입니다. 우리는 이 바닷가제 속에서 성도의 부활을 연상할 수 있습니다. 바닷가제가 옛 껍질을 벗어 버리듯이 우리 성도들도 예수 믿고 구원받음으로 옛 사람을 벗고 새 사람이 됩니다. 바닷가제들이 각각의 껍질 벗는 시간이 다르듯이 우리 성도들의 거듭나는 시간이 다 다릅니다. 바닷가제가 옷을 벗은 동안 바위 밑에서 숨어 그 몸에 새 껍질이 생성되기까지 성숙해 지듯이 우리 성도들도 교회라는 덮음 속에서 말씀과 믿음 행위로써 영적으로 성숙해지는 것입니다. 이것이 성화의 과정입니다. 바닷가제가 새 껍질을 입어 새로운 바닷가제가 되듯이 우리 성도들도 예수님 공중강림 때에 우리의 몸이 순식간에 변화되어 완전한 신령체가 되어 영원히 죽지 않는 몸, 영원히 썩지 않고 변하지 않고 늙지 않는 몸이 되는 것입니다. 완전한 몸, 아름다운 몸, 싱싱한 몸이 되는 것입니다.

1. 잠자리와 매미의 생태를 통해 본 부활의 신비

잠자리, 매미, 나비, 파리 등은 곤충들입니다. 이 곤충들의 일생은 네 가지 성장 과정을 가집니다. 알의 형태, 애벌레 형태, 고치 형태, 성충의 형태입니다.

1) 매미의 경우:

매미의 애벌레는 굼벵이입니다. 이 굼벵이는 퇴비나 쓰레기더미에서 볼 수 있습니다. 굼벵이가 시간이 지나면 거름더미에서 기어 나와 나무 위로 기어 올라갑니다. 딱딱한 각질의 껍질이 형성되면서 고치를 만들어 그 속에서 껍질을 깨뜨리고 나와 매미가 됩니다. 하늘을 나르고 나무 위에서 한 여름 동안 아름다운 노래를 불러 무덥고 지겨운 여름날에 사람들을 즐겁게 해 줍니다. 매미가 되면 모양도 다르고 먹는 음식도 다르고 사는 장소도 다릅니다. 남을 위해 사는 존재가 됩니다.

2) 나비의 경우:

나비가 배춧잎에 알을 깝니다. 애벌레가 되어 배추잎이나 상추잎에 푸른색의 애벌레가 숨어 잎들을 갈아먹어 애써 지은 채소농사를 망칠 때가 있습니다. 애벌레가 되어 시간이 지나면 입에서 실을 뽑아내어 고치가 되어 그 속에 나비 모양의 형체로 변합니다. 그 고치를 뚫고 나와 아름다운 나비가 되어 하늘을 나는 것입니다. 이 나비는 애벌레 속에서 나왔지만 애벌레와는 전혀 다른 형체일뿐만 아니라 사는 장소도 다르고, 먹는 음식도 다르고, 사는 목적도 달라집니다. 애벌레일 때는 남의 것을 훔쳐 먹고 남의 것을 망치는 삶을 살았는데 아름다운 나비가 된 후는 사는 장소가 꽃 속이며, 하늘에서 삽니다. 먹는 음식도 땅의 것이 아니라 꽃가루와 꽃 속의 꿀입니다. 달콤한 꿀입니다. 이제 나비가 되어 사는 목적도 달라졌습니다. 애벌레일 때는 자신 만을 위하는 이기적인 삶이었는데 나비가 되어서는 사람을 이롭게 하는 삶을 삽니다. 꽃에서 꿀을 채취해서 사람에게 꿀도 제공하고 꽃가루를 옮겨서 사람들을 위해 농작물들이 열매 맺고 수확되게 도와 줍니다. 거듭나기 전에는 자신 만을 위하는 이기적인 삶이었는데 하나님을 알고 믿어 거듭난 후에는 먹는 음식이 다르고 (하나님의 말씀, 시편 19:10에 하나님의 말씀은 꿀과 송이꿀보다 더 달다고 했습니다.) 하늘나라를 사모하고 하늘나라를 위해 일하고 삶의 목적이 달라지게 됩니다. 남을 위하는 삶, 불쌍한 영혼을 전도하여 천국가게 하는 삶을 살게 됩니다.

3) 파리의 일생:

파리의 생애에서 성도의 삶과 부활에 대해 배울 수 있습니다. 마가복음 9:48 "거기(지옥)에는 구더기도 죽지 않고 불도 꺼지지 아니하느니라." 구더기를 성경은 사람에 비유하고 있습니다. 지옥에 간 사람은 구더기와 같다는 것입니다. 하나님과 그분의 말씀을 믿지 않는 사람들은 지옥불에 들어간 구더기와 같다는 것을 성경 여러 곳에서 언급하고 있습니다.[9]

---

9) 욥기 24:19,20 '가뭄과 더위가 눈 녹은 물을 곧 **빼앗나니** 스올이 범죄자에게도 그와 같이 하느니라 모태가 그를 잊어버리고 구더기가 그를 달게 먹을 것이라 그는 다시 기억되지 않을 것이니 불의가 나무처럼 꺾이리라'
이사야 66:24 '그들이 나가서 내게 패역한 자들의 시체들을 볼 것이라 그 벌레가 죽지 아니하며 그 불이 꺼지지 아니하여 모든 혈육에게 가중함이 되리라'

2. 구더기에 대한 이야기

옛날 한국의 시골변소를 생각해 봅시다. 변소의 똥통을 들여다보면 수천 마리의 구더기들이 똥을 먹으며 꿈틀거리고 있습니다. 그것들 중에 똥을 먹는 일에는 전혀 관심도 없이 직각으로 매끄럽고 가파른 똥통을 기어오르는 구더기들이 있습니다. 언제 어떻게 올라 왔는지 변소 주변을 기어 다니는 구더기들을 봅니다. 암갈색의 두꺼운 타원형 고치도 눈에 뜨입니다. 이것이 파리의 고치입니다. 구더기가 똥통 속에서 기어 나와 몸에서 물질을 내어 고치를 만들어 그 속에 들어갑니다. 그 고치 속에 들어가 지내는 동안 파리로 변화되어 껍질을 깨고 나와 하늘을 날라 다니는 것입니다. 파리의 일생이 성도의 삶과 같다고 생각합니다. 성도가 하나님을 믿고 구원받아 그분의 자녀되기 전까지 세상의 헛된 것에 얽매여 살았습니다. 이 세상이 전부 인양, 세상의 썩을 것을 위하여, 헛된 것, 헛된 소망 가운데 살아갑니다.

> 요한복음 6:26,27 "…. 너희가 나를 찾는 것은 표적을 본 까닭이 아니요 떡을 먹고 배부른 까닭이로다. 썩는 양식을 위하여 일하지 말고 영생하도록 있는 양식을 위하여 하라."

무엇이 썩는 양식입니까? 세상의 자연 음식물은 썩는 양식입니다. 세상 사람들은 이 썩는 양식을 위하여 죽이고 싸우고 도둑질하고 시기, 질투, 미워합니다. 하나님을 모르면 하나님의 말씀을 알 수 없고 말씀을 모르면 영원한 세계를 모릅니다. 이 세상이 전부인 줄 알고 썩을 세상 것들을 위해 그렇게 몸부림치는 것입니다. 똥통 속의 구더기와 같이 말입니다. 하나님을 알지 못하고, 영원한 하늘나라를 알지 못하는 사람들은 마치 똥통 속의 똥을 더 먹겠다고 싸우는 구더기와 같습니다. 마가복음 9:48의 지옥에 있는 구더기들인 것입니다.

바울 사도도 예수님을 만나기 전에는 세상 것들을 추구하고 자기 딴에는 가질 만큼 가졌다고 자긍하기도 했지만 부활하신 주님을 만난 후에는 그 모든 것들을 똥과 같이 여겼다고 말했습니다. 실제적으로 똥통 속을 관찰해보면 똥통 속의 구더기들 중에 먹는 데는 전혀 관심이 없고 열심히 똥통을 기어오르는 구더기들을 볼 수 있습니다. 기어오르다가 떨어지고 기어오르다가 떨어지지만 계속적으로 반복합니다. 직각의 가파른 벽을 기어오르는데 정말 기적 같은 사실을 목격할 수 있습니다. 그 가파른 벽을 어떻게 기어올라 왔는지 변소 바닥 주변을 보면 당당하게 기어 다니는 구더기들을 봅니다. 이런 구더기들은 동료 구더기들과 마찬가지로 똥을 뜯어 먹는 일에 열심이다가 어느 날 똥통 속 위로 푸른 하늘을 본 것입니다. 아! 이 똥통 속 세상만 아니라 다른 세계도 존재한다는 사실을 알게 된 것입니다. 그래서 똥통 세계만 알고 똥만 뜯어 먹던 삶을 청산하고 하늘 높이 있는 저 푸른 세계를 소망하면서 그렇게도 힘쓰고 애쓰고 노력했던 것입니다. 그는 고독했습니다. 다른 동료 구더기들에게 핍박도 많이 받았을 것입니다. 어떤 때는 막 끌어당김을 받기도 하고 미끄러지기도 했을 것입니다.

그러나 하늘세계를 알게 된 구더기는 더 이상 똥통의 것들과 똥통에 대한 미련이 없어졌습니다. 동료 구더기들이 미쳤느니, 정신 나갔느니 똥통 세계 외에 무슨 하늘 세계가 있느냐며 비난해 댔을 것입니다. 그는 구약시대의 120년 동안 방주를 짓던 노아와 같이 고독했습니다. 그러나 외롭지 않았습니다. 왜냐하면 믿음이 있었기 때문입니다. 하늘 세계라는 소망이 있었기 때문입니다. 영원한 세계에 대한 비전이 있었기 때문입니다. 우리 성도들도 예수님을 만나기 전, 구원 받기 전, 영생이 있다는 사실을 알기 전에는 세상이 전부인 줄 알고, 세상 것들을 추구하려고 그렇게 힘쓰고, 그것들에 집착했었는데 예수님을 알고, 영원세계가 있고, 하나님이 살아계시며, 예수 그리스도의 십자가 도리를 깨닫고 난 후부터는 천국에 대한 소망을 가지고 저 높은 곳을 향해 오르고 또 오르는 삶을 살아가는 것입니다.

성도들의 그런 모습을 보는 세상 사람들은 도저히 성도들의 세계관과 사고와 삶을 이해할 수 없는 것입니다. 이 세상만 알고 세상 것들만 의지하는 자들이 볼 때 그리스도인들이란 미친 자들이요, 정신 나간 사람들로 보일 것입니다. 그 가파른 똥통을 어떻게 기어오르겠다는 생각입니까? 이 세상에 속하면서 하늘나라를 꿈꾸고 하늘나라에 가겠다는 발상 자체가 비정상적이라는 것입니다. 이것은 아브라함의 생애가 그랬고, 모세의 삶이 그랬고, 노아의 삶이 그랬습니다. 배는 물가에서 짓는 것이 정상인데, 120년 후에 올 큰비를 대비해 높은 산 위에서 배를 짓습니다. 그러나 노아의 삶은 높은 곳을 향해 나아가는 삶이었습니다. 영원을 추구하는 삶이었습니다. 그 당시의 산 아래 있던 자들, 땅에 속한 자들에게는 하늘세계를 추구한다는 것을 불가능한 일을 추구하는 미친 자들로 보였습니다. 인간으로는 불가능하나 하나님으로는 가능한 것입니다. 성도들은 하나님을 믿고 천국과 영생을 믿기에 이 세상에 미련을 두지 않고 우리의 관심을 하늘에 두고 눈을 저 하늘나라에 고정하며, 저 높은 곳을 향해 달려가는 자들입니다.

찬송가 '저 높은 곳을 향하여'의 가사는 우리의 모습을 잘 보여줍니다.

1절: 저 높은 곳을 향하여 날마다 나아갑니다.
내 뜻과 정성 모두어 날마다 기도합니다.

2절: 괴롬과 죄가 있는 곳 나 비록 여기 살아도
빛나고 높은 저곳을 날마다 바라 봅니다.

3절: 의심의 안개 걷히고 근심의 구름 없는 곳
기쁘고 참된 평화가 거기만 있사옵니다.

4절: 험하고 높은 이 길을 싸우며 나아갑니다.
다시금 기도하오니 내주여 인도 합소서.

5절: 내주를 따라 올라가 저 높은 곳에 우뚝 서
영원한 복락 누리며 즐거운 노래부르리.

(후렴) 내주여 내 발 붙드사 그곳에 서게 하소서
그곳은 빛과 사랑이 언제나 넘치옵니다.

물론 그 과정은 넘어지고 자빠지고 떨어질지라도 일어나서 또 걷고, 다시 기어오르는 것입니다. 마치 똥통의 90도 절벽 같은 그 매끄러운 벽을 기어오르는 구더기와 같이 오르고 오르면 못 오를리 없는 것입니다. 잠언 24:16 '의인은 일곱번 넘어질지라도 다시 일어나려니와…' 라고 했습니다. 7전 8기가 성경에서 나온 말입니다. 우리 성도들을 두고 하는 말입니다.

매미, 파리, 나비, 잠자리들이 되기 위해서는 애벌레의 생활환경에서 벗어나야 합니다. 매미의 애벌레인 굼벵이는 주소였던 똥거름 더미에서 기어 나와 높은 곳을 향해 올라가야 합니다. 나무 위로 올라가야 합니다. 그 똥거름 속에서는 매미가 될 수 없습니다. 잠자리의 애벌레인 장구벌레는 더러운 구정물 속에서 기어 나와야 합니다. 구더기 역시 똥통 속에서 기어 나와 높은 곳에서 고치를 만들어야 합니다. 누에 애벌레는 열심히 뽕잎을 먹다가 고치를 만들 때쯤 되면 그 상반신을 하늘로 높이 쳐들며 고정시킵니다. 그것을 본 사람이 애벌레 중에 고치를 만들 준비가 된 애벌레를 골라 마른 짚이나 섶에 올려놓으면 그 입 속에서 실을 내어 고치를 만드는 것입니다(의의 흰 세마포 옷을 준비하는 것입니다).

3. 고난이 가져오는 선물: 성숙

지금부터 제가 강조하는 것이 참 중요합니다. 누에의 애벌레나 파리의 애벌레인 구더기가 고치를 만들 때 그 속에 들어가는 과정이 성도들이 세상에서 구별되어 나와 구원받고 교회의 보호 속에서 성화의 삶을 사는 것과 비교됩니다. 누에가 고치 속으로 들어가면서 나비 모양의 형태를 갖추는 것입니다. 이 속에서 날개가 생기고 하늘을 날 수 있는 힘을 갖추면서 날아 갈 준비를 하는 것입니다. 성도들 역시 거듭난 후 교회에서 신앙생활 하면서 믿음과 말씀으로 영적 성장과 성숙을 통하여 예수 그리스도를 닮아 갑니다. 예수님을 닮아 가는 삶이 성화의 삶입니다. 예수님과 같이 거룩해 가는 삶인 것입니다. 주님이 공중강림 하시면 죽은 성도들은 부활해서 공중으로 들림 받고, 살아있는 성도들은 순식간에 변화되어 공중으로 들림 받아 하늘에서 주님을 뵙게 되는 것입니다.

언젠가 부활절 무렵에 「매일의 양식」(daily bread)을 읽은 적이 있습니다. 한 아이가 나방이 고치 속에서 고치를 뚫고 나오는 과정을 관찰하고 있었습니다. 한 누에나방이 고치를 뚫겠다고 퍼드득 거리는 것을 보고 불쌍해서 면도칼로 그 누에고치를 잘라 나방이 고치에서 나오는 것을 도와주었습니다. 그런데 무슨 일이 일어났는지 아십니까? 그 고치에서 쉽게 나온 나방은 몇 번 날개 짓을 하다가 푹 쓰러져 죽고 말았습니다. 한번 신나게 날아 보지도 못하고 기력이 쇠하여 죽어 버렸습니다. 왜 그런 줄 아십니까? 나방이가 나오려고 고치에 구멍을 내기 위해 날개를 퍼드득 거리면서 힘쓸 때에 성장호르몬이 흘러나와서 날개와 각 지체에 힘을 주는 것입니다. 그 아이 때문에 그 중요한 과정을 놓치고 말았던 것입니다. 나방은 충분히 성장할 수 없었고 힘을 저장할 수 없어 밖으로 나오자마자 날아 보려고 몇 번 퍼드득 거리다가 힘이 다하여 죽고 말았던 것입니다.

성도들에게 이것이 무엇을 의미합니까? 마귀가 활개치고 죄악이 넘치는 세상에서 신앙 생활하는 것이 여간 어려운 일이 아닙니다. 병들고 실패하고, 좌절하고, 죄 지어 고통당하고, 회개하고, 힘쓰고 애씁니다. 새벽기도 나오는 것이 얼마나 힘든 일인지 모릅니다. 핍박 당하고, 박해 당하고, 외롭고, 고독하며, 괴롭고 아픕니다. 그러나 주님께서 우리를 보실 때 얼마나 불쌍히 여기겠습니까? 우리가 당하는 이런 어려움이 성화의 과정인 것입니다. 그렇지 않으면 그 나방과 같이 영적 힘이 없어 하늘을 날아 갈 수 없어 공중 들림 받지 못하는 것입니다. 주님도 우리가 고생하는 것을 보는 것이 힘드시는 가 봅니다. 예레미야애가 3:33 "주께서 인생으로 고생하게 하시며 근심하게 하심은 본심이 아니시로다." 우리가 고생하는 것을 보고 계시는 이유는 우리로 영적 힘을 얻어 공중 들림 받고 하늘을 능히 날수 있는 힘을 갖게 하기 위함인 것입니다. 그러므로 신앙생활 하기 힘들다하여 쉬운 길만 찾으려하지 마시기 바랍니다. 평생 믿음 생활하다가 결정적인 순간에 실패해서 들림 받지 못한 미련한 다섯 처녀와 같이 하늘나라에 들어가지 못하는 일이 없기를 바랍니다.

다시 구더기 이야기로 돌아갑시다. 일단 파리가 고치에서 나와 하늘을 날게 되면 왕궁으로 날아가서 임금님이 잡수시기도 전에 수라상을 시식하고 임금님과 겸상해서 잔칫상에서 맛있는 음식을 마음껏 먹듯이 우리도 휴거되어 하나님 아버지 잔칫상에서 마주 앉아 극치의 행복을 누리게 될 것입니다.

> 시편 23:5 "주께서 내 원수의 목전에서 내게 상을 차려 주시고 기름을 내 머리에 부으셨으니 내 잔이 넘치나이다."

결론적으로 파리의 이전 모습이 구더기였다는 사실을 모르는 사람이라면 어떻게 구더기가 파리가 될 수 있느냐고 믿지 않을 것입니다.

> 고전 15:42,44 "죽은 자의 부활도 그와 같으니 썩을 것으로 심고, 썩지 아니할 것으로 다시 살아나며, 육의 몸으로 심고 신령한 몸으로 다시 살아나나니, 육의 몸이 있은 즉 또 영의 몸도 있느니라."

똥을 먹고 살던 구더기가 파리로 변화되어 수라상을 시식하듯이, 썩을 양식만을 위해서 힘쓰고 애쓰던 사람이 예수 믿고 거듭나 신령한 말씀 음식을 먹게 되고, 부활하여 하늘나라의 음식인 생명과일과 생명수를 영원토록 먹게 될 것입니다. 빌립보서 3:21 "...우리의 낮은 몸을 자기 영광의 몸의 형체와 같이 변하게 하시리라" 실제로 구더기가 파리로 되는 것보다 사람이 주님의 영광의 몸과 같이 되는 것이 더 큰 변화입니다.

　잠자리 애벌레에 관한 이야기로 끝을 맺겠습니다. 오래된 연못 바닥에 잠자리 애벌레들이 모여 살고 있었습니다. 그들은 물 위에 떠있는 연꽃줄기를 타고 바깥 세상으로 기어 올라간 수많은 자기 친구들이 어째서 돌아오지 않는지 몹시 궁금했습니다. 그들은 다음번부터는 누구든지 일단 물 위로 올라간 후에는 반드시 연못 속으로 돌아와 자기에게 일어났던 일들을 서로 이야기하도록 굳게 약속했습니다. 얼마 후 그들 중 하나가 위로 올라 갈 충동을 느꼈습니다. 애벌레는 물 위에 떠있는 연꽃의 넓은 잎사귀 위에 앉아 완전히 탈바꿈하여 아름다운 날개를 가진 잠자리로 변했습니다. 그는 연못 위를 맴돌면서 연못속의 자기 친구들을 내려다보았습니다. 그리고 깨닫기를 자기 친구들이 자기를 볼 수 있다 할지라도 이토록 아름답고 찬란한 모습으로 변한 자기를, 바로 자기들과 똑같은 애벌레 중의 하나였다는 사실을 깨닫지 못할 것이라고 생각했습니다.

무화과나무의 비유
(마태복음 24:29-36)

"그 날 환난 후에 즉시 해가 어두워지며 달이 빛을 내지 아니하며 별들이 하늘에서 떨어지며 하늘의 권능들이 흔들리리라. 그 때에 인자의 징조가 하늘에서 보이겠고 그 때에 땅의 모든 족속들이 통곡하며 그들이 인자가 구름을 타고 능력과 큰 영광으로 오는 것을 보리라. 그가 큰 나팔소리와 함께 천사들을 보내리니 그들이 그의 택하신 자들을 하늘 이 끝에서 저 끝까지 사방에서 모으리라."(마태복음 24:29-31)

"내가 보니 여섯째 인을 떼실 때에 큰 지진이 나며 해가 검은 털로 짠 상복 같이 검어지고 달은 온통 피 같이 되며 하늘의 별들이 무화과나무가 대풍에 흔들려 설익은 열매가 떨어지는 것 같이 땅에 떨어지며 하늘은 두루마리가 말리는 것 같이 떠나가고 각 산과 섬이 제 자리에서 옮겨지매"(계 6:12-14)

"땅의 임금들과 왕족들과 장군들과 부자들과 강한 자들과 모든 종과 자유인이 굴과 산들의 바위틈에 숨어 산들과 바위에게 말하되 우리 위에 떨어져 보좌에 앉으신 이의 얼굴에서와 그 어린 양의 진노에서 우리를 가리라 그들의 진노의 큰 날이 이르렀으니 누가 능히 서리요 하더라"(계 6:15-17)

"주께서 호령과 천사장의 소리와 하나님의 나팔소리로 친히 하늘로부터 강림하시리니 그리스도 안에서 죽은 자들이 먼저 일어나고 그 후에 우리 살아남은 자들도 그들과 함께 구름 속으로 끌어 올려 공중에서 주를 영접 하게 하시리니 그리하여 우리가 항상 주와 함께 있으리라."(살전 4:16,17)

"무화과나무의 비유를 배우라 그 가지가 연하여지고 잎사귀를 내면 여름이 가까운 줄을 아나니 이와 같이 너희도 이 모든 일을 보거든 인자가 가까이 곧 문 앞에 이른 줄 알라 내가 진실로 너희에게 말하노니 이 세대가 지나가기 전에 이 일이 다 일어나리라 천지는 없어질지언정 내 말은 없어지지 아니하리라 그러나 그 날과 그 때는 아무도 모르나니 하늘의 천사들도, 아들도 모르고 오직 아버지만 아시느니라"(마 24:32-36)

'무화과나무의 비유를 배우라' 는 이 말씀을 하신 주님의 의도를 먼저 살펴보아야 하겠습니다. 무화과나무의 비유를 배우라는 것은 이 구절 앞에 하신 말씀의 내용들이 일어나게 될 시기를 알아차리라는 암시인 것입니다. 그러면 이 암시를 주시기 전에 하신 말씀의 내용들이 무엇입니까?

1. 공중에 임하시기 전 땅과 하늘에 일어날 징조

첫째로 마태복음 24:29의 말씀은 주님께서 공중에 임하시기 전 땅과 하늘에 일어날 징조의 말씀입니다. 마태복음 24:29은 계시록 6:12-14에 일어날 일을 미리 예고하신 말씀입니다. 주님께서 천군천사들과 함께 공중에 임하시기 전에 있게 될 현상들인 것입니다.

2. 주님의 공중 강림하심을 묘사 한다

둘째로 마태복음 24: 30은 주님의 공중에 임하심을 묘사한 구절입니다. 하늘과 땅이 혼들리고 난 후에 하늘에 주님이 나타나신 것입니다. 그 때에 천군 천사들과 낙원에서 영혼으로 존재하던 성도의 영혼들이 주님과 함께 공중강림에 동참합니다. 데살로니가전서 4:14, 16에서 묘사하기를, '우리가 예수께서 죽으셨다가 다시 살아나심을 믿을진대 이와 같이 예수 안에서 자는 자들도 하나님이 그와 함께 데리고 오시리라. …. 주께서 호령과 천사장의 소리와 하나님의 나팔로 친히 하늘로 부터 강림하시리니' 했습니다. (참고 구절들: 골 3:4, 전 3:22, 슥 14:5, 살전 3:13) 이렇게 하늘과 땅에서 일어난 큰 이변을 본 후 공중에 주님께서 천군 천사들과 함께 나타났을 때에 두려워 떨지 않을 사람들이 없을 것입니다. .

3. 몸의 부활과 공중휴거

셋째로 하신 말씀이 마태복음 24:31절 말씀인데, 이 구절은 몸의 부활과 살아 있는 성도들의 신령체로의 변화와 공중휴거를 나타내는 말씀입니다. 29절은 주님이 공중에 임하시기 전의 징조와, 30절은 공중에 임하심과, 31절은 부활과 공중휴거는 연속적인 사건들입니다. 이 말씀은 주님께서 공중에 임하셔서 함께 내려 온 '영으로 있는 성도들' 의 몸을 부활시켜 공중으로 끌어 올리시는 광경을 보여 줍니다. 데살로니가전서 4:16,17은 그 때까지 죽지 않고 살아서 7년 환난 중 전 3년 반을 통과하는 성도들이 순식간에 변화되어 부활체가 되고 공중으로 들림 받게 됩니다. 이 변화에 대해 고린도전서 15:51,52에 잘 묘사되어 있습니다.

'보라 내가 너희에게 비밀을 말하노니 우리가 다 잠 잘 것이 아니요 마지막 나팔에 순식간에 홀연히 다 변화되리니 나팔소리가 나매 죽은 자들이 썩지 아니할 것으로 다시 살아나고 우리도 변화되리라.'

여기에서 우리가 주의를 기울여야 할 것은 마태복음 24:31, 데살로니가전서 4:16,17, 고린도전서 15:51,52의 공통점인 나팔소리입니다. 큰 나팔소리, 하나님의 나팔, 마지막 나팔로 표현되고 있습니다. 여기에서 주님께서 공중에 임하시는 때가 일곱째 나팔이 불려 질 때일 것입니다.

4. 이런 일들이 언제 일어날 것인가?

마태복음 24:29-31에서 주님 공중강림 전에 일어날 일들 3가지를 말씀하시고, 마태복음 24:32-36사이의 '무화과나무 비유'에서 이런 일들이 언제 일어날 것인가에 대한 암시를 주셨습니다. 마태복음 24:3 "....이르되 우리에게 이르소서 어느 때에 이런 일이 있겠사오며 또 주의 임하심과 세상 끝에는 무슨 징조가 있사오리이까?"란 제자들의 질문에 대한 주님의 답변인 것입니다. 주님이 공중강림 하실 그 날과 시간은 알 필요가 없지만 주님이 가까이 오실 때를 짐작하고 준비하라는 말씀입니다.

5. 무화과나무의 비유를 배우라

무화과나무는 이스라엘을 상징합니다. 이 무화과나무가 저주 받아 죽습니다. 마가복음 11:12-14,21-22절에서 예수님이 이른 아침에 베다니 동네에서 예루살렘을 향하여 가시다가 시장해서 무화과나무 가까이 가셨는데 잎사귀만 무성했습니다. 주님은 그 무화과나무에서 열매를 얻지 못할 것을 아셨습니다. 아직 무화과나무 열매 맺을 때가 아님을 아셨기 때문입니다. 그런데도 무화과나무 곁으로 접근하신 것은 제자들에게 큰 교훈을 주시기 위한 의도였습니다. 무화과나무로 상징되는 이스라엘이 망할 것을 예고하신 것입니다. 왜 망할 것이냐 하면 이방인의 때를 주시기 위한 것입니다. 하나님의 때를 맞추기 위한 것이지, 무화과나무가 열매를 맺지 않았기에 말라 죽게 하신 것이 결코 아닙니다. 그렇다면 너무나 불공평하십니다. 분명히 성경은 무화과나무가 열매를 맺을 때가 아니라고 말씀하시면서 열매가 없다고 그 나무를 저주하는 것은 앞뒤가 맞지 않는 것이요 예수님의 행동이 너무나 모순적인 것입니다. 예수님이 무화과나무에 행하신 일에는 너무나 중요한 비밀이 있다는 것을 알려 주시기 위한 것입니다. 무화과나무가 주님의 깊은 뜻에 따라 죽게 된 것과 마찬가지로 이스라엘이 망한 것도 하나님의 깊은 섭리가 있었습니다. 그것은 이스라엘이 망함으로 이방인의 때, 즉 그들을 구원하기 위한 하나님의 때를 맞추기 위한 것이었습니다. 죽었던 무화과나무가 살아나서 연한 가지를 내고 그 잎사귀를 내면 여름이 가까운 줄 안다고 했습니다. 여름이 오면 무화과나무에 열매가 맺게 될 것입니다. 이스라엘이 망해서 2천 년이 지난 후에 이스라엘이 다시 재생해서 완전한 나라가 될 것을 말합니다. 이 예언대로 이스라엘은 주후 70년에 로마 장군 디도에게 망했다가 거의 2천 년에 가까운 1948년 5월 14일에 나라를 갖게 됩니다. 마치 뿌리로부터 말라 죽은 무화과나무가 재생하듯이 이스라엘도 재생하게 된 것입니다. 주님께서 왜 무화과나무의 비유를 말씀하고 있습니까? 중요한 것은 마태복음 24:33에서 이스라엘이 재생된 사실을 보거든 예수님의 재림이 가까이 온 줄 알라는 것입니다.

성도의 공중휴거 되는 조건 : 열 처녀 비유
(마태복음 25:1-13)

주님은 이 비유에서 공중휴거되는 조건에 대해 정확히 말씀하고 있습니다. 이 조건에 해당되지 못하면 혼인 잔치에 들어가지 못합니다. 휴거되지 못한 미련한 다섯 처녀들과 같이 남겨둠을 당합니다.

"그 때에 천국은 마치 등을 들고 신랑을 맞으러 나간 열 처녀와 같다 하리니 그 중의 다섯은 미련하고 다섯은 슬기 있는 자라 미련한 자들은 등을 가지되 기름을 가지지 아니하고 슬기 있는 자들은 그릇에 기름을 담아 등과 함께 가져갔더니 신랑이 더디 오므로 다 졸며 잘새 밤중에 소리가 나되 보라 신랑이로다 맞으러 나오라 하매 이에 그 처녀들이 다 일어나 등을 준비할 새 미련한 자들이 슬기 있는 자들에게 이르되 우리 등불이 꺼져가니 너희 기름을 좀 나눠 달라 하거늘 슬기 있는 자들이 대답하여 이르되 우리와 너희가 쓰기에 다 부족할까 하노니 차라리 파는 자들에게 가서 너희 쓸 것을 사라 하니 그들이 사러 간 사이에 신랑이 오므로 준비하였던 자들은 함께 혼인 잔치에 들어가고 문은 닫힌지라 그 후에 남은 처녀들이 와서 이르되 주여 주여 우리에게 열어 주소서 대답하여 이르되 진실로 너희에게 이르노니 내가 너희를 알지 못하노라 하였느니라 그런즉 깨어 있으라 너희는 그 날과 그 때를 알지 못하느니라" (마태복음 25:1-13).

어떤 귀한 손님이 밤에 오시는 경우가 있습니다. 그러나 정확히 몇 시에 오실지는 알 수 없지만 확실한 것은 틀림없이 그 날 밤에 오신다는 것입니다. 우리는 그 손님을 맞이하기 위해 불을 밝힐 것입니다. 손님을 맞이하려는 사람들은 불을 끄고 기다리지는 않습니다. 본문 속에 나오는 열 처녀들도 신랑을 맞이하기 위해 불을 밝혀 놓았을 것입니다. 불을 밝히려면 두 가지 요소가 필요합니다. 하나는 등잔이요 다른 하나는 기름입니다. 열 처녀들이 초저녁부터 신랑을 맞이하기 위해 등잔에 기름을 채우고 불을 밝혔을 것입니다. 그런데 신랑이 늦게까지 오지 않으므로 졸며 잤다고 했습니다. 성경을 주의 깊게 살펴 생각하지 않으면 성경의 의도를 잘못 이해하게 될 것입니다. 마태복음 25:3-4은 왜 슬기 있는 처녀이며 왜 미련한 처녀인가를 설명하고 있습니다. '미련한 자들은 등을 가지되 기름을 가지지 아니하고, 슬기 있는 자들은 그릇에 기름을 담아 등과 함께 가져갔더니' 여기에서 '미련한 자들은 등을 가지되 기름을 가지지 아니하고' 라는 말은 등에 기름을 넣지 않아 불을 켜지 않았다는 말이 아닙니다. 사람들은 이 구절을 등만 가지되 등에 기름을 채우지 않아, 초저녁부터 아예 불을 밝히지 않은 것으로 오해 합니다. 많은 사람들이 열 처녀 비유의 말씀을 가지고 설교할 때에 슬기로운 처녀들은 등에 기름을 채워 넣었기에 슬기로운 처녀였고, 미련한 처녀들은 등만 가졌지 정작 기름은 채우지 않았기에 미련한 처녀들이라고 말하면서 등에 기름을 채우자고 강조합니다.

열 처녀 모두 등에 기름을 가득 채우고 밤새 불을 밝혔다는 사실을 아셔야 합니다. 왜냐하면 첫째로 그들은 밤에 신랑을 맞이하러 나왔기 때문입니다. 불을 준비하지 않고서는 캄캄한 밤에 신랑을 맞이하러 나오지 않았을 것입니다. 그들은 적어도 등에 기름을 가득 채워 나왔습니다. 둘째로 8절에 신랑이 왔다는 말을 듣고 다 함께 깨어 일어나 등을 준비할 때에 미련한 처녀들이 슬기있는 자들에게 말하기를 우리 등불이 꺼져 가니 기름을 좀 빌려 달라하고 말했습니다. 그렇다면 미련한 자들이 밤새도록, 신랑이 오기까지 불을 밝히고 있었다는 말입니다. 그러므로 3절의 등을 가지되 기름을 가지지 않았다는 말은 등잔에는 기름을 가득 채웠지만 여분의 기름통에 따로 기름을 준비하지 않았다는 말입니다. 4절 슬기로운 자들에 대한 묘사에서 '슬기 있는 자들은 그릇에 기름을 담아 등과 함께 가져갔다' 라고 한 말씀에서, 기름을 가득 담은 등잔 외에 따로 기름병을 준비하고 있었다는 말입니다. 그 때의 광경을 상상해 보면, 열 처녀가 신랑을 맞이하러 등에 불을 켜서 신랑이 오기를 기다리고 있었는데 신랑이 더디 오기에 곤하여 모두 졸았습니다. 사람이 밤에 잠을 자는 것은 인간의 본능입니다. 늦게까지 잠을 자지 않으려고 애를 썼던 모습을 봅니다. 그렇게 졸다가 나중에는 자기들도 모르는 사이에 곯아 떨어졌습니다. 우리는 예수님이 이 비유의 말씀 의도가 무엇인지 깨달아야 하겠습니다. 그 해답을 얻기 위해 슬기로운 자들과 미련한 자들의 공통점과 차이점을 생각해 보겠습니다.

※ 슬기로운 자들과 미련한 자들의 공통점

1) 두 그룹 모두 신랑을 맞이하려는 마음을 가졌다(1절).
2) 두 그룹 모두 신랑을 맞이하러 나갔다(1절). 실천하는 믿음을 보여 준다.
3) 두 그룹 모두 등불을 밝혔다(8절).
4) 두 그룹 모두 오래 기다리다가 졸았고 나중에 깊은 잠에 떨어졌다.
5) 두 그룹 모두 신랑이 왔다는 말에 잠에서 깨어나 등불을 준비했다.

등을 준비했다는 말은 밤새 등불이 켜져 있었기에 불똥을 따고, 심지를 돋우고, 기름을 채우는 일을 말합니다.

※ 슬기로운 자들과 미련한 자들의 차이점

1) 슬기로운 자들은 등에 기름을 가득 채웠을 뿐만 아니라, 다른 기름병에도 여분의 기름을 많이 준비하고 있었다.
2) 미련한 자들은 등에만 기름을 채웠고 여분의 기름병과 기름을 준비하지 않았다.

기름을 준비했느냐 아니냐에 따라 슬기로운 처녀, 미련한 처녀로 규정짓고 설교를 마친 사람들이 많습니다. 그런데 이들 보다 한 발짝 더 나아간 사람들이 말하기를, 미련한 처녀들은 등에는 기름을 채웠지만 따로 여분의 기름병에 기름을 준비하지 않아 미련한 처녀들이요, 그렇기에 신랑이 올 때에 기름이 다 떨어져 불을 밝히지 못해서 신랑을 맞이하지 못했습니다. 그러므로 기름을 충분히 준비하는 자가 되자 라고 하며 설교의 결론을 맺습니다. 그런데 여기서 설교를 마치면 열 처녀 비유를 하신 주님의 의도를 잘못 이해하게 됩니다. 예수님의 의도는 기름을 채웠느냐 못 채웠느냐가 아니라 불을 밝혔느냐 밝히지 못했느냐에 있는 것입니다. 기름이 있다 해도, 기름을 많이 가졌다고 해도 불을 밝히지 않을 수도 있습니다. 기름을 준비하는 것은 불을 밝히기 위해서입니다. 그렇다면 왜 불을 밝혀야 합니까? 밤새 신랑을 기다렸는데 잠깐 불을 밝히지 않았다고 잔칫집에 들어가지 못하게 되다니, 너무 억울하지 않습니까? 성경에서 말하는 불, 빛이 무엇인가를 알아보기로 하겠습니다.

1. 예수 그리스도는 영원한 빛이십니다.

"태초에 말씀이 계시니라 이 말씀이 하나님과 함께 계셨으니 이 말씀은 곧 하나님이시니라...그 안에 생명이 있었으니 이 생명은 사람들의 빛이라 빛이 어둠에 비치되 어둠이 깨닫지 못하더라.. 참 빛 곧 세상에 와서 각 사람에게 비추는 빛이 있었나니"(요한복음 1:1,4,5,9).

"태초에 하나님이 천지를 창조하시니라 땅이 혼돈하고 공허하며 흑암이 깊음 위에 있고 하나님의 영은 수면 위에 운행하시니라 하나님이 이르시되 빛이 있으라 하시니 빛이 있었고 빛이 하나님이 보시기에 좋았더라 하나님이 빛과 어둠을 나누사 하나님이 빛을 낮이라 부르시고 어둠을 밤이라 부르시니라 저녁이 되고 아침이 되니 이는 첫째 날이니라"(창세기 1:1-5).

영원한 빛이신 예수 그리스도께서 영원 전에 세상을 만드시기로 예정하시고, 우주를 창조하실 때에 이 우주에 빛을 주셨습니다. 예수 그리스도께서는 지구에 육신의 몸으로 오시면서 흑암에 처한 지구에 빛을 주셨습니다. 이 빛은 곧 사람들의 빛이요 생명입니다. 주님께서 지상에 계실 때에 말씀하시기를, '예수께서 또 말씀하여 이르시되 나는 세상의 빛이니 나를 따르는 자는 어둠에 다니지 아니하고 생명의 빛을 얻으리라.' (요한복음 8:12)라고 하셨습니다.

2. 하나님의 자녀들은 빛입니다

세상에 빛으로 오신 예수 그리스도께서 이 빛을 얻는 자들에게 영생을 주셨습니다. 주님은 그리스도의 생명을 받은 자들을 향하여 '너희는 세상에 빛이다' 라고 하셨습니다. 산상수훈에서 하나님의 백성, 하나님의 자녀가 되는 자격을 말씀하실 때에 '너희는 세상의 빛이다.' 라고 하셨습니다.

"너희는 세상의 빛이라 산 위에 있는 동네가 숨겨지지 못할 것이요 사람이 등불을 켜서 말 아래에 두지 아니하고 등경 위에 두나니 이러므로 집 안 모든 사람에게 비치느니라 이같이 너희 빛이 사람 앞에 비치게 하여 그들로 너희 착한 행실을 보고 하늘에 계신 너희 아버지께 영광을 돌리게 하라"(마태복음 5:14-16)

3. 빛의 기능

예수님께서 우리에게 너희는 세상의 빛이라 하셨는데 빛이 하는 일이 무엇입니까? 빛은 어두움을 물리치는 기능을 가지고 있으며, 빛은 생명을 줍니다.

빛이 없으면 생물들이 자랄 수가 없습니다. 빛이 없으면 생물들은 생명작용을 할 수 없어 죽습니다. 식물은 광합성을 해서 영양분을 공급받고 동물들이나 사람들은 이 식물들을 양식으로 삼습니다. 빛이 없으면 생물들은 죽습니다. 빛이 약하면 열매를 맺지 못할 뿐만 아니라 겨우 맺힌 것도 결국 결실치 못하고 떨어져 버립니다. 또한 빛은 살균작용을 합니다. 빛을 받지 못하면 면역성이 떨어지게 되고 병균들을 죽일 수 없습니다. 주님께서 우리에게 그냥 빛이라고 하시지 않고 세상의 빛이라 하셨습니다. 빛된 하나님의 자녀들이 세상을 향하여 빛의 기능을 발휘해야 합니다. 빛인 교회가 어두운 세상을 빛으로 밝혀야 하며, 생명이 없는 세상에 생명을 주며, 어두움 속에 득실거리는 병균들인 죄와 악들을 소멸해야 합니다. 교회가 있는 곳에 생명작용이 충만해야 하고, 어두운 죄악들이 물러가야 합니다. 불신자들이 모여 음담패설을 하고 있을 때에 신자가 그들 가까이에 접근하면 이들이 입의 말을 조심하는 분위기가 조성되어야 합니다. 성도들이 세상에서 빛 된 착한 행실을 보여 하나님께 영광을 돌려야 한다고 했습니다.

"너희가 전에는 어둠이더니 이제는 주 안에서 빛이라 빛의 자녀들처럼 행하라. 빛의 열매는 모든 착함과 의로움과 진실함에 있느니라. 주를 기쁘시게 할 것이 무엇인가 시험하여 보라."(엡 5:8-10)

예수 믿기 전에는 어둠이었는데 거듭난 후 하나님의 자녀들인 우리가 빛이 되었습니다. 빛의 자녀, 주님의 자녀들로서 빛 가운데 행하라 했습니다. 빛의 열매를 맺으라고 했습니다. 빛의 열매는 모든 착함이라 했습니다. 착한 행동이 빛 된 자녀들의 첫째 덕목입니다. 의롭게 행하라. 죄 짓는 삶에서 벗어나라는 말씀입니다. 빛 된 자녀들은 진실해야 한다고 했습니다.

빌립보서 2:15 "이는 너희가 흠이 없고 순전하여 어그러지고 거스르는 세대 가운데서 하나님의 흠 없는 자녀로 세상에서 그들 가운데 빛들로 나타내며,"

하나님의 자녀로서 어두운 세상에, 불신자들 가운데서 빛으로 나타나라고 당부하십니다. 빛을 발하고 빛의 자녀로서 옳은 행실과 의로움과 진실하게 행하라 하십니다. 등에 기름이 없으면 불을 밝히지 못합니다. 기름은 성령을 상징합니다. 기름은 성령 충만을 말합니다. 성령 충만해야 빛을 발할 수 있습니다. 빛은 능동적이요, 능력입니다. 사람들에게 말씀을 증거하여 생명을 주어야 합니다. 그것이 착한 행실입니다. 물론 착하게 행하는 것도 착한 행실이지만 성경에서 말하는 착한 행실은 사람들에게 복음을 전해서 어둠 가운데 있는 자들을 빛으로 이끌어 내어야 합니다. 미련한 처녀들은 처음에는 등에 기름을 충분히 확보해서 빛을 발하고, 오실 주님을 고대하는 삶을 살았지만 세월이 지나면서 기름이 메말랐습니다. 성령 충만함이 식었습니다. 빛을 끝까지 발하지 못했습니다. 죽는 그 순간까지 빛을 발해야 하는데 그렇게 하지 못했습니다. 한번 반짝하다가 불이 꺼졌습니다.

주님은 열 처녀 비유에서 신랑을 예수 그리스도로 묘사하시고, 열 처녀들은 믿음 생활하는 성도들을 의미합니다. 절대로 미련한 처녀들이 불신자, 신앙생활하지 않는 자들을 의미하는 것이 아니고, 현재 교회 다니고 믿음생활하며, 오실 주님을 기다리며 준비해야 할 성도들에게 주시는 말씀입니다. 혼인 잔치는 공중 휴거되어 하나님 보좌 앞에서 우주 잔치를 하게 되는 것을 보여 줍니다. 요한계시록 19장은 들림 받은 성도들이 하늘 보좌 앞에서 어린 양의 혼인 잔치에 참여하는 광경을 보여 줍니다. 그 때에 들림 받은 성도들이 입고 있는 옷은 하나님께서 입혀 주신 옷인데 흰 세마포 옷이라고 했습니다. 이 세마포는 성도들의 옳은 행실이라고 했습니다.

요한계시록 19:7-8, "우리가 즐거워하고 크게 기뻐하며 그에게 영광을 돌리세. 어린 양의 혼인 기약이 이르렀고 그의 아내가 자신을 준비하였으므로 그에게 빛나고 깨끗한 세마포 옷을 입도록 허락하셨으니 이 세마포 옷은 성도들의 옳은 행실이로다."

어린 양의 혼인 예식이 준비되었고, 신부도 하나님 아버지께서 마련해 주신 빛나고 아름다운 흰 웨딩드레스를 입고 혼인 식장에 들어갑니다. 여기에서 유의해야 할 것은 이 땅에서 신랑을 기다리는 동안 빛을 발하는 삶을 끝까지 잘 살아 온 성도들에게 입혀 주시는 웨딩드레스가 우리들의 옳은 행실로 만들어진 것이라고 합니다.

결론을 맺겠습니다. 마태복음 22:1-14의 예수 그리스도의 혼인 잔치 비유를 들어 보시기 바랍니다. 어떤 임금이 자신의 아들을 위하여 결혼예식을 준비했습니다. 임금님의 잔치요 왕궁에서 결혼예식을 하게 되니 예식장이 굉장히 화려하고 아름답게 꾸며졌습니다. 예식에 참여 할 축하객들을 초청하였고 초청된 그들에게는 결혼식에 참여할 자격으로 왕이 주는 예복을 입어야 했습니다. 그런데 그 예복을 주었는데도 입지 않고, 결혼식에 참여한 사람들이 임금님의 노여움을 크게 샀습니다. 어린 양의 빛나고 흰 웨딩드레스는 하나님이 입혀 주신 것입니다. 웨딩드레스는 신부의 옳은 행실로 짜서 만든 옷입니다. 빛인 성도는 옳은 행실을 행해야 합니다. 빛을 발하지 못하는 자는 공중 휴거 되지 못합니다. 옳은 행실을 행하지 않은 자는 휴거되지 못합니다. 당신은 빛을 발하고 있습니까? 끝까지 빛을 발할 수 있는 기름, 성령 충만을 유지하고 있습니까?

미련한 다섯 처녀들이 기름을 사러 가서 확보하여 등에 기름을 채우고 불을 밝혀서 혼인잔치 집 문 앞에 왔는데 잔칫집 문이 닫혔습니다. 문을 두드리며 문을 열어달라고 주여, 주여 외쳤는데 잔칫집 안에서 들리는 주님의 소리는 내가 너희를 알지 못한다는 음성입니다. 여기 '내가 너희를 알지 못한다'는 말씀이 상징하는 것은 공중으로 들림 받지 못한다는 의미입니다. 왜 미련한 처녀들이라고 합니까? 신앙생활을 잘 하다가 결정적인 순간, 신랑이 올 때쯤 기름이 떨어져 빛을 발하지 못하고, 잔칫집에 들어가지 못했기 때문에 미련하다는 것입니다. 평생토록 신랑 되신 주님을 기다리다가 오실 때쯤에 기다림에 지쳐 낙심하거나 의심하거나 시험에 빠져 신앙생활을 포기한 사람들이

거나 주저하던 사람들일 것입니다.

왜 미련한 자들이라고 했느냐 공중휴거 되지 못하고 이 세상에 남겨둠을 당해, 적그리스도에게 후 삼년 반의 핍박, 박해와 적그리스도와 그를 따르는 무리들에 대한 하나님의 진노 가운데 남겨졌기에 미련한 자들이라고 합니다. 이들이 늦게나마 기름을 준비했습니다. 다른 성도들, 신앙생활을 같이 하던 다섯 슬기로운 처녀들이 공중휴거되는 것을 목격하고 난 후에 정신이 바짝 들었습니다. 늦게라도 성령 충만하여, 후 삼년 반에 피난처에서 신랑을 만날 수 있도록 준비할 수 있게 되었으니 다행한 일입니다. 미련하기는 하지만 신앙생활을 했기에 공중휴거가 무엇인 줄을 알고 그 때라도 성령 충만을 받을 수 있었지만 그 나머지 사람들, 불신자들은 공중휴거를 목격했어도 깨닫지 못하고 그것으로 끝입니다.

Chapter 11

공중강림과 지상재림

1. 공중강림

"형제들아, 자는 자들에 관하여는 너희가 알지 못함을 우리가 원하지 아니하노니 이는 소망 없는 다른 이와 같이 슬퍼하지 않게 하려 함이라. 우리가 예수께서 죽으셨다가 다시 살아나심을 믿을진대 이와 같이 예수 안에서 자는 자들도 하나님이 그와 함께 데리고 오시리라. 우리가 주의 말씀으로 너희에게 이것을 말하노니 주께서 강림하실 때까지 우리 살아 남아 있는 자도 자는 자 보다 결단코 앞서지 못하리라. 주께서 호령과 천사장의 소리와 하나님의 나팔소리로 친히 하늘로부터 강림하시리니 그리스도 안에서 죽은 자들이 먼저 일어나고 그 후에 우리 살아 남은 자도 그들과 함께 구름 속으로 끌어 올려 공중에서 주를 영접하게 하시리니 그리하여 우리가 항상 주와 함께 있으리라"(데살로니가 전서 4:13-17).

"그 때에 인자의 징조가 하늘에서 보이겠고 그 때에 땅의 모든 족속들이 통곡하며 그들이 인자가 구름을 타고 능력과 큰 영광으로 오는 것을 보리라. 그가 큰 나팔소리와 함께 천사들을 보내리니 그들이 그의 택하신 자들을 하늘 이 끝에서 저 끝까지 사방에서 모으리라."(마태복음 24:30,31)

우리는 흔히 공중강림을 공중재림으로 말할 때가 있습니다. 이 말은 틀린 말입니다. 왜냐하면 재림이란 다시 오신다는 뜻인데 예수님이 전에 공중에 오신 일이 없기 때문입니다. 데살로니가전서 4장 16절의 '하늘로부터 강림하시리니'에서와 같이 '공중강림'이 맞습니다. 주님의 공중강림은 신부를 맞이하려 공중에 마중 나오신 것입니다.

1) 모든 사람들이 볼 수 있게 능력과 큰 영광으로 오십니다

혹자는 주님께서 공중강림하실 때는 사람들에게 보이지 않으시고 조용히 공중에 임하시고 성도들도 조용히 휴거해서 데려 가신다고들 말합니다. 그것은 성경적이지 못합니다. 데살로니가전서 4:17 말씀은 주께서 호령 하신다고 하셨는데 전쟁에서 앞장 선 장수가 온 군대에 명령하는 소리인데 조용한 호령도 있습니까? 호령이라 하면 크게 명령하거나 소리를 발하는 것입니다. 천사장도 소리를 발한다고 했습니다. 온 우주를 향해 지르는 소리입니다. 온 우주가 진동할 소리입니다. 하나님의 나팔이 불려진다 했습니다. 사람들이 들으라고 부르는 나팔인데 조용히 부르는 나팔도 있습니까?

마태복음 24:27 '번개가 동편에서 나서 서편까지 번쩍임 같이 인자의 임함도 그러하리라'

번개가 번쩍이듯이 주님이 임하신다고 하신 말씀은 온 세상이 다 알도록 오신다는 의미가 아니겠습니까? 마태복음 24:30-31절 말씀에 주 예수께서 구름을 타고 큰 능력과 큰 영광으로 오는 것을 보고 모든 족속들이 통곡한다고 했습니다. 왜 통곡합니까? 아마도 그 광경이 너무 두렵고 위엄스럽기에, 자신은 들림 받지 못하고 남겨둠을 당한 사실을 깨닫고 후회의 통곡과 진실로 회개의 통곡일 것입니다.

2) 택하신 성도들을 공중휴거 시키기 위해 오십니다

마태복음 24:30 말씀의 광경이 어찌 공중강림이라고만 말할 수 있는가? 지상재림 때라고도 말할 수 있지 않은가라고 생각하시겠지만 마태복음 24:31 말씀에 천사들이 하늘 이 끝에서 저 끝까지 택하신 자들을 모으는 것은 공중강림 때임을 알 수 있습니다. 지상재림 때는 택하신 성도들을 모으려 오시는 때가 아니라 아마겟돈 전쟁을 수행 하시러 오시는 때입니다. 데살로니가전서 4:16,17 공중강림 때는 택하신 성도들을 모아 공중으로 끌어 올려 예수님께서 타고 오신 구름 속으로 이끌려 들어가 주님을 만나게 됩니다.

마가복음 13:26-27 '그 때에 인자가 구름을 타고 큰 권능과 영광으로 오는 것을 사람들이 보리라. 또 그 때에 그가 천사들을 보내어 자기가 택하신 자들을 땅 끝으로부터 하늘 끝까지 사방에서 모으리라.'

3) 구름 타고 오십니다.

마태복음 24:31과 데살로니가전서 4:17에서 주님께서 타고 오신 구름 속으로 성도들을 모으시는 것을 알 수 있습니다. 계시록 1:7에서는, '볼찌어다. 그가 구름을 타고 오시리라. 각 사람의 눈이 그를 보겠고, 그를 찌른 자들도 볼 것이요, 땅에 있는 모든 족속이 그로 말미암아 애곡하리니 그러하리라. 아멘.' 했습니다.

4) 죽은 자를 부활시키시고 살아 있는 성도들을 순식간에 변화시킵니다

성도가 죽게 되면 그 영이 몸과 분리되고 천사들에 받들려 천국으로 이끌림을 받게 됩니다. 주님이 공중 강림하실 때에 하나님(성부 하나님)께서 예수 그리스도와 함께 성도들의 영혼을 데리고 오셔서 몸을 부활시켜 주십니다. 즉 각 사람의 영혼을 그 부활한 몸 속에 넣어 주심으로 성도의 부활이 이루어 집니다. 그리고 들림 받게 됩니다(살전 4:14).

2. 지상재림

"또 내가 하늘이 열린 것을 보니 보라 백마와 그것을 탄 자가 있으니 그 이름은 충신과 진실이라 그가 공의로 심판하며 싸우더라 그 눈은 불꽃 같고 그 머리에는 많은 관들이 있고 또 이름 쓴 것 하나가 있으니 자기밖에 아는 자가 없고 또 그가 피 뿌린 옷을 입었는데 그 이름은 하나님의 말씀이라 칭하더라 하늘에 있는 군대들이 희고 깨끗한 세마포 옷을 입고 백마를 타고 그를 따르더라 그의 입에서 예리한 검이 나오니 그것으로 만국을 치겠고 친히 그들을 철장으로 다스리며 또 친히 하나님 곧 전능하신 이의 맹렬한 진노의 포도주 틀을 밟겠고 그 옷과 그 다리에 이름을 쓴 것이 있으니 만왕의 왕이요 만주의 주라 하였더라"(계시록 19:11-16)

공중휴거 후에 천상에서 지상재림하기 위해 준비된 군대들이 희고 깨끗한 세마포 옷을 입고 백마를 타고 행진하는 모습입니다. 앞서 행하시는 예수 그리스도께서 지구를 향하여 행군하심을 말하고 있습니다. 여기에 깨끗하고 흰 세마포를 입고 백마를 탄 군대는 부활한 순교자들(계시록 20:4)로 구성되었습니다. 흰 세마포는 계시록 19:8에 하나님께서 입혀주신 옷입니다. '빛나고 깨끗한 세마포'는 그리스도의 신부가 입은 옷입니다. 희고 깨끗한 세마포를 입은 군대라고 했으니 부활한 성도들임에 틀림없습니다. 이 군대에는 천군천사들에 대한 언급도 없습니다. 구름을 타고 온다는 말도 없습니다. 대신에 백마를 타고 오신다고 했습니다. 택하신 백성들을 모으러 오는 분위기가 전혀 아닙니다. 만왕의 왕으로 만주의 주로 이 땅에 내려오십니다. 아마겟돈은 우주전쟁입니다. 왜냐하면 지구 밖에서 군대가 지구를 향해 행군하고 있으니, 지구인의 입장에서 볼 때에 외계인입니다. 외계인과 지구인이 싸우게 되니 아마겟돈 전쟁은 우주전쟁입니다.

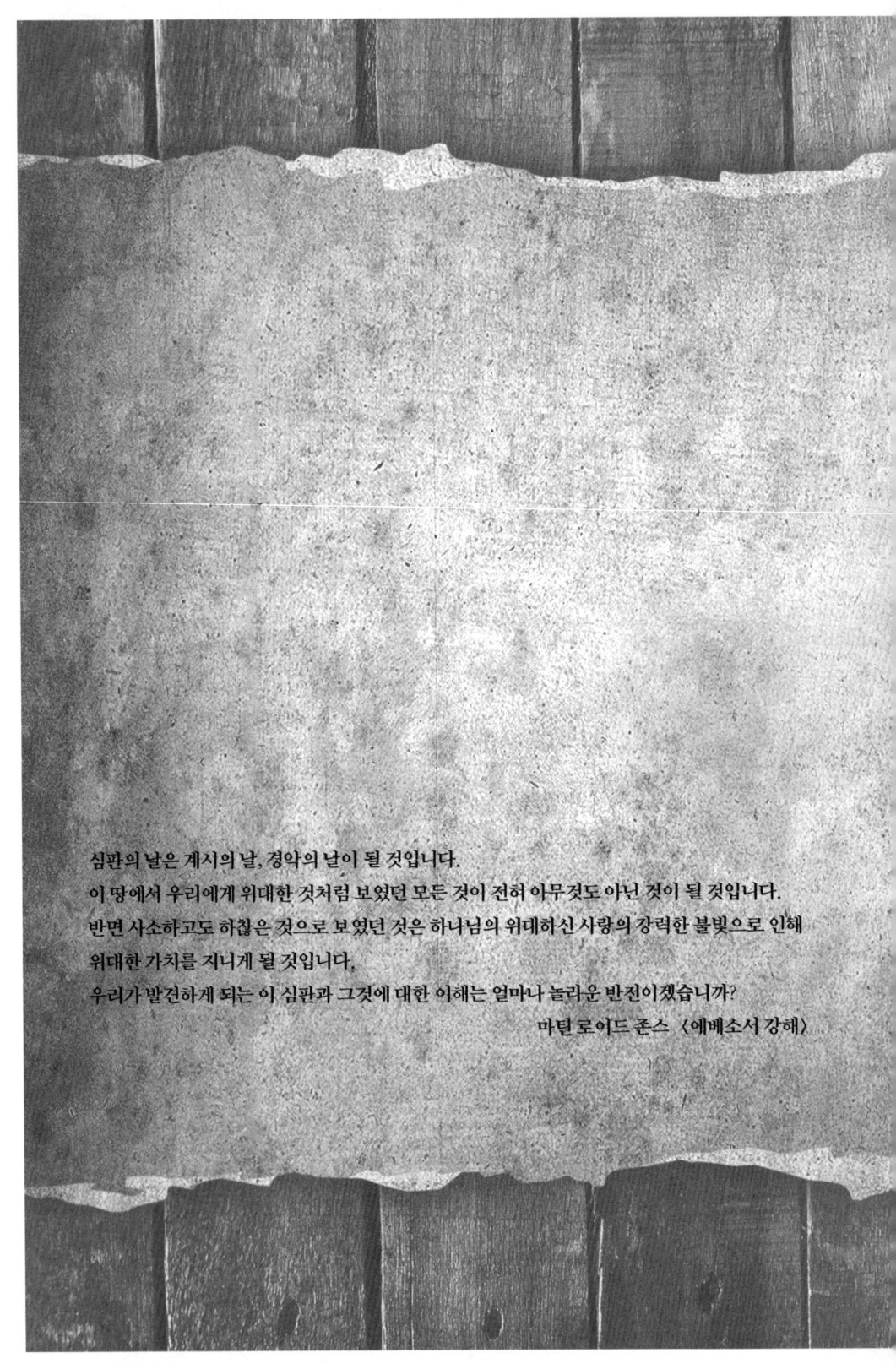

심판의 날은 계시의 날, 경악의 날이 될 것입니다.
이 땅에서 우리에게 위대한 것처럼 보였던 모든 것이 전혀 아무것도 아닌 것이 될 것입니다.
반면 사소하고도 하찮은 것으로 보였던 것은 하나님의 위대하신 사랑의 강력한 불빛으로 인해
위대한 가치를 지니게 될 것입니다.
우리가 발견하게 되는 이 심판과 그것에 대한 이해는 얼마나 놀라운 반전이겠습니까?

마틴 로이드 존스 〈에베소서 강해〉

후 3년 반
- 일곱 대접재앙 -

(계시록 12장-18장)

후 3년 반 – 일곱 대접재앙
(계시록 12장-18장)

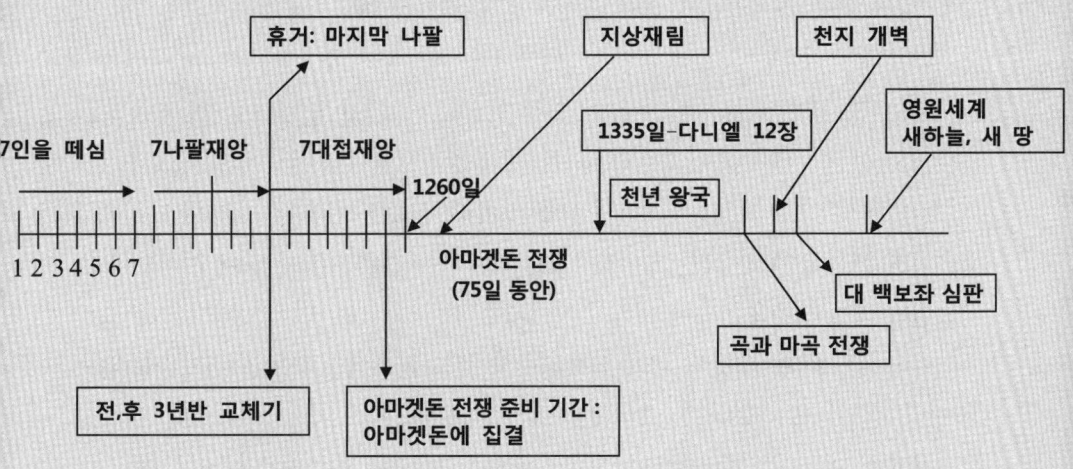

계시록 12장부터 18장까지는 후 3년 반에 속합니다. 12-15장까지는 전 3년 반과 후 3년 반 사이에 있는 삽경입니다. 후 3년 반은 일곱 대접재앙의 기간입니다. 전 3년 반의 마지막인 일곱째 나팔이 불려지면서 하늘에서 주님의 공중강림이 있게 되고 성도들의 부활과 살아 있는 성도들이 순식간에 변화하여 공중휴거 됩니다. 주님께서 성도들의 영혼과 천사들과 함께 구름을 타고 오시면서 호령하십니다. 천사장의 소리와 하나님의 나팔을 불면서 공중강림을 할 때에 지상의 모든 사람들이 보게 됩니다. 그들은 성도들이 공중 휴거하는 광경을 목격합니다. 그 즈음에 하늘에서는 제 2차 우주전쟁인 천사장 미가엘의 하늘 군대와 사탄과 그 졸개들과의 전쟁에서 사탄이 패배하여 땅으로 쫓겨나게 됩니다. 한편 적그리스도는 세계 제 3차 전쟁에서 반항하는 적국들을 여지없이 격퇴시키고 세계 제 3차 전쟁을 간단히 끝냅니다. 전 3년 반의 여러 재앙들과 3차 대전을 겪으면서 지구 인구의 2/3가 감축되었습니다.

사람들은 외계인들에 의해 하늘로 납치되어 증발된 사람들이(성도들의 휴거를 짐승정부는 이렇게 묘사함) 세계 모든 지역에서 상당히 많다는 사실을 미디어를 통해서 알게 됩니다. 때를 같이하여 자신들이 오랫동안 사모하던 그들의 신인 사탄이 하늘로부터 자신들에게 강림했습니다(전쟁에서 지고 쫓겨난 줄도 모르고). 사탄은 최후의 보루인 이 지구에서 하나님과 최후의 결전을 시도합니다. 아직 남아 있는 하나님의 백성들을 섬멸할 작전을 세웁니다. 그런데 이 그리스도인들이 눈에서 사라졌습니다. 잠적해 버렸습니다. UN군을 풀어 온 세계를 샅샅이 뒤져 살육하려고 하는데 좀처럼 찾기가 어렵습니다. 발견된 일단의 무리들을 죽이려고 하는데 하나님께서 보호하사 죽이는 것도 실패했습니다. 후 3년 반에는 적그리스도가 온 세계 단일정부 대통령으로서 명실상부 최고의 권력을 잡고 휘두릅니다.

땅으로 내쫓긴 붉은 용의 교회 박해

계시록 12:1-17

📜 "하늘에 큰 이적이 보이니 해를 옷 입은 한 여자가 있는데 그 발 아래에는 달이 있고 그 머리에는 열두 별의 관을 썼더라. 이 여자가 아이를 배어 해산하게 되매 아파서 애를 쓰며 부르짖더라" (계시록 12:1-2).

1. 해를 옷 입은 한 여자 – 신구약 그리스도의 교회

'하늘에 큰 이적이 보이니"에서 큰 이적이란 아담이 범죄한 이후 하나님께서 창세기 3:15에서 인류를 구원할 메시아를 보내 주시겠다고 하신 그 언약이 실현되는 것이 큰 이적 중에 이적인 것입니다. 교회 공동체는 비록 이 땅에 몸 담고 있지만 처음부터 하나님께 속한 것이요 하나님의 것이기에 그 기원은 신적인 것입니다. '해를 옷 입은 한 여자가 있다'라고 했습니다. '해'는 태양을 말합니다. 지극한 영광을 상징합니다. 이 여자가 하나님의 영광을 입고 있다는 말씀입니다. '한 여자'는 누구입니까? 대부분 학자들은 구약의 선민 이스라엘 또는 구약 교회를 의미한다고 합니다. 구약 교회든 신약 교회든 본질적인 견지에서는 두 교회가 하나의 우주적 교회 공동체이기 때문에 궁극적으로 이 여인은 그리스도의 모든 교회를 상징합니다. 이 여자가 그 발 아래에 달을 밟고 섰다는 것은 이 여자가 하나님의 변치 않는 언약 백성이며 아울러 달은 해와 마찬가지로 천상의 영광을 상징하므로 하나님의 영광을 입은 교회가 하나님보다 조금 못한 영광을 가졌음을 상징합니다. 여자가 그 머리에 열두 별의 면류관을 쓴 것은 하나님의 언약백성들이 결단코 패배하지 않는 영광된 모습을 나타냅니다. 다시 말하자면 메시아께서 사탄의 권세를 깨뜨리시고 승리하셨으니 하나님의 백성들 역시 비록 환난을 당할지라도 궁극적인 승리를 거두게 될 것을 상징적으로 나타내 줍니다.

2. 메시아의 지상 도래와 죽음과 부활과 승천

'여자가 아이를 배어 해산하게 되매 아파서 애를 쓰며 부르짖더라." 여기서 '아이'는 메시아를 지칭하며 '여자'가 구약교회를 지칭한다면, 구약교회가 메시아를 낳았다가 됩니다. 메시아는 교회가 낳은 것이 아니고 하나님이 보내신 것입니다. '낳는다'는 것은 교회가 주체적으로 메시아를 낳았다는 의미가 아니라 하나님께서 메시아를 보내셨듯이 구약교회라는 그림자를 통해 메시아가 예언되었고 그 예언 위에서 메시아가 이 땅에 오셨다는 의미로 볼 수 있습니다. '해산하게 되매 아파서 애를 쓰며 부르짖더라'는 구약교회가 메시아를 대망하는 신앙으로 인해 받은 박해의 고통을 말합니다.

"하늘에 또 다른 이적이 보이니 보라 한 큰 붉은 용이 있어 머리가 일곱이요 뿔이 열이라 그 여러 머리에 일곱 왕관이 있는데 그 꼬리가 하늘의 별 삼분의 일을 끌어 다가 땅에 던지더라. 용이 해산 하려는 여자 앞에서 그가 해산하면 그 아이를 삼키고자 하더니 여자가 아들을 낳으니 이는 장차 철장으로 만국을 다스릴 남자라 그 아이를 하나님 앞과 그 보좌 앞으로 올려가더라"(계시록 12:3-5).

'하늘에 또 다른 이적이 보이니'에서 1절과는 대조되는 다른 이적을 볼 수 있습니다. 즉 1절의 메시아와 대적 관계에 있는 붉은 용 곧 사탄에 관한 것입니다. 사탄은 붉은 용, 마귀, 옛 뱀이라 하는데 '큰 붉은 용'이라 해서 그 세력이 거대하고 막강함을 보여 줍니다. 머리가 일곱이요 뿔이 열이라 했는데 머리는 통치권을 의미하며, 뿔은 힘, 권세를 의미하고, 일곱과 열은 완전수, 만수로써 사탄의 통치권의 막강함을 의미합니다. 사탄은 일곱 뿔과 일곱 눈(계시록 5:6)을 가진 그리스도를 모방하고 있으며 또한 일곱 왕관을 썼다고 한 것도 만왕의 왕 그리스도께서 머리에 많은 관을 쓰신(계시록 19:12) 것을 흉내 내고 있지만 결국은 멸망할 수밖에 없습니다.

사탄이 그 꼬리로 하늘 별 삼분의 일을 끌어다가 땅에 던진다고 했습니다. 머리가 아닌 꼬리로 한 것은 속임수임을 말하는데 하늘 별 즉 천사들의 삼분의 일을 속여 타락하게 해서 하나님의 일을 대적하는 일에 동조하게 했음을 보여줍니다. 사탄이 '아이를 해산하려는 여자 앞에서 해산하면 아이를 삼키려고 하더니' 했습니다. 예수 그리스도께서 출생하셨을 때에 헤롯왕을 통해 아이를 죽이려고 했으며, 십자가에 못박혀 달려 죽으실 때는 인간들을 위해 죽지 말도록 유혹했고, 십자가에 달리셨을 때도 십자가에서 제발 내려와 달라고 했습니다. 그는 예수님을 십자가에 죽였지만 예수 그리스도는 죽은 자 가운데서 사흘 만에 다시 살아 나셨습니다. 많은 사람들 앞에서 승천하셔서 하늘 보좌에 앉으시고 (하나님 앞과 그 보좌 앞으로 올려가더라), 재림하시면 세상을 심판하실 (철장으로 만국을 다스릴) 분입니다. 하늘나라에 가셔서 대신 다른 보혜사 성령 하나님을 이 세상에 보내심으로 교회가 성립되었는데 사탄은 교회를 삼키려고 온갖 수단 방법을 가리지 않고 박해했습니다.

3. 피난처로 피하는 교회

"그 여자가 광야로 도망하매 거기서 천이백육십 일 동안 그를 양육하기 위하여 하나님께서 예비하신 곳이 있더라."(계 12:6)

'그 여자'는 2절의 여자와 동일인 입니다. 2절과 6절의 여자를 동일인으로 보는 것은 이 '여자'를 신구약 구분없이 다 하나의 통일된 하나님의 교회 공동체로 보기 때문입니다. 그러나 '그 여자'는 구약교회가 아닌 신약시대 교회요, 신약교회 중에서도 7년 환난 중 후 3년 반의 교회입니다. 이 교회가 광야로 도망을 하는데 그 이유는 사탄이 박해하려고 하기 때문입니다. 광야는 피난처입니다. 모세가 애굽 사람을 죽인 이유로 애굽왕 바로의 추격을 당했을 때에 미디안 광야로 피신했습니다. 그곳에서 40년 동안 보호를 받았습니다. 다윗도 사울 왕을 피해 유대광야에서 짧게는 3-4년, 길었으면 5-6년 동안 하나님의 특별한 보호와 공급을 받아 피신 했었습니다. 이 환난기의 교회도 광야에서 후 3년 반 동안 양육 받기 위해 하나님께서 마련하신 피난처에 들어갑니다. 교회가 광야에서 양육 받는다는 것은 일곱째 나팔이 불릴 때에 들림 받은 교회에 참여하지 못한 자들을 말합니다. 양육 받는다는 것은 아직 어린 상태의 사람들이 돌봄과 먹임과 교육시킴을 통하여 성숙하게 되는 것을 말합니다.

4. 하늘의 제 2차 전쟁, 사탄이 땅으로 쫓겨나다

"하늘에 전쟁이 있으니 미가엘과 그의 사자들이 용과 더불어 싸울새 용과 그의 사자들도 싸우나 이기지 못하여 다시 하늘에서 그들이 있을 곳을 얻지 못한지라 큰 용이 내쫓기니 옛 뱀 곧 마귀라고도 하고 사탄이라고도 하며 온 천하를 꾀는 자라 그가 땅으로 내쫓기니 그의 사자들도 그와 함께 내쫓기니라"(계 12:7-9).

하늘에서 전쟁이 있습니다. 미가엘과 그의 군대와, 사탄과 그의 군대 사이에 일어난 전쟁입니다. 하늘에서 전쟁이 있을 시기는 후 3년 반이 시작될 무렵입니다. 후 3년 반에 극심한 박해가 있게 된 것은 용이 땅으로 쫓겨났기 때문입니다. 사탄이 하나님 앞에서 천사들 삼분의 일을 규합하여 반역을 꾀한 후 하나님 보좌 앞에서 쫓겨나 공중에서 권세 잡고 세상을 지배하여 왔습니다. 그 때에는 하나님 보좌 앞에 나가기도 했습니다(4절).

욥기 1:6 "하루는 하나님의 아들들이 와서 여호와 앞에 섰고 사탄도 그들 가운데에 온지라."

하나님의 아들들은 항상 하나님을 모셔 섰지만 사탄도 천사들 가운데 나타났습니다. 하나님께서 부르셨는지 아니면 특별한 모임에는 사탄도 참석할 수 있었는지는 모르지만 사탄도 종종 하나님께 가서 참소할 수 있었음을 봅니다. 스가랴 3:1에도 대제사장 여호수아를 참소하는 광경을 봅니다.

"대제사장 여호수아는 여호와의 천사 앞에 섰고 사탄은 그의 오른쪽에 서서 그를 대적하는 것을 여호와께서 내게 보이시니라."

이 때는 에베소서 2:1에서 보여주는 소위 '공중의 권세 잡은 자'로 행세할 때입니다. 구약시대와 신약시대에 걸쳐 합법적으로 공중의 어떤 장소를 점거하고 권세를 휘둘렀던 사탄은 이제 때가 차매 미가엘과의 전투에서 패배하여 사탄의 무리는 쫓겨나 지구로 내려 왔습니다(단 10:13). 이 때가 바로 후 3년이 시작될 무렵입니다. 땅에 쫓겨 온 사탄은 계시록 13장에서 적그리스도에게 자신의 능력과 권세와 보좌까지 내주면서 적그리스도를 앞 세워 최후의 발악을 하게 됩니다.

"내가 또 들으니 하늘에 큰 음성이 있어 이르되 이제 우리 하나님의 구원과 능력과 나라와 또 그의 그리스도의 권세가 나타났으니 우리 형제들을 참소하던 자 곧 우리 하나님 앞에서 밤낮 참소하던 자가 쫓겨났고 또 우리 형제들이 어린 양의 피와 자기들이 증언하는 말씀으로써 그를 이겼으니 그들은 죽기까지 자기들의 생명을 아끼지 아니하였도다 그러므로 하늘과 그 가운데에 거하는 자들은 즐거워하라 그러나 땅과 바다는 화 있을진저 이는 마귀가 자기의 때가 얼마 남지 않은 줄을 알므로 크게 분내어 너희에게 내려갔음이라 하더라"(계 12:10-12).

하늘에서 천사들과 부활하여 휴거된 성도들이 미가엘의 승리에 대한 노래를 부르는 장면입니다. '큰 음성'의 주인공들은 믿음으로 승리하여 하늘나라에 들어온 성도들입니다. 하나님 앞에서 밤낮 참소하였다는 말 속에 사탄이 합법적으로 하나님 앞에 설 수 있었다는 것을 알게 됩니다. 이제 그런 권리도 박탈당했습니다. 하나님 앞에 나가 성도를 참소도 할 수 없습니다. 사탄의 활동 영역은 지구 안에 한정 되었습니다. 왜 '화가 있을진저' 하느냐 하면 땅에 쫓겨 내려온 사탄의 행패가 엄청나기 때문이며, 또한 사탄과 적그리스도 무리들에게 내리실 하나님의 진노의 심판인 일곱 대접재앙이 극심하기 때문에 땅과 바다에 큰 화가 있을 것이라 한 것입니다. 하늘과 그 가운데 있는 자들은 즐거워하라 했는데 이들은 들림 받은 자들입니다.

'우리 형제들이 어린 양의 피와 자기들이 증언하는 말씀으로써 그를 이기었으니 그들은 죽기까지 자기 생명을 아끼지 아니하였다' 한 것은 신앙을 지키기 위해 죽기까지 신앙정절을 지킨 자들을 말합니다. 박해 받아 죽는 것이 문제가 아니고, 끝까지 믿음을 지키다가 죽는 것이 최후의 승리입니다. 그것이 사탄을 이기는 것입니다. 사탄을 화나게 하는 것입니다. 사탄은 미가엘에게도 패배하고 믿음을 지킨 성도들에게도 패배한 것입니다. 땅에 남겨진 신자라 하더라도 한번 더 주어진 기회를 살려 죽기까지 믿음을 지키고 인내함으로 믿음의 승리를 해야 할 것입니다. 마귀가 자기의 때가 얼마 남지 않은 줄 알고 크게 분내어 '너희'에게 내려갔다고 했는데, 여기서 '너희'는 아직 믿음의 싸움을 더 싸워야 할 땅 위의 남은 성도들입니다. 이들이 교회가 휴거되기 전에는 건성으로 믿다가 휴거 사건이 있게 된 후 남겨 둠을 당하면서 크게 깨닫고 회개하며 죽기까지 신앙생활 해야 할 자들을 말합니다.

"용이 자기가 땅으로 내쫓긴 것을 보고 남자를 낳은 여자를 박해하는지라. 그 여자가 큰 독수리의 두 날개를 받아 광야 자기 곳으로 날아가 거기서 그 뱀의 낯을 피하여 한 때와 두 때와 반 때를 양육 받으매 여자의 뒤에서 뱀이 그 입으로 물을 강 같이 토하여 여자를 물에 떠내려 가게 하려 하되 땅이 여자를 도와 그 입을 벌려 용의 입에서 토한 강물을 삼키니 용이 여자에게 분노하여 돌아가서 그 여자의 남은 자손 곧 하나님의 계명을 지키며 예수의 증거를 가진 자들과 더불어 싸우려고 바다 모래 위에 서 있더라"(계 12:13-17).

사탄이 이 땅에 남아 있는 하나님의 교회를 본격적으로 박해하는 동기는 하늘에서 천사들과 싸워 패배함으로 하늘에서 쫓겨났기 때문이며 (13절), 땅에서는 사탄의 가장 큰 대적자인 메시아를 제거하지 못했기 때문이었습니다(4-6절). 사탄은 앙심을 품고 그리스도의 몸 된 교회를 핍박 하려했습니다(15절). 그러나 하나님이 후 3년 반 동안 성도들을 보호하시기 위해 피난처를 예비하심으로 어떻게 하지 못하고 이제는 하나님 교회의 구성원들을 개별적으로 박해하려고 합니다(17절). 하나님께서 이스라엘 민족을 애굽의 바로에게서 구출한 것을 독수리의 날개로 인도하여 낸 것으로 표현하고 있습니다(출 19:4). 뿐만 아니라 구약성경의 다른 구절에도 하나님께서 자기 백성을 보호 인도하시는 것을 독수리 날개로 감싸는 것에 비유한 여러 구절이 있습니다(신명기 32:11,12; 이사야 40:31; 시편 103:5). 여자가 큰 독수리의 두 날개를 받는 것은 하나님께서 성도들을 보호와 인도하심으로 최후까지 보전할 것임을 의미합니다.

계시록 17:15에서 '음녀가 앉아 있는 물'은 백성과 무리와 열국과 방언들이라' 했습니다. 그러므로 뱀, 용 즉 사탄이 적그리스도 정부의 군대들을 풀어 피난처에 숨은 성도들을 찾아내려 했으나 '땅이 여자를 도와 그 용의 입에서 토한 강물을 삼킨다'고 한 것은 성도들을 지키심으로 피난처에 접근하는 적그리스도의 군대를 섬멸하실 것을 보여줍니다. 구약성경 열왕기하 1:5-18에서 이스라엘 왕이 50명의 군대를 보내면서 엘리야를 죽이게 했을 때 하늘에서 불이 내려와 50인들을 불살라 버리신 것같이 하나님께서 당신의 백성들을 지키시는 것입니다. '땅이 여자를 도와 그 입을 벌려 용의 입에서 토한 강물을 삼킨다'는 정확한 의미를 알 수 없으나 민수기16:30-33에서 고라와 다단과 아비람과 온이 작당하여 모세를 대적할 때에 땅이 입을 벌려 이들 무리들을 삼켜 버린 사건이 생각납니다.[10]

이렇게 하나님은 자기 백성들을 보호하심에 있어서 놀라운 방법과 수단을 강구하실 것입니다.

사탄은 또 자기의 의도가 실패되었음을 깨닫고 분노하여 돌아가서 그 여자의 남은 자손 곧 하나님의 계명을 지키며 예수의 증거를 가진 자들로 더불어 싸우려고 바다 모래 위에 섰습니다. 이 구절에서 '여자의 남은 자손'은 전체가 아닌 부분이라는 의미를 가지고 있습니다. 여기 남은 자손은 계시록 11장에서 일곱째 나팔 소리가 울리고 교회가 휴거될 때, 휴거되지 못하고 남은 자손들을 말합니다. 이들이 남겨진 후에는 깨닫고 회개하여 하나님의 계명을 지키며 예수님의 증거를 가지게 된 자들입니다. 사탄은 끈질기게 끝까지 교회를 박멸하려고 바다, 모래 위에 섰다고 했습니다. 사탄이 바다 모래 위에 섰다는

---

10) "만일 여호와께서 새 일을 행하사 땅이 입을 열어 이 사람들과 그들의 모든 소유물을 삼켜 산채로 스올에 빠지게 하시면 이 사람들이 과연 여호와를 멸시한 것인 줄을 너희가 알리라. 그가 이 모든 말을 마치자마자 그들이 섰던 땅바닥이 갈라지니라. 땅이 그 입을 열어 그들과 그들의 집과 고라에게 속한 모든 사람과 그들의 재물을 삼키매 그들과 그의 모든 재물이 산 채로 스올에 빠지며 땅이 그 위에 덮이니 그들이 회중 가운데서 망하니라."

것은 '바다' 역시 물입니다. 계시록 13:1에서 사탄이 바다에서 나온다고 했습니다. '바다는 나라와 족속과 방언'이라 했습니다. 교회를 섬멸하기 위해 많은 군대를 조직하여 다음 행동을 시도하려는 태도입니다. 계시록 13장에서 특출한 자기의 하수인인 적그리스도를 내세워 세상을 지배하고 하나님의 백성들을 핍박하게 됩니다.

Chapter

피난처에 대해서

1. 피난처는 어떤 곳인가?

용이 땅으로 쫓겨 내려와(계시록 12:13) 짐승에게 자신의 능력과 보좌와 큰 권세를 줍니다(계시록 13:2). 이 때부터 지상에 후 3년 반이 시작됩니다. 적그리스도가 권세를 받아 성도의 권세가 다 깨어지는 후 3년 반의 시기입니다. 이 때를 두고 다니엘 12:7에서는 이렇게 말하고 있습니다,

'내가 들은즉 그 세마포 옷을 입고 강물 위쪽에 있는 자가 자기의 좌우 손을 들어 하늘을 향하여 영원히 살아계시는 이를 가리켜 맹세하여 이르되 반드시 한 때 두 때 반 때를 지나서 성도의 권세가 다 깨어지기까지니 그렇게 되면 이 모든 일이 다 끝나리라 하더라.'

적그리스도가 본격적으로 교회를 잔멸하려고 작정한 시기입니다. 이 때 하나님께서 자기 백성들을 보호하시려고 피난처를 예비하십니다(계 12:14, 12:6). 사탄과 적그리스도가 피난처에 숨은 여자(교회) 즉, 성도와 주의 종들

을 찾아 박멸하려고 얼마나 혈안이 되어 있는가를 봅니다. 그런 시도가 하나님의 권능에 의해 좌절되지만 그들도 결코 포기하지 않음을 봅니다. 그런데 후 3년 반에서 하나님이 성도들을 위해 일천이백육십 일 동안 광야에 예비한 '하나님이 예비하신 곳' 이란 어떤 곳일까요? 피난처의 기능에 대해 성경에서 오묘한 표현을 발견했는데 사무엘상 25:29에 나오는 '생명싸개' 입니다. 생명싸개란 말은 나발이란 사람에게 화가 난 다윗이 부하들을 데리고 그를 처단하러 가는 길에 나발의 아내 아비가일이 좇아와서 다윗에게 용서를 빌면서 하나님께서 당신을 생명싸개 속에 싸셨기에 안전하다고 말하는 장면이 있습니다.

'사람이 일어나서 내 주를 좇아내 주의 생명을 찾을지라도 내 주의 생명은 내 주의 하나님 여호와와 함께 생명싸개 속에 싸였을 것이요 내 주의 원수들의 생명은 물매로 던지듯 여호와께서 그것을 던지시리라.'

생명싸개가 무엇일까요? 인간이 그 생명이 태어날 때 어머니 뱃속이 생명싸개입니다. 어머니의 자궁 속이 생명싸개입니다. 그 속에 있으면 탯줄을 통해서 어머니로부터 양식을 공급받는 가장 안전한 곳입니다. 영적으로 우리의 생명싸개는 예수 그리스도입니다. 예수 그리스도 안에 있으면 영혼육의 양식을 공급받는 가장 안전한 곳입니다. 그러므로 피난처란 예수 그리스도입니다. 안 이숙 사모님의 저서 '죽으면 죽으리라' 책에 보면 박관중 장로님과 안이숙 선생께서 일본 국회 의사당에 '일본은 회개하지 않으면 유황불로 심판을 받을 것이다.' 라는 경고문을 뿌리기 위해 먼저 서울에서 부산까지 가는 기차를 탔습니다. 기차에서는 기차표를 점검할 뿐만 아니라 신분증을 조사해서 불순분자를 색출해 내는 일본헌병들이 앞줄에서부터 조사해 오더니 박관중 장로님과 안이숙 선생이 앉아 있는 자리는 건너 뛰어 그 다음 뒷좌석부터 점검을 하더랍니다. 이것이 우연일 수 있습니다. 헌병의 마음에 순하게 보이는 노인과 예쁜 아가씨가 앉아 있으니 좋은 사람일 것이다라고 생각하고 혹은 딴 생각하다가 그만 그 자리는 지나칠 수 있습니다.

부산항에 도착하여 일본의 시모노세끼 항구로 가기 위해 배에 부착된 사다리로 올라 가는데 헌병들과 승무원이 모든 사람들을 한 사람 씩 일일이 배표와 도항증(일본으로 여행해도 좋다는 허가증)을 조사하여, 한 사람도 빠뜨리지 않았습니다. 그러나 그 두 사람 앞에서는 그냥 지나치게 되더라는 것입니다. 마치 자기들 앞에서는 그 조사원들이 혼 빠진 사람들 같이 혹은 눈뜬 맹인인 것 같이 자기들을 보지도 못하고 감지하지도 못하더라는 것입니다.

소련 공산당의 그리스도인 박해가 심할 때 서방의 그리스도인들이 공산 치하의 그리스도인들을 돕기 위해 소련지역에 들어갔을 때 하나님께서 그들을 보호하시기 위해 소련 비밀경찰들의 눈을 멀게 해서 위기를 모면하는 경우가 많았다는 말을 들었습니다. 하나님께서 초자연적인 능력으로 성도들을 보호하시는 것입니다. 후 3년 반 기간 동안에도 이 보다 더 비상한 방법으로 우리를 지키시고 보호할 것이며 공급할 것입니다. 엘리야에게 까마귀를 통해 물과 고기를 공급하셨듯이 너희는 무엇을 먹을까 무엇을 마실까 무엇을 입을까 염려하지 말라는 말씀이 가장 적절하게 적용되는 때가 바로 이 때일 것입니다. 떡 다섯 개와 물고기 두 마리로 5천명을 먹이신 예수님입니다.

이스라엘 백성들이 40년 광야 생활할 때 남녀노소가 함께 길을 걷고 있었습니다. 먼저 그들의 건강을 지켜 주셨습니다. 많은 사람들이 애굽에 있을 때는 일상적으로 먹고 입고 마시고 병들 때도 있었을 것입니다. 그러나 출애굽 시에 모든 노약자들을 강하게 하시고, 모든 병자들을 고쳐 주셔서 광야 길을 걷게 하셨습니다. 만약 그렇게 하지 않으시고 노약자, 노인들, 병자들이 어떻게 광야길을 걸을 수 있었겠습니까? 광야에 들어오면서 그들의 삶은 초자연적인 삶 안에 있었습니다. 먹는 것도 하늘에서 직접 공급한 만나를 먹었고, 마시는 것도 초자연적인 방법으로 40년 동안 물을 마셨고(고전10:4), 그들의 신발이 40년 동안 닳지 않았고, 그들의 옷이 해어지지 않았습니다(신 8:4,

29:5). 하나님의 초자연적인 보호와 공급수단이 있을 뿐만 아니라 장소적인 개념도 있습니다. 피난처는 지구상의 어떤 장소입니다. 사람들이 알 수 없는 장소일 것입니다. 만약 사람들이 알게 되면 사탄에게 공격받게 될 것입니다. 계시록 12:1 '그 여자가 큰 독수리의 두 날개를 받아 광야 자기 곳으로 날아가 거기서 그 뱀의 낯을 피하여 지낸다'고 했습니다. 귀신도 찾을 수 없는 장소, 즉 사탄도 찾을 수 없는 어떤 장소일 것입니다. 계시록 12:15 사탄이 피난처를 발견하기 위해 수많은 사람들을 풀어 놓아 찾으려 합니다. 용이 여자에게 분노하여 돌아가서 '그 여자의 남은 자손 곧 하나님의 계명을 지키며 예수의 증거를 가진 자들로 더불어 싸우려고 바다 모래 위에 섰더라.' 피난처에 숨은 성도들을 끊임없이 찾으려고 발광을 하는 사탄의 모습을 봅니다. 만약 알려진 장소 즉 모압광야의 페트라에 그리스도인들이 그 때에 숨어 지내도록 통조림이나 생활용품을 숨겨 두고 있다고 공개했는데, 사탄이나 적그리스도가 그 장소를 알고 있는데 가만 두겠습니까? 지금은 땅 속이나 물 속 깊은 곳 까지도 레이저 빔이나 전자파를 통해서 알아낸다고 하는데 그렇게 어설프게 숨어서 지낼 수 있겠습니까?

※ 땅속을 찍는 EPT(Earth Penetrating Tomography)

EPT는 해저나 지하세계를 찍는 x-레이라고 생각하면 됩니다. 우리는 레이더에 대해서 알고 있습니다. 이것은 극초단파를 원하는 방향의 공중에 쏴서 반사되는 전파를 받아 공중의 비행기나 미사일 같은 것을 분별하는 기기입니다. EPT는 공중 대신 땅 속에 있는 물체를 알아내는 것입니다. 피아노 건반마다 두드릴 때에 특유의 음정을 내는 것처럼 어느 주파수의 전파를 내보내면 반향되어 오는 진동이 지하의 물질에 따라 다르게 나타나는 원리를 이용한 것입니다. 이 전파는 지하 수십 킬로미터를 침투하여 지하자원은 물론 건물과 같은 구조물, 무기의 저장, 발사대 또는 터널 같은 것을 낱낱이 알아낼 수 있고, 대인지뢰, 환경오염 물질 따위의 매장이나 누출을 찾아낼 수도 있으며, 화산의 폭발도 미리 알아 낼 수 있습니다. 심지어 잃어버린 동전이나 땅이나 바다 깊숙이 묻힌 보물 혹은 유물 발견 시에도 땅을 파보기 전에 정확히 무엇이 어떤 모양으로 묻혀 있는지 알 수 있다고 합니다. 손으로 들고 다니는 소형기기도 있지만, 비행기나 인공위성에서도 목적 여하에 따라 다양하게 이용되는 물건입니다. 그러므로 페트라 같은 공개된 그런 인위적인 장소가 피난처가 될 수 없습니다. 하나님의 절대적인 능력에 의한 하나님의 생명싸개 속에 감추어져야만 안전한 피난처가 될 수 있습니다. 사람이 만든 전자망, 전자운이 외부로부터 오는 미사일이나 비행기나 인공위성으로부터 방어하고 그 전자망에 걸리면 이런 것들이 폭파당하듯이 하나님의 보호망으로 외부에서 아무도, 아무 것도 침범할 수 없는 곳이 하나님의 피난처입니다.

2. 피난처의 생활

피난처의 일상생활은 성도들의 공동체입니다. 후 3년 반 동안 한 곳에 모여 공동생활을 하게 될 것입니다. 지도자의 인도에 따라 규칙적인 생활을 할 것인데 마치 중세기의 수도원 생활을 연상하면 될 것입니다. 하루의 첫번째 활동이 하나님께 예배하는 것이며 개인적으로는 말씀묵상하고 말씀을 서로 활용하는 시간이 될 것입니다. 그 동안 세상 삶에 바빠서 다하지 못한 예배생활, 기도생활, 말씀 읽고 묵상하는 시간, 말씀 가지고 행하는 삶의 훈련을 받을 것입니다.

영성 공동체입니다. 예수님의 장성한 분량에까지 이르는 영적 성장의 기간일 것이요 영적 대각성과 회개와 심령부흥이 일어날 것입니다. 무엇보다도 남을 이해하고 돕고 용서하고 사랑하는 훈련을 쌓는 영성훈련 장소가 될 것입니다. 피난처는 세계 방방곡곡에 존재할 것입니다. 어떤 곳은 깊은 산속일 수도 있고, 어떤 곳은 사막일 수도 있고, 어떤 곳은 외딴 섬일 것이요, 어떤 곳은 굴

속일 수도 있고, 어떤 곳은 도시 한 가운데 비밀 장소일 수도 있을 것입니다. 후 3년 반 동안 숨어 사는 고통과 공동체 내에서 일어나는 여러 가지 반목, 시기, 질투, 미움, 다툼 등이 있을 것입니다. 그러나 이런 공동체 생활을 통해서 하나님은 당신의 자녀들을 최종적으로 훈련시킬 것입니다.

3. 피난처의 공급

'오늘 있다가 내일 아궁이에 던져지는 들풀도 하나님이 이렇게 입히시거든 하물며 너희일까보냐 믿음이 작은 자들아 그러므로 염려하여 이르기를 무엇을 먹을까 무엇을 마실까 무엇을 입을까 하지 말라 이는 다 이방인들이 구하는 것이라 너희 하늘 아버지께서 이 모든 것이 너희에게 있어야 할 줄을 아시느니라. 그런즉 너희는 먼저 그의 나라와 그의 의를 구하라 그리하면 이 모든 것을 너희에게 더하시리라.' (마 6:30-34)

이때야 말로 우리 하나님의 자녀들이 아버지의 전폭적인 능력으로 생활공급을 받는 것을 체험할 것입니다. 마치 이스라엘 백성들을 가나안으로 행하게 하시면서 광야 생활하는 24시간 동안 낮에는 구름기둥으로, 밤에는 불기둥으로 (출13:21,22) 새벽에는 불 구름기둥(출14:24)으로 지키시고 보호하시며 공급하시는 것을 출애굽기와 민수기, 신명기에서 보았습니다. 그렇듯이 피난처의 성도들에게도 하늘에서 내리는 만나와 물을 쏟아내던 반석(고전 10:4)과 메추라기를 몰아 고기를 먹이시듯이 이때도 초자연적인 방법으로 먹이실 것입니다. 숨어 사는 자들이 먹고 마실 것을 위해 활동할 수 없기 때문에 이스라엘 백성들의 광야생활과 같이 초자연적으로 먹이시고 입히시고 마시게 할 것입니다. 마태복음 6:30-34 무엇을 먹을까 무엇을 입을까 걱정하지 말라 하신 예수님께서 실제로 하나님이 먹이신다는 것을 보여 주신 사건이 마태복음 14: 13-21 떡 다섯 개와 물고기 두 마리로 남자 장정만 세어서 오천 명을 먹이신 것입니다.

열왕기상 17:3-7 엘리야 선지자가 북이스라엘의 아합왕 때에 3년 반 기근이 심하였을 때 엘리야에게 그릿시냇가에 살게 하시고 아침 저녁으로 까마귀를 통해서 떡과 고기를 먹게 하셨습니다. 그 시냇물이 마르매 또 다른 곳으로 (사르밧 과부) 옮기시사 기근을 통과하게 하셨습니다. 하나님은 공급하시는 분임을 믿게 하시는 훈련기간이 이 영성 공동체인 피난처입니다.

4. 피난처에 대한 보호

출애굽기에서 하나님께서 바로 왕과 애굽 백성들을 10가지 재앙으로 징계하실 때 애굽 백성들에게는 피 재앙, 파리 재앙, 온역 재앙, 흑암 재앙 등을 내리셨지만 이스라엘 백성들이 사는 구역은 그런 재앙이 없었습니다. 7년 환난 때도 사탄과 짐승과 그들을 따르는 자들에게 재앙을 내리시지만 성도들은 보호하실 것입니다. 계시록 9:4-5에 무저갱에서 나온 황충이 전갈과 같은 권세를 받아 5개월 동안 땅에 있는 사람들을 쏘아 괴롭히는데 이 때에 이마에 하나님의 인 맞은 사람들은 해하지 말라고 하시는 것을 봅니다. 사탄이 성도들의 은거지인 피난처를 적발하고 파괴하려 하지만 하나님께서 방어하시는 것을 계시록 12:16에서 보여줍니다(열왕기하 1:5-18 참조).

5. 피난처에서 영성훈련

피난처는 성도들의 영성 훈련소입니다. 전3년 반을 통과하는 동안에 많은 성도들이 순교했습니다. 피난처의 성도들은 숨은 공간에서 무엇을 하겠습니까? 환난과 핍박 가운데 성도들의 영성은 많은 발전을 가지게 될 것입니다.

피난처는 마치 나비의 애벌레가 고치에 들어가는 것과 같습니다. 나비의 애벌레가 고치 안에 들어가 있는 동안 장차 하늘을 날 수 있는 형태로 몸이 분화되고 발육됩니다. 고치 속에 있는 나방은 고치 속에서 밖으로 나오기 위해 그 두꺼운 고치를 뚫어야 하는 수고를 하면서 성장 호르몬이 분비되어 몸이 발육 성장됩니다. 날개가 생기고 다리가 생깁니다. 하늘을 날 수 있도록 날개에 힘이 생깁니다. 마찬가지로 성도들이 피난처에 있는 동안 영성훈련을 갖게 되고 우리 육신이 변화되어 신령체가 될 수 있도록 성숙한 영으로 성장합니다.

6. 피난처로의 인도자

요한계시록12:14 '그 여자가 큰 독수리의 두 날개를 받아 광야 자기 곳으로 날아가 거기서 그 뱀의 낯을 피하여 한 때와 두 때와 반 때를 양육 받으매'에서와 같이 성령님의 절대적인 인도로 이루질 것입니다. 피난처로 들어가는 자들은 자기가 어디로 가는지 알 수 없고 오직 주님의 인도에 전적으로 맡기는 것입니다. 마태복음 24:40-41 '그 때에 두 사람이 밭에 있으매 한 사람은 데려가고 한 사람은 버려둠을 당할 것이요 두 여자가 맷돌질을 하고 있으매 한 사람은 데려가고 한 사람은 버려둠을 당할 것이라.' 하나님이 성도들을 피난처로 이끄시는 방법은 여러 가지일 것입니다. 특별히 어떤 순간에는 초자연적 방법을 사용하실 것입니다. 예를 들면 빌립이 유대광야에서 에디오피아 여왕 간다게의 국고 맡은 내시를 만나 복음을 전하고 물로 세례를 베푼 후 성령님께서 빌립을 초자연적인 방법으로 아소도란 곳으로 인도하신 사건에 대해서 말씀하고 있습니다.[11]

---

11) '둘이 물에서 올라올새 주의 영이 빌립을 이끌어간지라 내시는 기쁘게 길을 가므로 그를 다시 보지 못하니라. 빌립은 아소도에 나타나 여러 성을 지나 다니며 복음을 전하고 가이사랴에 이르니라.' (행 8:39-40)

7. 피난처에 들어가는 때는?

피난처로 인도되는 시기는 후 3년 반의 전후 적그리스도의 박해가 시작되기 전입니다. 개인적으로, 지역적으로 주위 사정과 특수 상황에 따라서 피난처로 인도되는 시기는 다 다를 것이지만 후 3년 반이 시작되기 직전에 이미 완수될 것입니다. 형편에 따라서는 그 이후에도 계속적으로 있을 것입니다.

8. 피난처에서 나오는 때는?

피난처에 숨은 성도들이 나오는 시기는 아마겟돈 전쟁이 끝난 무렵일 것입니다. 성령님께서 다니엘에게 세상 끝 날에 일어날 일들을 다 설명 하신 후 결론적으로 중요한 말씀을 하셨습니다.

'그 중에 하나가 세마포 옷을 입은 자 곧 강물 위쪽에 있는 자에게 이르되 이 놀라운 일의 끝이 어느 때까지냐 하더라 내가 들은즉 그 세마포 옷을 입고 강물 위쪽에 있는 자가 자기의 좌우 손을 들어 하늘을 향하여 영원히 살아 계시는 이를 가리켜 맹세하여 이르되 반드시 한 때 두 때 반 때를 지나서 성도의 권세가 다 깨어지기까지니 그렇게 되면 이 모든 일이 다 끝나리라 하더라' (단12:6-7).

'그가 이르되 다니엘아 갈지어다 이 말은 마지막 때까지 간수하고 봉함할 것임이니라 많은 사람이 연단을 받아 스스로 정결하게 하며 희게 할 것이나 악한 사람은 악을 행하리니 악한 자는 아무것도 깨닫지 못하되 오직 지혜 있는 자는 깨달으리라 매일 드리는 제사를 폐하며 멸망하게 할 가증한 것을 세울 때부터 천이백구십 일을 지낼 것이요 기다려서 천삼백삼십오 일까지 이르는 그 사람은 복이 있으리라 너는 가서 마지막을 기다리라 이는 네가 평안히 쉬다가 끝날에는 네 몫을 누릴 것임이라' (단 12:9-13).

매일 드리는 제사를 폐하며 멸망하게 할 가증한 것을 세울 때는 후 3년이 시작하는 시기입니다. 후 3년 반을 날 수로 계산하면 1260일 인데 여기에서 1290일을 지낼 것이라 하심으로 피난처에 있는 자들은 30일을 더 기다려야 할 것입니다. 그 후 45일을 더 기다려서 일천삼백삼십오 일까지 기다리면 피난처에서 나오게 될 것입니다. 그 때는 몸이 변화되어 신령한 몸으로 변화된 상태일 것입니다. 마치 나비의 애벌레가 고치 속에 들어가 기다리는 동안에 온 몸이 분화되어 고치를 뚫고 나올 때는 애벌레와는 전혀 다른 형체인 현란한 색깔과 아름다운 모양의 나비가 되어 하늘을 나르듯이 우리도 신령한 몸이 될 것입니다. 피난처에 들어가도록 각 개인에게 허락하시는 분도 하나님이시요 피난처에서 나오게 하시는 분도 하나님이십니다. 마치 노아 식구를 방주에 들어가도록 명령하신 분도 하나님이시요, 그 방주 문을 닫으신 분도 하나님이시요, 그 방주에서 나오도록 명령하신 분도 하나님이십니다. 그러면 왜 피난처에 있는 자들에게 30일을 기다리게 하시고 또 45일을 더 기다리게 하십니까? 왜냐하면 지상에서는 한창 아마겟돈 전쟁이 맹렬히 전개되고 있기 때문입니다. 아마겟돈 전쟁은 75일 기간 동안에 끝나게 될 것입니다. 그리스도의 입에서 나오는 검의 위력이 아마겟돈의 전쟁을 길게 연장할 필요가 없습니다. 한 번 피난처에 들어가면 하나님께서 나가라고 하실 때까지 나올 수 없을 것입니다.

9. 피난처 참고 성경구절들

1. 시편 91:1-16에서 몇 구절만 소개하겠습니다.

'지존자의 은밀한 곳에 거주하며 전능자의 그늘 아래에 사는 자여, 나는 여호와를 향하여 말하기를 그는 나의 피난처요 나의 요새요 내가 의뢰하는 하나님이라 하리니' (1-2)

'네가 말하기를 여호와는 나의 피난처시라 하고 지존자를 너의 거처로 삼았으므로 화가 네게 미치지 못하며 재앙이 네 장막에 가까이 오지 못하리니 그가 너를 위하여 그의 천사들을 명령하사 네 모든 길에서 너를 지키게 하심이라' (9-11)

'그가 내게 간구하리니 내가 그에게 응답하리라 그들이 환난 당할 때에 내가 그와 함께 하여 그를 건지고 영화롭게 하리라' (15)

2. 이사야 26장과 계시록 12장

'주의 죽은 자들은 살아나고 그들의 시체들은 일어나리이다. 티끌에 누운 자들아 너희는 깨어 노래하라 주의 이슬은 빛난 이슬이니 땅이 죽은 자를 내놓으리로다. 내 백성아 갈지어다. 네 밀실에 들어가서 네 문을 닫고 분노가 지나기까지 잠깐 숨을지어다' (사 26:19-20)

이 말씀은 분명히 세상 끝 날에 대한 예언인데 19절은 예수 안에서 죽은 자들이 살아서 부활하여 공중휴거 할 것이요, 휴거되지 못하고 지상에 남은 자들은 20절에서 피난처로 숨어들어 갈 것을 말하고 있습니다.

'그 여자가 광야로 도망하매 거기서 천이백육십 일 동안 그를 양육하기 위하여 하나님께서 예비하신 곳이 있더라' (계 12:6)

'그 여자가 큰 독수리의 두 날개를 받아 광야 자기 곳으로 날아가 거기서 그 뱀의 낯을 피하여 한 때와 두 때와 반 때를 양육 받으매' (계 12:14)

03 Chapter

적그리스도와 거짓 선지자의 출현
계시록 13:1-18

"내가 보니 바다에서 한 짐승이 나오는데 뿔이 열이요 머리가 일곱이라 그 뿔에는 열 왕관이 있고 그 머리들에는 신성모독 하는 이름들이 있더라. 내가 본 짐승은 표범과 비슷하고 그 발은 곰의 발 같고 그 입은 사자의 입 같은데 용이 자기의 능력과 보좌와 큰 권세를 그에게 주었더라"(계시록 13:1-2).

계시록 12장에서 붉은 용 사탄은 하늘에서나 땅에서나 자기가 의도한 뜻을 이루지 못하고 땅으로 내쫓긴 후에 교회를 박해하고자 하였으나, 하나님의 보호로 말미암아 그 일에도 실패합니다. 결국 사탄은 최후의 수단으로 성도 개개인을 공격하고자 시도합니다. 준비를 끝낸 사탄은 자신이 서 있던 바다로부터 특출한 자기의 하수인인 적그리스도를 보내어 땅에서 올라온 거짓 선지자와 세력을 이루어 교회를 향하여 최후의 대 핍박을 시도합니다.

계시록 12장은 공중 권세를 잡고 활약하던 사탄이 미가엘 천사장과의 싸움에서 밀려나 땅으로 쫓겨 내려와 최후의 발악으로 교회를 박해합니다. 계시록 13장에서는 적그리스도와 거짓 선지자를 내세운 마귀의 삼위들이 합작하여 후 3년 동안 대대적인 교회 핍박을 시도하는 것을 보여 줍니다.

계시록 13:1-10에서는 사탄의 최고 하수인인 적그리스도의 등장과 적그리스도가 온 세상을 지배하며 정치적, 군사적, 경제적, 종교적 패권을 장악하게 되는 것을 보여줍니다. 전 3년 반에서도 적그리스도가 신세계 단일정부의 수장이었지만, 전 3년 반 동안은 불완전한 통치였습니다. 제 3차 세계대전을 승리로 이끈 후에는 반항하는 모든 무리들을 완전히 제압함으로 명실상부 전 세계 통일을 이루고 단일세계정부를 수립합니다. 드디어 후 3년 반의 통치가 시작됩니다. 계시록 13:11-18에서는 사탄의 하수인으로서 특히 종교적 측면에서 적그리스도를 보필할 거짓 선지자가 거짓 신앙을 조장합니다. 각종 이적과 폭력을 행사하여 사탄을 섬기고 적그리스도와 그 우상을 경배하게 합니다.

1. 적그리스도

1) 적그리스도의 정체

먼저 적그리스도가 바다에서 나온다고 했는데 성경에서 바다는 열국, 열방들을 말합니다(계 17:15). 적그리스도는 열강의 권세를 지니고 나타날 것을 뜻합니다. 적그리스도는 전 3년 환난 동안에 세계의 권력을 하나로 모아 세계 단일제국을 형성할 자임을 보여줍니다. 이 짐승은 그의 두목인 사탄의 뿔과 일곱 머리를 가졌습니다. 계시록 12:3에 사탄은 머리가 일곱이요 뿔이 열개인데 그 여러 머리에 일곱 왕관이 있다고 했습니다. 계시록 13:1 적그리스도도 머리가 일곱이요 뿔이 열개가 있는데 그 뿔들에 열 왕관이 있다고 했습니다. 이것은 짐승이 사탄에게 속했다는 것을 보여줍니다. 짐승의 정체에 대해 계시록 17:7-11에서 잘 설명하고 있습니다.

"천사가 이르되 왜 놀랍게 여기느냐 내가 여자와 그가 탄 일곱 머리와 열 뿔 가진 짐승의 비밀을 네게 이르리라 네가 본 짐승은 전에 있었다가 지금은 없으나 장차 무저갱으로부터 올라와 멸망으로 들어갈 자니 땅에 사는 자들로서 창세 이후로 그 이름이 생명책에 기록되지 못한 자들이 이전에 있었다가 지금은 없으나 장차 나올 짐승을 보고 놀랍게 여기리라 지혜 있는 뜻이 여기 있으니 그 일곱 머리는 여자가 앉은 일곱 산이요 또 일곱 왕이라 다섯은 망하였고 하나는 있고 다른 하나는 아직 이르지 아니하였으나 이르면 반드시 잠시 동안 머무르리라 전에 있었다가 지금 없어진 짐승은 여덟째 왕이니 일곱 중에 속한 자라 그가 멸망으로 들어가리라" (계시록 17:7-11).

'이전에 있었다가 지금은 없으나 장차 나올 짐승'이라고 한 것은 계시록 13장 3절, 12절, 14절에서도 언급하였듯이, 적그리스도가 암살 되었다가 다시 살아날 것을 말합니다. '이전에 있었다가'는 암살되기 전의 적그리스도요, '지금은 없으나'는 암살 되어 죽었다는 것을 말합니다. 적그리스도가 죽었다가 세상에 공적으로 나타나기까지의 공백이 어느 정도 있을 것을 암시합니다. '장차 무저갱(계시록 11:7)으로부터 올라와 멸망으로 들어갈 자'(계시록 17:8)와 '이전에 있었다가 지금은 없으나 장차 나올 짐승'(계시록 17:8), 그리고 전에 있었다가 지금은 없어진 짐승은 여덟째 왕'(계시록 17:11)이라고 하여 짐승이 죽었다가 다시 살아날 것을 세 번이나 언급하고 있습니다. 이것은 계시록 13장에서 적그리스도가 죽을 것을 세 번이나 언급하는 것과 연결됩니다. 계시록 13:3에서 '그 죽게 되었던 상처가 나으매 온 땅이 놀랍게 여겨 짐승을 따르고'란 말씀은 계시록 17:8과 또한 연관됩니다.

계시록 17:11 '전에 있었다가 지금은 없어진 짐승은 여덟째 왕이니 일곱 중에 속한 자.'고 했는데 이 말은 암살 당한 적그리스도가 다시 살아난 것은 가짜 적그리스도란 말입니다. 왜냐하면 만약 가짜가 아니고 진짜라면 여덟째 왕이라고 하지 않을 것입니다. 계시록 17:9-10에서 '… 그 일곱 머리는 여자가 앉은 일곱 산이요 또 일곱 왕이라. 다섯은 망하였고 하나는 있고, 다른 하나는 아직 이르지 아니하였으나 이르면 반드시 잠시 동안 머무르리라.'에서 짐승은 일곱째 왕이라고 했습니다. 진짜 적그리스도는 암살당하여 죽었습니다. 짐승정부가 그를 살려 내지 못했습니다.

세계 단일정부의 국가원수가 죽으면 안 됩니다. 그래서 죽었던 적그리스도가 다시 살아 난 것같이 조작할 것입니다. 아마도 다른 사람이 적그리스도인 것 같이 가장하고 나타났거나, 아니면 적그리스도의 정신을 전이시키는 기계(컴퓨터와 생명 공학적으로) 두뇌를 복사(Copy)해서 제 2의 적그리스도를 만들어 내는 방법이나, 마인더 모뎀법(p192)으로 살려 낼 수도 있을 것입니다. 21세기 생명공학으로 단일정부 엘리트들이 가지고 있는 의학으로 얼마든지 이런 일을 조작할 수 있을 것입니다. 그래서 죽은 후에 나타난 짐승을 여덟째 왕이라고 한 것입니다. 짐승정부는 국가원수가 다시 살아 난 것 같이 사람들은 속일 수는 있으나 하나님은 속일 수 없습니다. 여덟째 왕이 일곱 중에 속한 자라고 말한 것은 일곱째 왕이었던 적그리스도에게서 나온 것임을 암시합니다.

2) 적그리스도의 권력

"내가 본 짐승은 표범과 비슷하고 그 발은 곰의 발 같고 그 입은 사자의 입 같은데 용이 자기의 능력과 보좌와 큰 권세를 그에게 주었더라"(계시록 13:2)

다음은 적그리스도의 권력에 대해서 설명하고 있습니다. 표범과 비슷하고, 그 발은 곰의 발 같고 그 입은 사자의 입 같다고 했습니다. 이것은 다니엘서 7장에서 보여주는 네 짐승들의 특징을 한꺼번에 다 가지고 있습니다. 즉 사자는 바벨론을 상징하고, 곰은 메데 파사를 상징하며, 표범은 헬라 나라를 상징합니다. 표범은 날쌔고, 곰은 우직한 힘과 끈기를, 사자는 용맹성과 지배력을 상징하는데, 이런 장점들을 적그리스도가 한 몸에 다 지니면서 온 세계를 절대적 권력으로 지배할 것을 보여줍니다. 사탄은 자신의 최후의 뜻을 이루기 위해 자기 하수인인 적그리스도를 최고로 무장시킨 것입니다. 이런 능력과 권세를 가진 자는 인류가 지상에 존재한 이래 전무후무한 인물입니다. 용이 자기의 능력과 보좌와 큰 권세를 짐승에게 주었다고 합니다. 그런 의미에서 계시록 13:1은 적그리스도 즉 짐승의 출현을 다시 소개합니다. 바다에서 나왔음을 강조합니다. 짐승의 정체, 짐승의 권력, 짐승의 활동들을 상세히 보여 줍니다. 이제 지체 없이 진행될 하나님의 최후 대 심판이 이르면 사탄은 결국 멸망당할 것을 알고 최후의 발악을 시도합니다. 세상의 권력을 쥐고 있는 적그리스도에게 자신의 모든 전권을 양도합니다. 결국 사탄과 적그리스도는 본질적으로 하나가 되어 성도들을 공개적이며 조직적으로 박해하게 될 것입니다.

3) 하나님을 모독하고 성도들을 박해하는 적그리스도

"또 짐승이 과장되고 신성모독을 말하는 입을 받고 또 마흔두 달 동안 일할 권세를 받으니라 짐승이 입을 벌려 하나님을 향하여 비방하되 그의 이름과 그의 장막 곧 하늘에 사는 자들을 비방하더라 또 권세를 받아 성도들과 싸워 이기게 되고 각 족속과 백성과 방언과 나라를 다스리는 권세를 받으니 죽임을 당한 어린 양의 생명책에 창세 이후로 이름이 기록되지 못하고 이 땅에 사는 자들은 다 그 짐승에게 경배하리라 누구든지 귀가 있거든 들을지어다 사로잡힐 자는 사로잡혀 갈 것이요 칼에 죽을 자는 마땅히 자기도 칼에 죽을 것이니 성도들의 인내와 믿음이 여기 있느니라"(계 13:5-10).

이 짐승은 과장되고 신성모독을 말하는 입을 받았는데 이것은 세상을 지배할 권세와 교만한 마음을 의미합니다. '신성모독'은 하나님의 능력과 그리스도의 은혜를 비난하려는 모든 시도를 말합니다(5절). 뿐만 아니라 1절에서 그의 일곱 머리에는 신성모독하는 이름들이 있다고 했는데 이것은 하나님의 신성과 능력을 부인하고, 모독할뿐만 아니라, 하나님께 대해 망언을 일삼고, 하나님께 돌려야할 존경과 경배를 사탄 자신에게 돌리는 행위를 말합니다. 또한 짐승, 즉 적그리스도는 성도들과 싸워 이기는 권세를 받았습니다. 여기 '싸운다'는 말은 짐승이 수단 방법을 가리지 않고 하나님의 백성을 대적하고 박해하는 것을 가리키며, 또한 짐승이 성도들을 이긴다의 '이기는' 것은 성도들의 믿음을 파괴하는 것이 아니라 그들의 육신의 목숨을 빼앗는 것을 말합니다.

성도란 말이 두 번 나옵니다. '또 권세를 받아 성도들과 싸워 이기게 되고'는 계시록 11:7과 연관이 있습니다. '그들이 그 증언을 마칠 때에 무저갱으로부터 올라오는 짐승이 그들과 더불어 전쟁을 일으켜 그들을 이기고 그들을 죽일 터인즉'에서 무저갱에서 올라온다는 말은 사탄으로부터 능력과 권세를 받아 본격적인 단일정부체제를 구축한 후 3년 반을 말합니다. 계13:7에서 성도들과 싸워 이기게 된다는 말에서 이 땅에 남겨진 성도들이 있음을 봅니다. 이 성도들은 일곱 나팔 소리가 들려 다른 성도들이 휴거 될 때에 그 때까지 들림 받을 준비가 안 된 자들입니다. 다시 말하자면 교회는 다녔지만 말씀대로 살지 못했고 거듭나지 못했던 사람들인데 막상 휴거사건이 일어나면서 절실히 깨닫고 잘 믿지 못한 것을 회개한 자들입니다. '성도들의 인내와 믿음이 여기 있느니라' 는 세상에 남은 성도들은 후 3년 반의 극심한 환난 기간을 인내와 믿음으로 잘 싸워야 할 것을 보여 줍니다. 남은 자들을 계시록 12장에서 성령께서 피난처로 인도하신다고 했는데 피난처에서 훈련 받고 있는 성도들일 것입니다.

4) 계시록 13장 짐승 경배의 장

"용이 짐승에게 권세를 주므로 용에게 경배하며 짐승에게 경배하여 이르되 누가 이 짐승과 같으냐, 누가 능히 이와 더불어 싸우리요 하더라"(계시록 13:4).

"죽임을 당한 어린 양의 생명책에 창세 이후로 이름이 기록되지 못하고 이 땅에 사는 자들은 다 그 짐승에게 경배하리라"(계시록 13:8).

"그가 권세를 받아 그 짐승의 우상에게 생기를 주어 그 짐승의 우상으로 말하게 하고 또 짐승의 우상에게 경배하지 아니하는 자는 몇이든지 다 죽이게 하더라"(계시록 13:15)

"그러므로 너희가 선지자 다니엘의 말한 바 멸망의 가증한 것이 거룩한 곳에 선 것을 보거든(읽는 자는 깨달을진저)"(마태복음 24:15)

"멸망의 가증한 것이 서지 못할 곳에 선 것을 보거든(읽는 자는 깨달을진저) 그 때에 유대에 있는 자들은 산으로 도망할지어다"(마가복음 13:14)

계시록13장은 짐승경배의 장입니다. 13장에서 경배하라는 단어가 5번이나 나옵니다. 하나님께 경배하는 것이 아니고 용, 사탄에게 경배하고, 짐승에게 경배하라는 것입니다. 경배하지 않으면 잡아 죽입니다. 하나님은 사람들이 자발적으로, 자유의지로, 스스로 경배하기를 원합니다. 그러나 사탄은 강제로 억지로 경배받기를 원합니다. 용이 짐승에게 자신의 보좌와 능력과 권세를 주었습니다. 짐승 즉 적그리스도는 신의 경지에 이른 사람입니다. 이제 세계 3차 전쟁을 통하여 온 세계를 완전히 통제하게 된 짐승에게 도전할 자는 천하에 아무도 없습니다. 계시록 13:4 '누가 능히 짐승으로 더불어 싸우리요' 싸울 마음이 있는 자는 나와 보라고 합니다. '어린 양의 생명책에 창세 이후로 그 이름이 기록되지 못하고 이 땅에 사는 자들은 다 짐승에게 경배해야 합니다. 싫든 좋든 경배해야 합니다. 지구 상에 살아 있는 모든 자들은 어디에 있든지 짐승에게 경배해야 합니다. 거짓 선지자가 짐승의 형상을 만들어 온 세계에 배치합니다. 적그리스도는 하나님이 아니기에 무소부재 할 수 없습니다. 자신 모습을 형상화해서 우상을 만들고 그에게 절하게 합니다. 우상은 적그리스도의 형상인데 이것을 우상이라 말하는 것은 신구약 성경에 하나님 외에 경배의 대상은 모두 우상이라 했기에 형상(image)이라 하는 것보다 우상이라 하는 말이 계시록 13장에서는 더 성경적이라 생각합니다. 지상의 모든 절간이나 교회당이나 유대교 성전이나 회당에 짐승의 우상을 세우고 경배하고 예배하게 합니다. 어떤 행사가 있을 때, 운동경기가 있을 때, 사람들이 많이 모이는 장소나 길거리에서 짐승의 우상을 만나면 그 우상에게 경배해야 합니다.

다니엘서 12:11 '매일 드리는 제사를 폐하며 멸망하게 할 가증한 것을 세울 때부터 천이백구십 일을 지낼 것이요.'라고 했습니다. 여기 '멸망하게 할 가증한 것'은 짐승 우상을 말합니다. 다니엘서 11:31에는 그 일을 군대(UN)가 주동하게 됩니다. '군대는 그의 편에 서서 성소 곧 견고한 곳을 더럽히며 매일 드리는 제사를 폐하며 멸망하게 할 가증한 것을 세울 것이며' 했습니다. 전 세계적 짐승 경배운동은 거짓 선지자가 주동하고 통합종교청이 수행하고 그 일을 집행하는 기관이 군대입니다. 다니엘서 11:31은 시리아의 셀류크스 왕조 제 8대 왕인 안티오쿠스 에피파네스가 애굽 정복 후에 고국으로 귀환하는 도중에 예루살렘을 비롯한 유대 땅을 정복하고 온갖 가증한 짓들을 자행할 것을 예언한 구절인데, 어쩌면 계시록 13장에 꼭 들어 맞습니다. 하나님의 말씀은 놀랍기만 합니다. 거짓 선지자가 짐승의 우상을 만들라고 하였고 또 우상에게 생기를 불어 넣고 짐승의 우상에게 경배하지 않는 자들을 죽이도록 명령한 자도 거짓 선지자입니다. 거짓 선지자가 세계적인 짐승 경배운동을 주도합니다. 짐승 경배운동은 전 지구 인민을 통제하기 위한 수단이기도 합니다. 그래서 짐승표 666 즉 베리칩을 받게 합니다. 주님께서도 이 때를 가리켜 말씀하시기를, "너희가 선지자 다니엘의 말한 바 멸망의 가증한 것이 거룩한 곳에 선 것을 보거든(읽는 자는 깨달을진저)" 산으로 도망할 것이라(마태복음 24:15)" 했습니다. 현재 우리가 교회에서 자유롭게 예배를 드리고 있는데 과연 신령과 진정으로 예배를 드리고 있는지 우리 자신을 살펴봐야 하겠습니다. 때가 오면 사탄은 강제적으로 자신과 짐승에게 경배하지 않는다고 잡아 죽일 때가 올 것입니다. 우리가 하나님께 자유롭게 예배할 수 있을 때에 진정으로 예배드려야 하겠습니다.

5) 적그리스도의 암살과 죽음 후의 기적적 소생

"그의 머리 하나가 상하여 죽게 된 것 같더니 그 죽게 되었던 상처가 나으매 온 땅이 놀랍게 여겨 짐승을 따르고 용이 짐승에게 권세를 주므로 용에게 경배하며 짐승에게 경배하여 이르되 누가 이 짐승과 같으냐 누가 능히 이와 더불어 싸우리요 하더라 또 짐승이 과장되고 신성모독을 말하는 입을 받고 또 마흔두 달 동안 일할 권세를 받으니라 짐승이 입을 벌려 하나님을 향하여 비방하되 그의 이름과 그의 장막 곧 하늘에 사는 자들을 비방하더라"(계 13:3-6).

'그의 머리 하나가 상하여 죽게 된 것 같더니' 와 '칼에 죽었다가 살아난 자를 위하여 우상을 만들라' (14절)에서 적그리스도가 칼로 암살을 당한 것 같습니다. 그가 죽게 되었다가 살아났다고 계시록 13장에서 3절과 12절, 그리고 14절에서 세 번이나 말하고 있습니다. 어떤 그룹, 어떤 배경의 사람들에게 암살을 당했는지 모르지만 아마도 전 세계를 지배하는 권세를 가진 자에게 도전하는 자들이 많을 것입니다. 아브라함 링컨이나 존 에프 케네디와 로버트 케네디, 박정희 전 대통령이 암살을 당했듯이 이런 사람들이 암살당할 기회는 언제든지 도사리고 있습니다. 14절에서 거짓 선지자는 칼에 죽었다가 살아난 자를 위하여 우상을 만들라고 합니다(이 우상이 무엇인지 그리고 왜 우상을 만들라고 하는지에 대해서는 14절을 설명할 때에 언급하겠습니다).

이 암살 사건은 용과 적그리스도에게 유익한 사건이 되었습니다. 하늘에서 쫓겨나 최후로 땅에서나마 자신의 뜻을 이루기 위해 자신의 세력을 결집하려 한 용의 노력은 성공적이었습니다. 그리스도의 부활을 모방한 사탄의 술수에 온 땅의 사람들이 미혹되었습니다. 암살당해 죽어가던 적그리스도를 살려냈습니다. 이 일로 세상 사람들이 생각하기를 적그리스도라는 인물은 불가사이한 존재다. 그는 불사조다. 그는 신이다. 죽음도 그를 어찌하지 못하고 비켜갔다 하고서 사람들이 용과 적그리스도를 찬양, 경배합니다. 이때부터 "멸망의 가증한 것이 거룩한 곳에 선 것을 보거든 산으로 도망치라"는 주님의 예언이 성취되는 때입니다. 적그리스도가 거룩한 장소인 교회당에 자신의 형상인 우상을 세우고 사람들로 그것에 경배하게 합니다. 자신이 하나님을 대신하여 경배 받으려 합니다. 이 일이 있은 후 적그리스도는 더욱 기세등등하여 그 '과

장되고 신성 모독의 말로 사람들을 미혹합니다. 짐승(적그리스도)이 사탄에게 권세를 받아 세상을 통치하는 기간은 마흔두 달로 한정되었습니다. 후 3년 반에 불과합니다. 그러므로 주 예수 그리스도의 예언이 이루어졌습니다. 7년 환난 중에서 전 3년 반은 핍박이 있더라도 견딜만 하고 격심한 환난 기간도 후 3년 반, 즉 마흔두 달, 날 수로는 1,260일 정도입니다.

> 마태복음 24:21-22 "이는 그 때에 큰 환난이 있겠음이라 창세로부터 지금까지 이런 환난이 없었고 후에도 없으리라 그 날들을 감하지 아니하면 모든 육체가 구원을 얻지 못할 것이나 그러나 택하신 자들을 위하여 그 날들을 감하시리라."

7년 환난에서 후3년 반으로 감하신 것입니다.

2. 거짓 선지자

> "내가 보매 또 다른 짐승이 땅에서 올라오니 어린 양 같이 두 뿔이 있고 용처럼 말을 하더라 그가 먼저 나온 짐승의 모든 권세를 그 앞에서 행하고 땅과 땅에 사는 자들을 처음 짐승에게 경배하게 하니 곧 죽게 되었던 상처가 나은 자니라 큰 이적을 행하되 심지어 사람들 앞에서 불이 하늘로부터 땅에 내려오게 하고 짐승 앞에서 받은바 이적을 행함으로 땅에 거하는 자들을 미혹하며 땅에 거하는 자들에게 이르기를 칼에 상하였다가 살아난 짐승을 위하여 우상을 만들라 하더라" (계 13:11-14).

거짓 선지자에 대해서 말하고 있습니다. 둘째 짐승은 '땅'에서 올라온다고 했는데 '땅'은 짐승(적그리스도)이 나온 '바다'와 대조 됩니다. 계시록 17:15에서 큰 음녀가 앉아 있는 '많은 물'에서 바다를 의미합니다. '많은 물'은 천사가 설명하기를 백성과 무리와 열국과 방언들이라 했습니다. 짐승(적그리스도)이 유럽연합에서 나왔다고 했습니다. 유럽연합은 백성, 무리, 열국과 방언입니다. 거짓 그리스도는 땅에서 나왔다고 합니다. 지구의 바다와 땅을 비교할 때에 땅은 바다에 비해 30퍼센트 밖에 되지 않습니다. 많은 나라와 백성과 족속과 언어에서 나온 짐승과 비교할 때에 땅에서 나왔다는 것은 백성이 적은 곳에서 나왔다는 말입니다. 일곱 나팔재앙에서 언급했듯이 거짓 선지자는 교황이라고 말씀드렸습니다.

둘째 짐승은 첫째 짐승이 가진 모든 권세를 대신하여 행사합니다. 사람들로 하여금 첫째 짐승에게 절하도록 하며 첫째 짐승에게서 허락받은 이적으로써 사람들을 미혹한다는 점입니다(12-14). 이 둘째 짐승은 첫째 짐승에 속한 자로서 충직한 사탄의 하수인 노릇을 하는 거짓 선지자를 상징합니다. 거짓 선지자는 어린 양 같이 두 뿔이 있고 용처럼 말을 했습니다.

거짓 선지자는 이중인격자 입니다. 어린 양 같이 행동하고 종교인인 것 같이 행세하면서 말은 용 같이 말한다고 했습니다. 자신이 죽임을 당한 어린 양 곧 그리스도의 모습으로 분장하고 나타납니다. 그는 첫째 짐승처럼 파괴의 능력(7절, 10절)을 행사하지 않고 처음부터 끝까지 사람들을 속이기 위해서 위장된 모습을 취합니다. 그는 위장된 모습뿐만 아니라 거짓의 아비인 용의 말을 그대로 전합니다. 첫째짐승은 권력을 가지고 교회를 박해하는 한편, 둘째 짐승은 거짓 교훈으로 내적으로 부패, 타락시킬뿐 아니라, 참 교회를 핍박하는 것을 자신의 임무로 생각합니다. 적그리스도를 대신해서 종교부분의 일을 대행하고 있습니다. 종교부분의 일이란 적그리스도에게 경배하지 않는 자들을 색출하고 가두고 죽이는 일입니다. 현재 종교계에서는 종교 통합이 이루어지고 있습니다. 종교 통합의 경향은 이때를 위한 준비인 것입니다. 거짓 선지자는 전 세계 모든 종교를 통할하는 기관의 총 우두머리입니다. 현재 교황으로서 전 세계의 가톨릭교회를 통할하듯이 앞으로는 가톨릭은 물론 전 세계의 모든 종교를 통합한 신세계 통합종교의 총 우두머리가 됩니다.

둘째 짐승의 권세와 영향력은 언제까지나 첫째 짐승에게서 비롯된 것입니다. '첫째 짐승이 보는 그 앞에서 행한다' 는 것은 둘째 짐승의 권세는 첫째 짐승의 통제 하에서 이루어짐을 암시합니다. 거짓 선지자의 일차 임무는 사람들로 첫째 짐승에게 경배하게 하는 것입니다. 권력자들은 사람들을 완전 통제하기 위해서는 종교 즉 영혼을 사로잡아야 합니다. 짐승에게 경배한다는 것은 그 영혼을 짐승에게 맡기는 것입니다. 둘째 짐승은 사람들을 미혹하여 첫째 짐승을 경배하게 함으로써 첫째 짐승에 대한 자신의 충성을 나타내야 합니다. 둘째 짐승이 사람들을 미혹하기 위해서 사용하는 가장 큰 수단의 하나는 기만적인 이적을 행하는 것입니다. 하나님께서 당신의 선지자들과 주의 종들을 통해서 이적의 능력을 베푸시는 목적은 사람들이 하나님의 살아 역사하심을 확신하여 하나님의 말씀을 믿게 하기 위함인데, 거짓선지자는 사탄이 준 능력으로 사람들을 꾀어 영원한 사망으로 이끌어 가기 위한 것입니다. 거짓선지자는 심지어 하늘에서 불이 내려오게 합니다. 불이 하늘에서 내려오게 한 선지자는 엘리야입니다(왕상 18:38). 엘리야의 불은 하나님이 내리신 불이지만, 거짓선지자의 불은 과학적으로 만든 속이는 불입니다.

1) 거짓 선지자가 우상을 만든 이유

"짐승 앞에서 받은 바 이적을 행함으로 땅에 거하는 자들을 미혹하며 땅에 거하는 자들에게 이르기를 칼에 상하였다가 살아난 짐승을 위하여 우상을 만들라 하더라 그가 권세를 받아 그 짐승의 우상에게 생기를 주어 그 짐승의 우상으로 말하게 하고 또 짐승의 우상에게 경배하지 아니하는 자는 몇이든지 다 죽이게 하더라"(계 13:14-15).

계13장은 이 짐승이 죽었다가 살아났다는 사실을 3번이나(계 13:3,12,14) 강조합니다. 이렇게 강조하는 것은 죽은 후 반드시 다시 살아난다는 것을 암시하고 있는 것입니다. 거짓 선지자가 사람들을 설득하여 그 짐승의 형상을 만들게 한 이유가 무엇이겠습니까?

첫째로 짐승의 우상을 만든 것은 그 짐승의 안전보장을 위해서 입니다. 짐승을 보호하는 수단으로 만든 것입니다. 왜냐하면 14절에서 칼에 상하였다가 살아 난 짐승을 위하여 우상을 만들라고 한 말에서 힌트를 얻습니다. 이 짐승이 후 3년 반에 들어와 세계단일정부를 만들고 강력한 통제정치를 수행함으로써 독재 정치에 사람들이 못견딜 지경입니다. 반항할 것입니다. 그래서 살해되었는데 다시 살아나면서 자신의 신변보호를 위해서 자신을 이 우상으로 숨기려 합니다. 우상은 영어 성경에서는 형상(image)으로 되어 있습니다. 역대 기록들을 보면 독재자들이 자기 신변보호를 위해 이 수단을 자주 사용했다고 합니다. 히틀러는 자기와 비슷한 키와 용모를 가진 자들을 비밀리 모아 변장케 하고 몸짓이나 연설할 때 억양까지 훈련시켜 히틀러 자신이 아닌 가짜 히틀러를 보내어 연설하게 했다고 합니다. 이라크의 사담 후세인도 서방세계에 자신의 존재가 건재하다는 것을 보여주기 위해 유브라테스강에서 수영하는 모습을 찍은 사진을 공개했는데 그것들이 진짜 사담 후세인이 아닐 수도 있었다는 것입니다.

둘째로 짐승이 우상을 만든 이유는 통치수단으로 삼는 것입니다. 단일 대통령으로서 전 세계를 다스려야 하겠기에 또 자신이 믿을 만한 인물로 인조인간을 만들어, 자신을 대리해서 각 나라에 총통으로 파견하였을 것입니다. 인조인간은 자기를 배반하지 않을 것이기에 말입니다.

셋째로 짐승이 우상을 만든 이유는 정권유지를 위한 통제수단으로 사용할 것입니다. 15절 하반절 '…또 짐승의 우상에게 경배하지 아니하는 자는 몇이든지 다 죽이게 하더라.'에서 힌트를 얻는데 우상을 각지의 총통이 되게하고 이 형상에게 절하게 합니다. 짐승의 형상에게 경배하지 않는다는 것은 통치자에게 반항하는 행위로 간주되는 것입니다. 짐승의 형상에게 절하지 않는 자는 요주의 인물이요 불순분자로 지목해 처단하는 것입니다. 요한계시록 13장의 주제는 '경배하라'는 것입니다. 누구에게 경배합니까? 짐승에게 경배하라는 것입니다. 직접적으로는 짐승의 형상을 경배하지만 결국 짐승에게 경배하는 것이요, 궁극적으로는 사탄을 경배하는 것입니다. 인본주의는 결국 사탄을 경배하는 것입니다. 사람 자신이 자신을 높이거나 또 다른 사람을 경배하는 것은 사탄을 경배하는 것입니다. 사탄이 아담을 타락시킨 것은 사람인 아담을 하나님과 같이 높아지라고 유혹했기 때문입니다. 계시록 13장에서 '경배' 라는 말이 5회 나옵니다.

2) 짐승이 어떻게 자신에게 경배하지 않는 자들을 죽일 수 있는가?

여기에서 666표의 비밀이 드러나게 됩니다. 이 우상이야말로 당대 최고의 컴퓨터 공학의 결정체일 것입니다. 짐승의 우상에 디지털 카메라 장치와 스케닝(Scanning) 장치가 있습니다. 우상이 스케너(Scanner)인 것입니다. 우상에 장치된 카메라로 그 사람의 사진을 찍어 통제소로 전송하고 또 스케너가 그 사람의 신분을 분석 파악하는 것입니다. 어떻게 그 사람의 신분을 파악할 수 있습니까? 그 사람의 이마나 오른손에 박힌 666표인(Implanted Microchip) 베리칩에 의해 파악되는 것입니다. 이 형상의 스케닝 장치에서 발사된 레이저 빔으로 사람의 이마나 오른손에 박힌 666표에 수록되어 있는 모든 정보를 읽고 그것을 통제소로 보내는 것입니다.

3) 망막 판독기(Retinal Scanner)

망막 판독기는 신원 감별기술입니다. 벽 너머에 있어 보이지도 않는 사람의 망막을 정확하게 판독할 수 있는 도구입니다. 투시력이 강할 뿐 아니라 검열당하는 사람이 눈치채지 못하는 상황에서 신분이 정확히 노출된다는 장점입니다. 지문과 마찬가지로 이 세상에 똑같은 망막을 가진 사람은 없습니다. 머지않아 모든 인간은 태어나자마자 망막이 등록되어 세계 어디를 가도 신분이 노출될 것입니다. 지문을 얻으려면 보통 손에 잉크를 묻히게 되므로 당연히 본인이 모르게는 하지 못할 것입니다. 망막 판독기는 사람들이 지나가는 부근에 카메라처럼 멀리 설치해 놓기만 하면 자동으로 기록이 가능합니다. 여권이나 승차권을 대조하는 과정에서 직원 뒤에 망막 판독기를 설치해 두면 승객은 모르지만 신분과 망막이 기록되고 연방수사국이나 경찰에 모두 배포되어 그 사람의 신분이 노출될 것입니다. 최근에는 얼굴 판독기가 나왔다는 말도 있으나 망막을 이용하는 것보다는 정확도가 떨어집니다. 성형수술을 하거나 변장을 하면 판독에 착오가 생길 수 있기 때문입니다. 망막 판독기의 기능이 얼마나 탁월한지 벽돌이나 시멘트나 철판 같은 물질의 벽을 통해서 표적이 눈을 감았는지, 떴는지, 잠을 자고 있는지 꿈을 꾸고 있는지를 구별할 수 있을 정도라고 합니다. 망막 판독기를 짐승의 우상에 장착하면 우상 자신에게 경배하지 않은 모든 불순분자들을 온전히 색출해 낼 수 있습니다.

4) 짐승 우상의 정체

1990년대는 짐승의 우상을 적그리스도의 형상을 본 뜬 인조인간(robot)일 것이라 추측했습니다. 그 후 2000년대는 한창 복제인간(Cloning)에 대해 매스컴에서 떠들었기에 적그리스도는 복제인간이 아닐까 생각해 봤습니다. 복제인간(Cloning)에 대한 기사가 신문 지상에 떠오르고 양의 복제인 '돌리'가 나타날 때만 해도 계시록 13장의 짐승의 우상들이 적그리스도의 복제들일 수도 있다는 생각을 해 봤지만 불가능하다고 생각했습니다. 왜냐하면 7년 환난 동안에 적그리스도가 나타나서 어떻게 자신의 복제자들을 배출할 수 있을 것인가, 시간적으로 불가능하다고 생각했습니다. 요즘은 인간 복제가 가능한 상태에 이르렀습니다.

(1) 짐승 우상은 로봇(인조인간)인가?

2008년 9월 24일자 중앙일보에 조현욱 논설위원의 로봇에 대한 글을 전문 그대로 게제 하겠습니다. 이 기사를 소개하는 것은 계시록 13장 적그리스도의 우상이 로봇일 수 있다는 것과 그 때쯤은 로봇이 얼마나 강력한 지력을 갖게 되며 적그리스도의 통치수단으로 쓰일 수 있겠는가를 생각하게 합니다.

"로봇 윤리헌장- 세계 최초의 로봇은 1939년 뉴욕 세계 박람회에서 선보인 미국 웨스팅 하우스의 '일렉트로'이다. 전원을 넣으면 어설프게나마 앞뒤로 걷고, 녹음된 77개의 단어를 말할 수 있었다. 오늘날 로봇은 우리 주변 도처에 있다. 자동차 조립, 외과 수술, 우주 및 해저 탐사, 군사 작전, 농약 살포 등 여러 분야에서 필수 도구로 자리 잡았고, 청소용 로봇이나 로봇 애완견처럼 가정용으로 대량 생산되는 로봇도 적지 않다. 2005년 일본의 아이치 박람회에서는 외형상 인간과 흡사한 로봇이 등장했다. 오사카대학의 한 교수가 개발한 '리플리 Q1'은 미인 여성이었다. 부드러운 실리콘 피부에 속눈썹과 눈동자를 움직이고, 다양한 표정도 지었다.

제한적이지만 영어, 일본어, 한국어를 구사했다. 현장에서 이것이 로봇이라고 알아차리는 사람은 많지 않았다고 한다. 스티븐 스필버그 감독의 영화 'AI'(인공지능)에 나온 남창로봇 '지글로 조'를 떠올리게 된다. 이상적인 외모와 뛰어난 테크닉을 갖춘 섹스로봇의 시대가 멀지 않았기 때문이다. 유럽 로봇 연구 네트워크(EURO)의 설립자 헨리크 크리스텐슨 박사는 2006년 '향후 5년 내 로봇과 성생활을 즐기는 세상이 도래할 것'이라고 예측한 바 있다. 이렇게 되면 인간끼리 매매춘 문제는 대부분 해결되겠지만 인간본성의 황폐화라는 또 다른 우려가 생긴다. 로봇이 인간과 닮을수록 그 우려는 더 크다.

지금의 기술발달 속도라면 2030년 쯤엔 로봇의 지능이 인간과 맞먹는 수준에 이를 것으로 전문가들은 예측한다. 지난해 영국의 인공지능 연구가 데이비드 레비 박사는 "50년 뒤엔 인간과 로봇이 결혼도 하게 될 것"이라는 논문을 발표하기도 했다. 2006년 영국정부가 '50년 뒤 로봇이 인간과 동등한 권리를 주장할 것'이라는 보고서를 내놓은 것과 궤를 같이하는 주장이다. 9월 29일 '지능형 로봇 개발 및 보급 촉진법'이 국내에서 발효된다. 정부는 이 법에 따라 '로봇 윤리 헌장'도 마련 중이다. 로봇이 인간을 학대하거나 인간이 로봇을 학대하는 것을 금지하는 등의 내용이 담길 예정이라고 한다. 현재의 윤리와 기술을 기준으로 미래의 현실을 규정하는 셈이지만 손 놓고 있을 수도 없는 일이다. 로봇과 섹스하고 결혼하는 시대를 말세라고 비판하는 것은 쉽지만 정작 시급한 것은 말세에 미리 대처하는 일이기 때문이다."[12]

---

12) 인터넷 주소 http://article.joinsmsn.com

(2) 짐승 우상은 복제인간인가?

적그리스도의 복제인간이 계시록13장에서 말하는 우상일 수도 있겠다 생각해 봅니다. NIV성경은 그 우상을 'an image' 혹은 "The image'의 단수로 표현합니다. 그러나 어떤 사람의 복제인간들은 그 사람에게 속한 것이기에 집합명사를 단수로 표현할 수도 있을 것이라 생각합니다. 마인드 모뎀을 통해서 완전히 그 주인의 생각과 마음을 가지게 할 수 있다고 합니다. 그 사람의 뇌에 있는 의식을 그대로 복사해서 그와 같은 사람을 복제해 낼 수 있다고도 합니다. 아마도 적그리스도가 암살당했을 때 이 방법으로 재생시킬지도 모를 일입니다. 아무도 믿을 수 없기에 자신의 분신들을 만들어 냅니다. 어떻게 이들을 빠른 시간 내에 생산해 낼 수 있을까 하는 문제입니다. 사람은 모태에서 280일 이상 자라야하고 태어난 후에도 성인이 되려면 적어도 18년 이상 성장해야 하는데 어떻게 복제인간을 순식간에 출생, 성장시킬 수 있을까요? 그럴 즈음 김성일씨의 장편소설 '빛으로 땅 끝까지 2'를 읽게 되었습니다. 책의 내용 중 지시 유전자를 알게 되었습니다. 지시 유전자는 모포겐(단백질 분자들)을 만들어 내는데 이 단백질 분자들이 수정란 세포 안의 초기 조직들 사이로 서서히 돌아 다니면서 각 세포들에게 팔이며, 다리, 손가락, 그리고 척수와 두뇌 등 생명체 각 부위를 만들도록 지시하고 그 위치까지 정해 주는 것이라 합니다. 지시 유전자를 조작하면 손상된 인간의 사지나 내장 또는 두뇌나 척수까지도 원형대로 복구할 수 있다고 합니다. 소설이긴 하지만 필자가 상상하는 것을 다른 사람도 상상하고 있구나 하는 생각을 했습니다. 이 소설에서 지시 유전자를 조작해서 사람의 장기부분을 재생 시킬뿐만 아니라 새로운 인간을 생산한다고 합니다. 엑타 비르하나라는 악당들이 유사시에 체력이 완강하고 우수한 전투능력을 갖춘 수십 개 사탄 병력을 순식간에 생산해 낼 수도 있다고 합니다. "제품의 최종적인 형태와 성능을 설계해 놓은 다음에 지시 유전자의 활동만 조정하면 간단한 일이다. … 즉 세포의 성장 속도를 가속하면 되는 것이지요."(p43) 또한 대화에서는, '그들이 이미 배양해 놓은 전능세포에 환생시킬 인물들의 형태지시 유전자를 융합시켜 놓았어요. 거기에 세포를 단 시간 내에 증식시키기 위하여 이입시킨 핵분열 장치의 스위치만 누르면 투탕카멘을 비롯하여 많은 과거의 인물들이 순식간에 되살아나게 되지요."(P174)

'그들이 장담했던 것처럼 수천 명의 새시대 전사들이 시험관에서 나와 첨단장비로 무장하고 7월 8일 행사에 경비를 담당할 것입니다' 라는 대화가 오고 갔습니다((P179). 소설 속 인물들의 대화와 같이 순식간에 새로운 인간을 생산할 수 있는지 모르겠지만 사람들이 그런 생각을 하고 있다는 것 자체가 문제입니다. 만약 소설 속의 일이 가능하다면 적그리스도는 이런 일들을 능히 주저 없이 행할 것입니다. 인간을 하나님이 창조하신 하나님의 형상대로 지음 받은 만물의 영장으로 보는 것이 아니라 짐승 같이 노예화 하려 하기 때문입니다.

(3) 마인드 모뎀(Mind Modem)

영국 과학자들은 컴퓨터칩을 머리의 안구 뒤에 심어서 그 사람의 평생 생각과 감정을 기록하는 기계를 개발하고 있다고 합니다. 영국 텔레콤 부설연구소 인조 인간 연구팀의 윈터(Chris Winter)박사는 이 연구가 성공하면 인류에게 더 이상 죽음은 없을 것이라 말합니다. 약 30년 후에는 컴퓨터로 다른 사람의 인생을 다시 살 수 있을 것이라는 말입니다. 그가 개발한 쏘울 캐쳐(The Soul Catcher)라는 칩을 사람에게 심어두면 마치 비행기의 블랙박스처럼 그 사람의 평생 생각과 경험 등을 기록하는데, 그 쓰임새는 무궁무진합니다. 어떤 사람이 강간이나 살해를 당했다 하면 희생자의 입장에서 당시 상황을 정확하게 파악하여 범인검거에 혁신을 불러올 수 있으며, 여행을 다녀와서 지인들에게 자신이 경험한 냄새, 소리, 심지어는 광경까지 재생해 보여줄 수 있을 것입니다. 그뿐 아니라, 어떤 사람이 임종할 때에 그의 칩을 뽑아 신생아의 두뇌에 집어넣으면 아이가 죽은 노인의 생애를 계속 살 수도 있다는 이야기입니다. 인간의 두뇌와 컴퓨터로 연결시키는 '마인드 모뎀'은 두 사람의 마음을 컴퓨터로 연결하여 상대방의 속 마음을 알게 되면 이것이야 말로 이심전심입니다. 이것이 좋은 목적으로 사용되면 모르겠으나 인간을 정복해서 노예로 만들려는 수단으로 이용하겠다 하면 이처럼 무서운 무기는 없을 것입니다. 머지않아 사람이 자기 마음대로 생각할 수 있는 권리가 사치품으로 전락할 날이 오게 될 것입니다. 주님께서 속히 공중강림하지 않을 수 없습니다. 당신의 형상으로 창조한 인간이 사탄의 노예로 전락되는 것을 하나님께서는 원치 않으시기 때문입니다. 이런 시스템이 오른손이나 이마에 삽입하는 베리칩과 연관이 되는 것입니다.

5) 짐승표 666의 정체는 무엇인가?

"그가 모든 자 곧 작은 자나 큰 자나 부자나 가난한 자나 자유인이나 종들에게 그 오른손에나 이마에 표를 받게 하고 누구든지 이 표를 가진 자 외에는 매매를 못하게 하니 이 표는 곧 짐승의 이름이나 그 이름의 수라 지혜가 여기 있으니 총명한 자는 그 짐승의 수를 세어 보라 그것은 사람의 수니 육백육십육이니라"(계 13:16-18).

(1) RFID(Radio Frequency Identification)를 아십니까?
 (숨겨진 권력, 전능한 칩 RFID)

장차 될 일(계1:1, 1:19, 4:1,22:6)을 기록하고 있는 요한계시록은 시간적으로는 종말에, 내용적으로는 '될' 사건을 의미합니다. 이 예언이 오늘날 우리의 현실 속에 그 모습을 드러내고 있습니다. 충격적인 사실은 미국은 매일 40개국에서 들어오는 약 30만개의 컨테이너를 추적하는데 약 3억 달러의 예산을 집행하고 있습니다. 1997년 엑슨모빌(Exxon, Mobile)에서 스피드 패스(Speed Pass)라는 새로운 지불방법이 도입된 후 현재 약 6백만 명의 사람들이 이것을 사용하고 있습니다. 열쇠고리에 달린 조그만 원통형 장식을 주유소의 개스펌프 앞에서 흔들기만 하면 개스 카드나 크래딧 카드를 꺼낼 필요도 없이 간단히 개스값을 지불하게 됩니다. 아이들을 데리고 맥도날드에 간 엄마도 이런 방식으로 햄버거 값을 지불합니다. 고급식품을 판매 하는 회사에서는 항상 싱싱한 상태의 식품을 팔기 위해 생산한 식품들이 어디에서 언제 생산되었는지 파악함(현재 한국 슈퍼마켓에서 실시함)으로써 소비자들을 만족 시키고 있습니다.

이것은 RFID라는 전자칩이 그 정체입니다. 한 상품에 대한 모든 정보를 지닌 모래알 만한 컴퓨터칩이 달린 물건은 계속해서 전자장을 보내기 때문에 이 신호를 읽을 수 있는 기계(Scanner)를 가지고 있으면 물건의 현주소를 금방 파악할 수 있는 것입니다. 스파이칩이라고 불리는 이 기술은 바코드를 대신할 방법으로 가장 확실하게 등장하고 있습니다. 바코드는 스캐너 가까이 가져가야 기계가 읽을 수 있지만 RFID는 수십 피트 떨어져 있어도 읽을 수 있다는 점이 다릅니다. 특정한 상품에 일률적으로 같은 바코드가 붙어 있는 것과는 달리 RFID는 모든 상품에 하나 하나의 생산과 운송, 판매과정을 파악할 수 있게 되어 있습니다. 오래 전부터 생물학에서 어떤 특정한 물고기나 수중 동물의 생태나, 산이나 들에서 활동하는 동물들의 생태나 활동, 습성, 보호를 위해 사용하였는데 실험실에서 이것들을 관찰하는 것입니다. 필립 모리스 담배 회사, 프락터 엔 갬불, 월마트, 질렛 면도기 회사 등 미국 내 백여 개 대기업이 이 기술을 사용 중에 있습니다. 소비자 입장에서 보면 어느 제품에 이 칩이 달렸는지 잘 알 수 없습니다. 왜냐하면 대부분 이 칩은 너무 작고 잘 보이지 않는 곳에 붙여 놓았기 때문입니다. 이 기술은 날로 정교해져서 종이에 인쇄될 수도 있습니다. 이 칩을 읽을 수 있는 냉장고가 시중에 유통되고 있는데 우리가 사온 우유가 신선한 것인지, 치즈에 포함된 콜레스테롤의 수치가 어느 정도인지까지 알 수 있게 되었습니다. 한편 이탈리아에서는 스캐너가 달린 세탁기로 각 옷에 달린 RFID 칩을 읽어서 이 옷을 어느 정도 빨아야 하는 지도 알아서 조절하는 기술이 개발됐습니다. RFID는 우리 생활에 널리 퍼져 있습니다. 애완견 추적에서부터 죄수들의 감시, 물품의 파악까지 이제 RFID가 없으면 어떻게 살까 하는 세상이 곧 올 것입니다. 이미 5천만 마리의 애완동물이 이 칩을 주사 맞았고, 2천만 마리의 가축들도 그들의 생산지를 파악하기 위하여 이 칩을 주사 맞았습니다. 박물관에서는 귀중한 미술품의 도난을 방지하기 위해 이 기술을 쓰고 있으며, 오스카상 수상식에 참석하는 귀빈들도 이 방법을 통해 보안 검색대를 통과해야 합니다. 이 기술이 가장 많이 사용되고 있는 곳은 미군입니다. 미군은 이 기술을 도입하기 위해 약 3억 달러의 돈을 쓰고 있으며, 이라크 전에도 사용되었습니다. 또 국방부에서도 부상당한 군인들의 손에 이 칩이 달린 팔찌를 끼워줌으로써 중앙 통제실에서 환자의 추적과 치료에 도움을 받게 됩니다. 이 기술을 도입하는 회사들은 한 눈에 모든 물건의 상태와 위치 추적이 가능하기 때문에 수많은 돈을 절약하고, 소비자들에게 더 나은 서비스를 제공함으로써 이익이 증가할 것으로 예상하고 있습니다. RFID는 모든 것을 모든 곳에서 항상 파악할 수 있는 전능자가 되어가고 있습니다. 한 번에 한 가지씩만 스캔할 수 있었던 바코드와 달리 RFID시스템은 한 자리에서 심지어 수십 피트 떨어진 곳에서도 매장의 모든 물건을 스캔할 수 있습니다.

오늘날 사람들이 RFID와 같은 것들을 편리하기 때문에 사용하고 있지만, 그때가 되면 적그리스도가 자신의 통치 수단으로 사용하게 된다는 사실을 명심하기 바랍니다. 현대무기와 행정 전산망, 고용관리, 통상관리, 경제 통제관리, 부동산 관리, 주민관리, 통관관리 등은 결국 인간 감시장치이며, 이것은 새로운 권력이동을 암시하고 있습니다. 교회와 성도들의 영적 분별력이 요구됩니다.

(2) 베리칩 (VeriChip)

베리칩은 'Verification'(확인, 증명)과 'Chip'(반도체 조각)을 합쳐 놓은 말로 신분증 역할을 위해 사람 몸 속에 넣는 무선 식별장치(RFID)를 말합니다. 쌀알만한 크기의 베리칩 안에는 메모리, 안테나, 축전지가 들어 있는데, 축전지는 체온에 의해 충전되기 때문에 외부에서 공급받지 않아도 된다고 합니다. 체온에 의해 충전되기 가장 적절한 지체가 오른손과 이마라고 합니다. 메모리에는 16자리의 고유 번호가 들어 있어 사람마다 다른 ID를 제공받습니다. 미국 사회보장 카드 숫자는 9자리인데 베리칩 ID를 16자리로 만든 것은 장차 70억 이상의 세계인을 상대로 이식해야 하기 때문입니다. 베리칩은 원래 'Applied Digital Solutions' 사가 2001년에 개발하고 그 이름을 베리칩이라 한 후 동일한 이름의 유통회사를 만들어 보급했습니다. 당시 유통회사 베리칩은 2004년 FDA로부터 판매 승인을 받았는데, 당시는 12밀리미터 2.1밀리미터 크기로 마이크로칩이라 불렀습니다. 2005년 ADS사는 '디지털 엔젤(Digital Angel)사로 이름을 바꾸고, '베리칩' 사를 자회사로 등록시켰습니다. '디지털 엔젤' 사는 현재 기존의 베리칩에 위치추적 시스템을 결합한 이식용 엔젤칩을 보안용으로 판매하고 있습니다.

베리칩은 1990년대 후반 미국에서 잃어버린 애완동물을 찾기 위해 동물피부 속에 칩을 넣기 시작했다가 2001년에는 환자의 병력을 식별하기 위한 목적으로 만들어 사람에게 이식했습니다. 베리칩사는 사람 몸에 혈당을 실시간으로 측정할 수 있는 바이오센서 시스템을 개발하여 2006년 미국 특허를 받았으며, 최근 '헬스링크'란 이름으로 온라인 건강 기록에 연결할 이식용 마이크로칩 판매에 들어갔습니다. '베리칩' 사는 2009년 신용보안과 신분정보, 도난방지 기술이 있는 '스틸 볼터' (Steel Vault)사와 합병하여 회사 이름을 '포지티브 ID'로 바꿨습니다. 이로써 베리칩은 건강 기록뿐만 아니라 신분증 역할도 하게 되었습니다. 베리칩이 신용정보에 연결되면 물건을 매매할 때도 사용됩니다. 2006년 '베리칩' 사의 발표에 의하면 건강 정보에 사용되는 것은 '베리메드' (VeriMed)라 부르고, 보안용으로 사용되는 것은 '베리가드' (VeriGuard)라 칭합니다. 현금 인출용으로 사용될 때는 베리페이(VeriPay), 추적용으로 사용될 때는 베리트레이스(VeriTrace), 어린이 유괴에 적용될 때는 베리키드 (VeriKids)로 부르지만 총칭은 베리칩입니다. 2007년에 '베리칩' 사는 200명의 치매 환자에게 시범적으로 베리메드를 넣기로 했다고 발표

했습니다.

　미국 의료보험 법안의 의미: 2013년부터 생체칩을 모든 국민이 받도록 강제합니다. 미국의 오바마 대통령이 지난 2010년 3월 23일 서명한 의료보험 개혁법안에 따라 의료보험이 없던 3,200만 명에게 정부보조를 통해 의료보험 가입 기회가 주어지게 되었습니다. 이번 의료보험법 개혁은 전 국민 의료보험 제도의 도입이 논의되기 시작한지 거의 100년 만에 이뤄진 개혁입니다. 이제 의료보험 (국가, 직장, 사설포함)에 가입하지 않으면 국세청(IRS)의 조사를 받고, 2014년 부터는 95달러, 2016년부터는 695달러의 벌금이 부과됩니다. 하지만 공화당 전 의원이 이 법안에 반대한 이유는 보험 가입이 의무화되는 것은 헌법 정신에 어긋난다는 것입니다.

　※보험 강제 가입 조항 포함한 오바마 의료 개혁안 합헌 판결(2012년 6월 28일)
　28일 오전(미국 현지시각), 미 연방 대법원은 오바마의 의료 개혁안이 합헌이라고 판결했습니다. 특히 이 개혁안의 핵심인 보험 강제가입 조항도 합헌이라고 판결해 오바마는 의료 개혁안에 있어서 '완승'을 거둔 셈입니다. 보험 강제 가입조항은 모든 미국인들이 의료보험을 구입해야 한다는 조항으로, 보험 구입을 하지 않는 경우 벌금을 물도록 했습니다. 오바마 행정부와 민주당은 보험 강제가입 조항이 있어야 가입 인구가 늘어 보험료가 싸질 것이라고 주장하지만, 이 조항의 반대자들은 정부가 개인의 경제적 선택의 자유를 제한하려 든다고 강력하게 반대했습니다. 9명의 연방 대법원 판사들은 5대 4로 나뉘었으며, 합헌 판결을 내린 5명의 판사들 중 4명은 '리버럴(자유주의)' 성향이고 승부를 가른 한 표는 존 로버츠 주임판사로부터 나왔습니다. 로버츠 주임판사는 그간 연방 법원의 많은 판결에서 보수 성향을 나타냈기 때문에, 이번 그의 입장을 현재 미국에서는 '이변'이라고 해석합니다. 로버츠 판사는 판결문에서, "의료 개혁안의 필수조건, 즉 개인이 의료보험을 구입하지 않을 경우 벌금을 내는 것은 세금의 문제로 규정 될 수 있을 것"이라며, "세금의 영역으로 보험 강제가입 조항을 해석할 경우는 위헌이 되지 않는다"고 적었습니다. 세금징수의 권한은 이 법안을 통과시킨 의회에 있기 때문입니다. 오바마의 의료보험을 강제로 들게 한 것은 2013년부터 실시될 모든 국민에게 베리칩을 받도록 하기 위한 의도입니다. 오바마의 의료 개혁안에서 보험 강제가입 조항은 2014년부터 그 효력을 발생하지만, 지난 2010년 3월 오바마 대통령이 법안에 서명한 이래로 법안의 몇 개 조항은 실제로 그 체제가 이미 작동됐고, 기타 다른 조항들도 막 시작하려는 상황이었습니다. 이번 판결로 오바마 의료 개혁안은 법적 준비까지도 마친 셈입니다. 그런데도 이 의료개혁안은 현재 미국에서 그다지 인기가 없습니다. 이처럼 인기 없는 의료 개혁안이 합헌 판결을 받은 것에 대해 공화당에서는 오바마 의료 개혁안부터 철회할 것이라 공언해왔습니다.

의료개혁 원 법안인 HR3200은 의회에서 통과되지 못하고, 수정 법안인 HR3590과 HR4872가 통과되었습니다. 2010년 3월 30일에 통과된 HR4872를 살펴보면 놀랍게도 1,014쪽 16째 줄에 '신체에 삽입하는 2종 기구'에 대해 이야기하고 있는데, FDA(미국 식품안전청)가 승인한 신체 이식 가능한 생체칩은 현재 베리칩 밖에 없다는 사실입니다. 또한 2004년에 FDA에 의해 승인받은 베리칩은 전매특허이기 때문에 다른 회사는 유사 생체칩을 만들 수 없습니다. 칩이 인간 몸 속에 이식될 경우 건강에 유해한지 아닌지에 대한 사실을 간과하고 있습니다. FDA는 베리칩에 대한 정의를 이렇게 내리고 있습니다.

- 베리칩은 환자의 팔에 이식하는 ID번호가 있는 RFID마이크로 칩이다.
- 베리칩은 피하조직에 이식하는 초소형 마이크로 칩이다.
- 베리칩은 일반적으로 2종기구(Class II device)에 속한다.

베리칩에는 인체용과 동물용으로 구분되며, 크기로는 세 종류로 구분됩니다.

- 동물용 품명은 TX-1415-B, 크기는 23mm×3.83mm이며 무게는 0.68g입니다.
- 인체용 품명은 TX-1410-B, 크기는 18mm×3.0mm이며 무게는 0.35g 입니다.
- 의료용 품명은 TX-1400-B, 크기는 12mm×2.0mm이며 무게는 0.23g 입니다.

앞의 1번, 2번은 위치 추적을 위한 기능만 들어 있고, DNA-code는 없습니다. 그러나 마지막에 생산된 제일 작은 것에는 사람의 건강을 위한 것이어서 DNA-code가 들어 있습니다. 모든 베리칩의 출력은 134.2KHz로 동일합니다. 온도는 섭씨 마이너스 25도에서 플러스50도까지 유지됩니다.

베리칩의 구성은 의료용 베리칩에만 Character로 불리는 128개 DNA-code 가 은색 실리콘 안에 디지털 엔젤 16-code(일련번호)와 함께 포함되어 있고, 그 외의 제품에는 DNA-code가 없습니다. 128개 유전자 지도로서 3백만 개 염색체의 노쇠를 방지하고 새로운 활력을 공급할 수 있고, 개인의 특성을 바꿀 수 있는 장치로서 개개인의 염색체를 읽을 수 있는 DNA-code가 들어 있습니다. 다음에는 추적을 위한 송수신의 결합과 정상적인 활동을 촉진시키는 축전기가 들어 있습니다. 마지막으로 들어있는 것은 강한 송수신을 위해 머리카락보다 더 가느다란 구리실로 감겨진 안테나가 있습니다. 송수신 안테나는 지구상의 어디에 있던 위성을 통하여 항상 교신할 수 있도록 했습니다. 외피 포장은 플라스틱으로 만들어 몸의 유동성으로 변질물질이 외부로부터 칩 안으로 들어오지 못하도록 막아 놓았습니다. 세계 단일정부는 위성을 통하여 데이터 센터의 모니터에 나타나는 모든 것을 자기들이 원하는 대로 지구상에 있는 모든 사람과 물건까지 확인(추적)하게 됩니다. 칩을 통해 실시간 보내지는 인체정보는 정부 데이터 센터로 보내집니다. 정부가 이것을 '역기능' 시키면 다시 위성에서 인체로 전기신호가 전달됩니다. 정부로부터 지시를 받은 위성은 베리칩을 받은 사람에게 보내집니다. 베리칩을 받은 사람은 자신의 본래의 유전자, 곧 3백만 개의 염색체가 세계단일정부 통치자가 원하는 성질로 바뀝니다.

(3) 현재의 베리칩과 짐승표 666과의 관계

현재로서는 베리칩(Verichip)이 계시록 13:17에서 말하는 짐승표 666은 아닙니다. 왜냐하면 지금은 7년 환난기간이 아니고 베리칩이 화폐의 기능을 가지고 있지 않기 때문입니다. 적그리스도는 7년 환난 때에 베리칩을 666짐승표로 사용하게 될 것입니다. 현재 베리칩은 계시록 13:17의 짐승표 666의 기능을 거의 다 가지고 있습니다. 앞으로 전 세계에 통용되는 화폐가 없어지고 단일 화폐만 통용될 때가 올 것입니다. 그 다음 단계는 단일화폐도 없어지고 전자화폐로 나가게 될 것입니다. 계시록 13:17-18은 짐승표 666이 화폐의 기능을 가지고 있음을 봅니다.

"누구든지 이 표를 가진 자 외에는 매매를 못하게 하니 이 표는 곧 짐승의 이름이나 그 이름의 수라...그 짐승의 수를 세어 보라 그것은 사람의 수니 그의 수는 육백육십육이니라"

만약 세계적으로 단일화폐가 통용되는 때가 오면 7년 환난이 가까웠다는 표시요, 적그리스도가 세상에 등장할 때가 가까웠다는 싸인입니다. 단일화폐가 사라지고 전자화폐가 되면 정말 7년 환난이 코 앞에 다가왔다는 사실을 깨달아야 할 것입니다. 7년 환난에 들어가서 적그리스도는 이미 세상에서 통용되는 화폐기능을 가진 베리칩을 짐승표 666으로 사용하게 되는 것입니다. 그 때는 이 베리칩이 짐승표 666이 되는 것입니다.

베리칩이 현재는 짐승표 666이 아님으로 오른손이나 이마에 베리칩을 받아도 되겠네요 하는 질문을 하게 될 것입니다. 그것은 안 됩니다. 하나님께서

666 짐승표를 받지 말라고 한 의도를 잘 깨달아야 합니다. 사탄은 베리칩에 화폐기능을 포함시켜 짐승표를 받지 않으면 취직이나 사지도 팔지도 못하게 함으로 666표를 받지 않을 수 없게하여 전 세계 사람들을 통제하고 노예화 할 것입니다. 베리칩(666표)은 적그리스도가 사람들을 자신의 통제 아래 몰아넣기 위한 덫이요 함정입니다. 지금은 베리칩이 짐승표가 아니기에 받아도 되겠지하는 생각은 사탄에게 속는 것입니다. 베리칩을 받지 말라고 하는 것은 7년 환난 때에 들어가서뿐만 아니라 지금 현재 받지 말라는 것입니다. 베리칩이 장차 짐승표 666이 될 것을 알면서 베리칩을 받겠다는 것은 하나님의 말씀을 거역하는 것입니다. 알지 못해서 짐승표를 받거나, 먹고 살기 위해서 받거나 결과는 마찬가지입니다. 오바마 의료보험을 강제로 받도록 하는 이유는 전 국민의 의료 보험화로 그 만큼 보험료가 싸게 되기 때문이라고 하지만, 사실은 많은 사람들을 의료보험을 들게 해서 베리칩을 받게 하기 위한 속임수입니다.

6) 왜 하나님은 666표를 받지 못하게 합니까?

세계를 하나로 만들어 독재 통치를 갈망하는 자들에게 인간 유전자 코드는 역으로 이용될 것입니다. 인간에게 노예정책을 쓸 때, 개개인에게 다르게 나타나는 3백만 개의 유전자 코드를 주입하는 것입니다. 이것이 성경에서는 '666' 표 또는 짐승의 이름이라고 일컫는 개인에게 부여하게 될 번호라는 것입니다. 인간이 출생할 때 하나님이 주신 유전자를 지워버리고 그들의 명령체제에 따르도록 작성된 유전자 코드로 바꾸게 된다는 것입니다. 인간들이 문명의 발달과 시대의 흐름에 따라 과학적으로 생명을 연장시키려는 유전자 코드를 만들게 된 것이 개인 신분증이요, '666' 표입니다. 그들은 30억 개의 인간 유전자 중에서 하나님께서 매 사람마다 다르게 만들어 놓은 3백만 개를 세계정부 통치자(적그리스도)를 섬기도록 자기들이 작성한 코드로 바꾸면 되는 것입니다. 인간이란 하나님을 섬기며 자유롭게 삶을 영위하도록 태어난 존재입니다. 그런 인간이 하나님을 대적하고 짐승이라 일컫는 세계정부 통치자를 섬기고 찬양하게 됨으로써 누구든지 '666' 표를 받으면 인간은 로봇이 되는 것입니다. 인간 몸에서 흐르는 인간 유전자 지도를 만든 것은 인류를 파멸로 몰아 넣는 결과를 가져오게 되었습니다. 이것을 세뇌 또는 전향이라 합니다. 하나님께서 주신 인간 본래의 마음을 지워버리고 세계정부 통치자의 뜻대로 움직이도록 하려는 무서운 일이 '666' 제도입니다.

'666' 표를 받는 것은 자기 영혼을 사탄에게 판 것입니다. 우리의 영혼은 우리의 것이 아니고 하나님께로부터 받은 것인데 그 영혼으로 하나님을 경배하고 찬양하고 말씀에 순종해야 마땅합니다. 사탄에게 속아서 그의 영을 받아 그를 경배하고 섬기게 됨으로 하나님과 원수가 되는 것입니다. 그래서 계시록은 '666' 표를 받지 말라는 것입니다. 이 표를 받는 자는 불못에 들어갈 것이라고 했으며 '666' 짐승의 표를 받는 자들에게 임할 심판을 심각하게 여러 번 말씀하고 있습니다(계 14:9-10).

> 계시록 14:9-10 "또 다른 천사 곧 셋째가 그 뒤를 따라 큰 음성으로 이르되 만일 누구든지 짐승과 그의 우상에게 경배하고 이마에나 손에 표를 받으면 그도 하나님의 진노의 포도주를 마시리니 그 진노의 잔에 섞인 것이 없이 부은 포도주라 거룩한 천사들 앞과 어린 양 앞에서 불과 유황으로 고난을 받으리니"

포도주가 독하면 물을 타서 묽게 할 수가 있습니다. 그러나 짐승의 표를 받은 자들은 물을 타지 않은 지독한 진노의 포도주를 마시게 된다는 것입니다. 전혀 긍휼을 받지 못할 진노를 받을 것이라 했습니다.

> 계시록 15:2 '또 내가 보니 불이 섞인 유리 바다 같은 것이 있고 짐승과 그의 우상과 그의 이름의 수를 이기고 벗어난 자들이 유리 바다 가에 서서 하나님의 거문고를 가지고"

하나님을 찬양하는 모습에서도 짐승의 수를 언급하고 있는 것을 볼 때에 짐승의 수를 받는 것이 얼마나 큰 죄인가를 성경이 강조하고 있습니다. 계시록 16:2은 "첫째 대접재앙에서 악하고 독한 종기가 짐승의 표를 받은 사람들과 우상에게 경배하는 자들에게 난다"고 언급하고 있습니다. 계시록 20:4 천년왕국에 들어가 그리스도와 함께 왕 노릇 하는 성도들에 대한 언급에서도 짐승의 표를 받지 않은 자들이라고 언급하고 있습니다.

"또 내가 보좌들을 보니 거기에 앉은 자들이 있어 심판하는 권세를 받았더라 또 내가 보니 예수를 증언함과 하나님의 말씀 때문에 목 베임을 당한 자들의 영혼들과 또 짐승과 그의 우상에게 경배하지 아니하고 그들의 이마와 손에 그의 표를 받지 아니한 자들이 살아서 그리스도와 더불어 천 년 동안 왕 노릇 하니"

7) 납치 두려워~ 피부에 위성 위치 추적 칩 이식

[팝뉴스] 2008년 08월 22일(금)

멕시코 부자들 사이에서 '위치 추적 장치 피부 이식 시술'이 유행하고 있다고 21일 ABC 뉴스 등의 언론이 보도했습니다. 언론 보도에 따르면, 이 같은 '위치 추적 장치 이식 시술'이 유행하고 있는 이유는 금품을 노린 납치 사건에 대한 두려움 때문입니다. 최근 멕시코에서 마약조직의 납치 사건이 큰 폭으로 증가하면서, 자신의 위치를 시시각각 알려줄 위치 추적 장

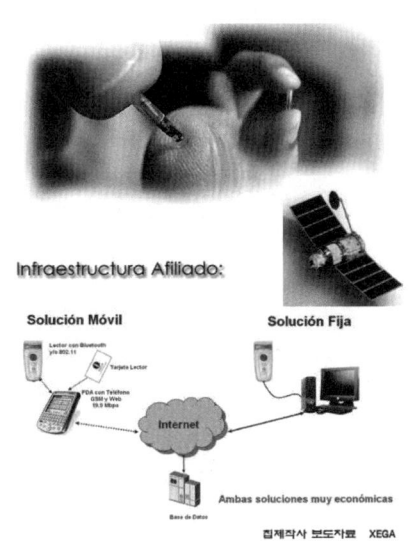

치를 반영구적으로 몸 속에 이식하는 이들이 늘고 있다고 합니다. 쌀알 크기의 이 장치는 주사기를 통해 팔 부위 피부와 근육 사이에 넣게 되는데, 멕시코 회사가 생산한 위성 추적 칩의 가격은 4,000달러(약 400만원)이며, 연간 유지 비용이 2,200달러(약 220만원)에 달한다고 합니다. 다소 비싼 가격이지만 납치 사건에 대한 공포 때문에 중산층 사이에서 위성 추적 장치 시술을 받는 이들이 크게 늘고 있다고 언론은 설명했습니다.

하나님 보좌 앞
14만 4천과 최후의 추수
(계시록 14:1-20)

"또 내가 보니 보라 어린 양이 시온 산에 섰고 그와 함께 십사만 사천이 서 있는데 그들의 이마에는 어린 양의 이름과 그 아버지의 이름을 쓴 것이 있더라 내가 하늘에서 나는 소리를 들으니 많은 물 소리와도 같고 큰 우렛소리와도 같은데 내가 들은 소리는 거문고 타는 자들이 그 거문고를 타는 것 같더라 그들이 보좌 앞과 네 생물과 장로들 앞에서 새 노래를 부르니 땅에서 속량함을 받은 십사만 사천 밖에는 능히 이 노래를 배울 자가 없더라 이 사람들은 여자와 더불어 더럽히지 아니하고 순결한 자라 어린 양이 어디로 인도하든지 따라가는 자며 사람 가운데에서 속량함을 받아 처음 익은 열매로 하나님과 어린 양에게 속한 자들이니 그 입에 거짓말이 없고 흠이 없는 자들이더라"(계 14:1-5).

'어린 양'이란 하나님의 아들이시고 심판의 주요 구원자이시며 통치자이신 예수 그리스도를 지칭합니다. 시온산은 천국을 의미합니다. 네 생물과 24장로들과 하나님의 보좌가 있는 곳입니다. 14만 4천 인이 전 3년 반 동안의 사역을 마치고 일곱째 나팔 소리와 함께 휴거되어 천국에 입성한 광경을 보여

줍니다. 이들의 이마에는 어린 양의 이름과 하나님 아버지의 이름이 새겨져 있습니다. 이 때에 하늘에서 소리가 들리는데 많은 물소리 같고 큰 우렛소리와도 같은 거문고 소리가 함께 들립니다. 이 소리는 구원받고 휴거되어 하나님 보좌 앞에 선 성도들의 소리입니다. 계시록 11:12에는 두 증인이 사역을 마친 후 적그리스도에게 죽임을 당한 후 3일 후에 이리로 올라오라는 말씀에 따라 구름을 타고 올라가는 장면만 보여 주었습니다. 계시록 14:1에서는 그 두 증인들, 14만 4천 인과 성도들이 휴거 되어 천상에 있는 것을 보여 주는데, 계시록 19장에서 휴거된 성도들이 하나님 보좌 앞에서 어린 양 혼인식에 참여한 모습을 보여 줍니다. 요한계시록의 기록은 점진적입니다. 계시록 19:4-6 어린 양의 혼인잔치에 참여한 성도들의 모습을 보겠습니다.

> "또 이십사 장로와 네 생물이 엎드려 보좌에 앉으신 하나님께 경배하여 이르되 아멘 할렐루야 하니 보좌에서 음성이 나서 이르시되 하나님의 종들 곧 그를 경외하는 너희들아 작은 자나 큰 자나 다 우리 하나님께 찬송하라 하더라 또 내가 들으니 허다한 무리의 음성과도 같고 많은 물 소리와도 같고 큰 우렛소리와도 같은 소리로 이르되 할렐루야 주 우리 하나님 곧 전능하신 이가 통치하시도다"

14만 4천 인들은 다섯 가지 특성이 있습니다. 첫째는 여자로 더불어 더럽히지 아니하고 정절이 있는 자라 했습니다. 이 말씀은 이들이 적그리스도와 그의 우상에게 절하지 않은 영적 지조, 정절을 지킨 자들입니다. 아울러 육적 정절도 물론 지켜야 합니다. 둘째로 어린 양이 어디로 인도하든지 따라가던 자들입니다. 예수 그리스도께 대한 절대 순종입니다. 그리스도의 인도함에 대해 전적으로 순종하고 전적으로 신뢰하게 됩니다. 셋째는 처음 익은 열매로 하나님과 어린 양에게 속한자라 했습니다. 휴거될 때에 이들은 부활의 첫 열매들이요, 큰 나팔이 불러질 때에 순식간에 변화되어 들림 받은 첫째 부활에 참여한 자들(계시록 20:6)을 말합니다. 넷째는 사탄은 거짓말만 하는 자인데 거짓말이 없다는 것은 사탄에게 속하지 않은 자란 뜻입니다. 적그리스도와 거짓 선지자에게 넘어가지 않은 자란 뜻입니다. 다섯째는 흠이 없는 자들입니다. 그리스도의 보혈로 죄사함을 받아 의로워진 자들로서 성결하고 거룩한 삶을 산 자들을 말합니다. 이 다섯 가지가 성도가 휴거되는 조건들입니다.

1. 세 천사가 전하는 말

계시록 14:6-12은 세 천사가 세 개의 메시지를 주는 내용을 담고 있습니다. 세 천사의 메시지를 살펴보면 첫째 천사는 세상 모든 사람들에게 전할 영원한 복음을 사람들에게 전하면서 하나님을 경배하고 그에게 영광을 돌리라고 권고합니다. 그러나 천사가 직접 복음을 전하는 것이 아니고 복음 전하는 자들의 배후에서 돕는 역할을 하게 됩니다.

둘째 천사는 모든 나라로 하여금 음행하게 만들던 큰 성 바벨론은 멸망할 것이라고 선언합니다. 바벨론은 신약시대 당시의 로마제국을 지칭하던 은어였습니다(벧전 5:13). 당시 로마 황제들이 기독교를 박해했는데 로마제국이라고 직접 언급을 하면 틀림없이 큰 박해를 받게 될 것입니다. '바벨론'이란 그 당시 바벨론이나 로마 나라뿐만 아니라 하나님을 대적하는 도시들과 각 시대의 악한 문명을 총칭합니다. 큰 성 바벨론의 멸망에 대해서는 계시록 18장에서 상세히 묘사되고 있습니다.

셋째 천사는 앞으로 오게 될 후 3년 반 동안 인내하지 못하고 짐승의 표를 받는 자는 반드시 영원한 형벌을 받을 것이므로 인내하며 믿음을 지키라고 선언합니다. 여기서 짐승과 그 우상에게 경배하고 이마에나 손에 표를 받으면 긍휼 없는 진노의 심판을 받을 것이라고 두 번(10, 11절)이나 강조하고 있습니다. '짐승과 짐승의 우상에게 경배한다'는 말과 '짐승의 표를 받는다'는 말이 항상 같이 언급됩니다. 왜냐하면 짐승의 표를 받으면 짐승과 짐승의 우상에게 절하지 않을 수 없기 때문입니다.

짐승의 표를 받는 것이 엄청난 죄악이요 형벌을 받을 것을 계속 강조하고 있는 이유가 무엇입니까? 그것은 짐승의 표를 받으면 인간의 유전자가 조작되고 인간의 마음이 빼앗기고 적그리스도가 인간의 마음을 조절할 수 있게 됩니다. 짐승의 표를 받으면 짐승과 짐승의 우상에게 경배하지 않을 수 없게 됩니다. 인간의 영혼은 하나님께서 주신 것인데 사탄에게 그 영혼을 팔아넘기는 셈이 됩니다. 사탄을 경배하게 되는 것입니다. 결국 이런 자들은 불못 형벌을 받게 됩니다. 그러므로 성도들은 절대로 짐승의 표를 받아서는 안됩니다. 차라리 굶어 죽더라도 짐승의 표를 받으면 안됩니다. 짐승의 표를 받지 못하면 매매를 못한다고 했지만 하나님께서 특별한 방법으로 공급해 주실 것입니다. 그렇지 않고 굶어 죽더라도 3년 반 후면 다시 부활하게 됩니다. 짐승의 표를 받아 영원토록 불못 형벌을 받아서는 안됩니다. 계시록 14:12 말씀에서 성도들의 인내가 여기 있나니 저희는 하나님의 계명과 예수에 대한 믿음을 지키는 자라고 했습니다.

"또 내가 들으니 하늘에서 음성이 나서 이르되 기록하라 지금 이후로 주 안에서 죽는 자들은 복이 있도다 하시매 성령이 이르시되 그러하다 그들이 수고를 그치고 쉬리니 이는 그들의 행한 일이 따름이라 하시더라"(계 14:13).

후 3년 반에는 이미 성도들이 휴거된 후 이 땅에 남겨둠을 당해 피난처에 있기도 하지만 노출되는 경우도 많을 것입니다. 어찌되었던 사탄이 최후 발악하는 때이므로 짐승의 표를 받지 않고 이 시기에 이 땅에 산다는 것은 죽는 것만큼이나 힘들 것입니다. 무엇보다도 매매를 못한다는 것은 굶어 죽는 것과 같은 것입니다. 이런 어려움 때문에 믿음이 흔들리기 쉽지만 끝까지 인내 하라는 것입니다. 차라리 짐승의 표를 받지 않으므로 죽는 한이 있어도 받지 말라는 것입니다. '지금 이후로 주 안에서 죽는 자들은 복이 있도다.' 한 말씀이 그 말입니다. 성령님께서 보증해 주시기를 '그러하다' 하신 것입니다. 죽으면

이 세상의 수고와 고통을 끝내고 영원한 쉼을 얻을 것이요 순교의 행위에 대한 상급이 있을 것이란 말입니다. 여기서 특히 생각할 것은 환난 전 휴거를 주장하는 자들이 계시록 4장 이후에는 이 지상에 성령님이 안 계신다고 했는데 계시록 14:13에서도 계시는 것을 보면 후 3년 기간 동안에도 계속 이 땅에서 역사 하시고 계시는 것입니다.

2. 알곡 성도들을 추수하심
(주님의 공중강림, 성도들의 공중휴거)

(계시록 14:14-16은 그리스도께서 구름타고 공중강림하셔서 성도들을 부활시키시고 공중으로 끌어올려 하늘나라로 이끌어 가심을 나타내는 구절입니다.)

"또 내가 보니 흰 구름이 있고 구름 위에 인자와 같은 이가 앉으셨는데 그 머리에는 금 면류관이 있고 그 손에는 예리한 낫을 가졌더라 또 다른 천사가 성전으로부터 나와 구름 위에 앉은 이를 향하여 큰 음성으로 외쳐 이르되 당신의 낫을 휘둘러 거두소서 땅의 곡식이 다 익어 거둘 때가 이르렀음이니이다 하니 구름 위에 앉으신 이가 낫을 땅에 휘두르매 땅의 곡식이 거두어지니라"(계 14:14-16).

계시록 14장은 그리스도를 믿은 자와 믿지 않은 자가 마지막 때에 어떻게 될 것인가를 추수 비유로 묘사하였습니다. 믿는 자는 그리스도에게로, 믿지 아니하는 자는 죽음의 사형틀로(17-20) 가게 됩니다. 믿는 자는 하나님 보좌에 나아가는 영광을(1-5), 끝까지 믿지 아니하거나 도중에 악에게 굴복한 자들은 영원한 불못 형벌을 받게 된다는 것입니다(9-11). 동시에 인내하여 믿음을 지키는 자들에게는 위로와 용기를, 아직 믿지 아니하는 자에게 회개를 촉구 하는 내용을 담고 있습니다. 예수님은 이 세상에 계실 때에 자주 알곡과 쭉정이 비유를 말씀하셨습니다.

마태복음 3:12 "손에 키를 들고 자기의 타작 마당을 정하게 하사 알곡은 모아 곳간에 들이고 쭉정이는 꺼지지 않는 불에 태우시리라."

마태복음 13장에서는 씨 뿌리는 비유, 가라지 비유와 바다의 물고기 비유에서 말씀하셨습니다.

"세상 끝에도 이러하리라. 천사들이 와서 의인 중에서 악인을 갈라 내어 풀무 불에 던져 넣으리니 거기서 울며 이를 갈리라."(49-50절)

흰 구름이 있고 구름 위에 면류관을 쓰신 그리스도께서 앉으셨는데 손에는 예리한 낫을 가졌다고 했습니다. 성도들을 하늘나라로 인도하시는 분은 우리 주 예수 그리스도이십니다. 계시록 14장에는 일곱 천사가 등장합니다. 6절, 8절, 9절, 13절까지 네 천사가 등장하고, 15절에서는 성전에서 나온 다섯째 천사가 하나님의 명령을 그리스도께 전달합니다. 그리스도께서는 천사를 통해 전달받은 하나님의 명령을 수행하시어 자기 백성들을 거두십니다. 하나님 아버지께서는 그리스도께 심판을 다 맡기셨다고 했습니다(요한복음 5:22).

3. 불신자 심판(일곱 대접재앙)

(계시록 14:17-20은 예수 그리스도께서 일곱 대접재앙을 통해서 세상 사람들을 심판하실 것을 말씀하시는 구절들입니다.)

"또 다른 천사가 하늘에 있는 성전에서 나오는데 역시 예리한 낫을 가졌더라 또 불을 다스리는 다른 천사가 제단으로부터 나와 예리한 낫 가진 자를 향하여 큰 음성으로 불러 이르되 네 예리한 낫을 휘둘러 땅의 포도송이를 거두라 그 포도가 익었느니라 하더라 천사가 낫을 땅에 휘둘러 땅의 포도를 거두어 하나님의 진노의 큰 포도주 틀에 던지매 성 밖에서 그 틀이 밟히니 틀에서 피가 나서 말 굴레에까지 닿았고 천육백 스다디온에 퍼졌더라"(계 14:17-20).

17절에 여섯째 천사가 성전에서 나오는데 예리한 낫을 가졌습니다. 성도들의 추수는 예수 그리스도께서 직접 하시지만 악한 자들에 대한 추수는 천사에게 맡겼습니다. 예수님이 악한 자들을 거두실 필요가 없습니다. 18절에는 일곱째 천사가 제단으로부터 나오는데 이 천사는 불을 다스리는 천사라고 했습니다. 계시록에는 바람을 다스리는 천사(7:1)와 물을 다스리는 천사(16: 5)와 불을 다스리는 천사(14:18)가 있는 것을 보여 줍니다. 불을 다스리는 천사가 예리한 낫을 가진 여섯째 천사에게 낫을 휘둘러 포도송이를 거두라고 합니다. 포도를 거두어 진노의 큰 포도주 틀에 던져 밟으라고 합니다. 성경에는 악한 자들의 심판을 묘사할 때에 포도송이, 포도주 틀을 사용하는 것으로 자주 묘사되고 있습니다.

요엘3:13 "너희는 낫을 쓰라. 곡식이 익었도다. 와서 밟을지어다. 포도주 틀이 가득히 차고 포도주 독이 넘치니 그들의 악이 큼이로다."

여기의 '포도송이'는 하나님을 대적하고 짐승을 경배하며, 세상의 온갖 죄악에 탐닉하면서 하나님의 말씀을 지키고 증거하던 자들을 박해하던 자들을 말합니다. 앞으로 후 3년 반의 일곱 대접심판 때에 불신자들이 표적이 되어 집중적으로 재앙을 받는 것을 봅니다. '피가 말굴레에까지 닿았다'는 말은 이들 죄인들의 피로 세상이 온통 피바다가 된다는 말입니다. 이것은 실로 아무도 막을 수 없는 하나님의 엄청난 진노의 심판을 강한 과장법으로 형상화한 표현입니다.

천상의 일곱 대접재앙 준비
(계시록 15:1-8)

"또 하늘에 크고 이상한 다른 이적을 보매 일곱 천사가 일곱 재앙을 가졌으니 곧 마지막 재앙이라 하나님의 진노가 이것으로 마치리로다 또 내가 보니 불이 섞인 유리 바다 같은 것이 있고 짐승과 그의 우상과 그의 이름의 수를 이기고 벗어난 자들이 유리 바다 가에 서서 하나님의 거문고를 가지고 하나님의 종 모세의 노래, 어린 양의 노래를 불러 이르되 주 하나님 곧 전능하신 이시여 하시는 일이 크고 놀라우시도다 만국의 왕이시여 주의 길이 의롭고 참되시도다 주여 누가 주의 이름을 두려워하지 아니하며 영화롭게 하지 아니하오리이까 오직 주만 거룩하시니이다 주의 의로우신 일이 나타났으매 만국이 와서 주께 경배하리이다 하더라"(계 15:1-4).

일곱 대접재앙의 서곡이라고 할 수 있는 본문은 결국 일곱 대접재앙을 실행하기에 앞서 다음과 같은 세 가지의 사실을 만 천하에 알리기 위해 쓰여진 것임을 알 수 있습니다. 최종적인 대 종말이 일곱 대접재앙으로 종결된다는 것과, 하나님의 심판은 의로우시므로 만인은 종국적으로 주께 경배할 수밖에 없다는 것이요, 마지막으로 하나님의 심판은 아무도 제어하거나 막지 못한다는 것입니다.

　1절 말씀에 일곱 대접이 마지막 재앙이라고 했습니다. 마지막 재앙이란 일곱 나팔재앙에 이어 마지막 재앙이라는 것입니다. 본 장의 내용은 일곱 대접 재앙이 쏟아 부어지기 전에 그 준비 과정을 보여 주는 것입니다. 본 장을 시작함에 있어 먼저 하나님의 심판 보좌 광경부터 묘사하고 있습니다. 무서운 일곱 대접재앙이 시작됨을 알리기 위해 계시록 4:6에서 보좌 앞에 놓여 있는 '유리 바다 같은 것'을 보여 줍니다. 본 장의 하나님의 보좌 앞에는 '유리 바다 같은 것'에 불이 섞여 있습니다. 이것은 공의로운 하나님의 심판에 의한 일곱 대접재앙이 극심하고 무서운 재앙이라는 것을 나타내주고 있습니다. 하나님의 보좌 앞에 있는 유리 바다 위에 짐승과 그의 우상과 그의 이름의 수를 이기고 벗어난 자들이 서 있습니다. 이들은 계시록 13장에서 적그리스도와 우상에게 경배하지 않은 자들로서 죽임을 당한 자들이며, 또한 666 짐승표를 이마나 오른손에 받지 않은 자들로서 경제적, 사회적인 제재를 받은 자들임을 알 수 있습니다. 이것은 전 3년 반의 기간인 일곱 나팔재앙 기간 동안에 박해가 극심했음을 보여줍니다. 박해를 통해서 순교한 자들과 살아서 이 박해를 잘 이긴 성도들이 마지막 나팔, 일곱째 나팔이 불려 질 때에 순식간에 변화 되어 휴거나 부활하여 하나님 보좌 앞 불이 섞인 유리바다 위에 섰습니다. 이 성도들이 거문고를 가지고 하나님을 찬양하는데 마지막 재앙 전에 하나님의 심판의 의로우심을 찬양하는 것입니다. 하나님 보좌 앞 유리 바다 위에서 거문고로 찬양한 노래는 모세의 노래, 즉 어린 양의 노래인데, 모세의 노래는 이스라엘 백성들이 출애굽 시에 홍해바다를 건넌 후에 불렀던 승리의 노래, 구원의 노래입니다. 이스라엘을 인도한 모세는 그리스도의 예표로서 홍해 통과는 그리스도의 구속 사역으로 말미암는 구원의 모형입니다. 어린 양을 찬미하는 노래와 모세 노래는 모형과 실제라는 관계성을 가지고 있습니다. 애굽의 노예 생활에서 해방되어 나오던 이스라엘 백성들을 추격해 오던 바로의 군대를 홍해에 수장시키시고 자신들을 구원해 주신 하나님을 찬미합니다. 이 세상 주관

자 사탄의 모진 박해와 모든 환난을 이기고, 하나님의 보좌 앞에 선 성도들은 그리스도께서 사탄과 그 추종 세력인 세상 사람들을 심판하시고, 자신들을 온전히 구원해 주신 것에 대하여 하나님께 찬미하고 있습니다. 그래서 모세의 노래와 어린 양의 노래를 동일한 노래로 언급하고 있습니다.

"또 이 일 후에 내가 보니 하늘에 증거 장막의 성전이 열리며 일곱 재앙을 가진 일곱 천사가 성전으로부터 나와 맑고 빛난 세마포 옷을 입고 가슴에 금 띠를 띠고 네 생물 중의 하나가 영원토록 살아 계신 하나님의 진노를 가득히 담은 금 대접 일곱을 그 일곱 천사들에게 주니 하나님의 영광과 능력으로 말미암아 성전에 연기가 가득 차매 일곱 천사의 일곱 재앙이 마치기까지는 성전에 능히 들어갈 자가 없더라"(계 15:5-8).

이제 하늘에 있는 증거 장막의 성전이 열리면서 일곱 재앙을 가진 일곱 천사가 성전으로부터 나오는데 이들은 맑고 빛난 세마포 옷을 입고 가슴에 금 띠를 띠고 있습니다. 일곱 천사들은 각각 일곱 금 대접을 하나씩 맡아 그 대접에 담긴 재앙을 땅에 쏟을 천사들입니다. 이들이 하늘 성전에서 나왔다는 것은 하나님으로 부터 직접 보내심을 받았다는 것을 말해 줍니다. 이 때에 네 생물 중에 하나가 금 대접 일곱을 그 일곱 천사들에게 하나씩 나누어 줍니다. 일곱 대접재앙을 내릴 준비가 다 되었습니다. 여기에서도 네 생물이 보입니다. 계시록 6장은 예수님이 인을 떼시고 네 생물들이 수행하고 천사들이 집행하는 형식으로 되었었는데 여기서도 네 생물이 등장하는 것을 보면 하나님께서 직접 대접재앙으로 세상을 심판하시는 것을 보여줍니다. 그러나 일곱 나팔재앙 때는 네 생물이 나타나지 않습니다. 그것은 하나님이 내리시는 재앙이 아니고 적그리스도가 자연현상처럼 속여 지구의 인구축소를 도모했던 것입니다.

06 Chapter

일곱 대접재앙의 실시
(계시록 16:1-21)

"또 내가 들으니 성전에서 큰 음성이 나서 일곱 천사에게 말하되 너희는 가서 하나님의 진노의 일곱 대접을 땅에 쏟으라 하더라"(16:1).

여기서 세 가지 일곱 재앙에 대해 다시 한번 종합적으로 생각해야 하겠습니다. 먼저 1800년대 쯤부터 어린 양의 인 떼심이 시작되면서 종말을 향한 역사의 시간 진행이 시작되었습니다. 지금 우리는 일곱 인을 떼심의 어느 지점을 통과하고 있습니다. 여섯째 인의 떼심이 언제 올지 예의 주시 해야 할 것입니다. 여섯째 인을 떼심의 사건은 지구의 대 천재지변 사건으로서 누구든지 이 사건이 여섯째 인의 떼심인 줄 알게 될 것입니다. 일곱 나팔재앙은 천재지변으로 지구의 경제가 완전히 파산되면서 적그리스도가 등장하고 세계 단일정부를 수립하는 계기가 될 것입니다. 이른바 전 3년 반이 시작됩니다. 전 3년 반의 여섯 번의 나팔재앙 기간 동안에 적그리스도는 지구 인구 감소정책을 시행합니다. 일곱째 나팔에서 주님의 공중강림이 있게 되고, 성도들의 공중휴거가 있으며, 후 3년 반인 일곱 대접재앙은 하나님께서 사악한 세상을 심판하시기 위해 직접 내리시는 재앙입니다.

일곱 나팔재앙과 일곱 대접재앙들의 대상에 서로 공통점이 있음을 봅니다.

재 앙	대 상	재 앙	대 상
첫째 나팔재앙	땅 (8:7)	첫째 대접재앙	땅(16:2)
둘째 나팔재앙	바다(8:8,9)	둘째 대접재앙	바다(16:3)
셋째 나팔재앙	강,샘물 (8:10,11)	셋째 대접재앙	강, 샘물(16:4-7)
넷째 나팔재앙	천체 (8:12,13)	넷째 대접재앙	해, 천체(16:8,9)
다섯째 나팔재앙	불신자들(9:1-11)	다섯째 대접재앙	짐승의 보좌 (16:10,11)
여섯째 나팔재앙	유브라데(9:13-21)	여섯째 대접재앙	유브라데(16:12)
일곱째 나팔재앙	우주공간(11:19)	일곱째 대접재앙	지구전체(16:17-21)

이와 같이 각 재앙들의 내용들이 유사점을 지니고 있지만, 세상에 재앙을 내리는 주체가 다릅니다. 일곱 나팔재앙은 단일정부를 수립한 적그리스도가 지구인을 통제하기 위한 수단으로 내리는 인공재앙이요 그 대상은 믿는 자나 믿지 않는 자 상관없이 인간이나 사물이요, 그 범위는 세상의 것 삼분의 일입니다. 일곱 대접재앙은 하나님께서 천사들을 통해 직접 내리시는 재앙입니다. 하나님을 대적하는 사탄과 하나님의 백성들을 박해하고 죽인 세상 사람들에 대한 심판으로써 전혀 다른 두개의 독립된 재앙입니다. 일곱 대접 심판은 일곱째 나팔재앙 때에 성도들이 휴거된 후에 세상에 내리는 재앙입니다. 그리고 지상에 남은 하나님의 백성들을 피난처에 숨긴 후에 실행하시는 심판입니다. 구체적으로 짐승과 그 추종 세력 및 짐승을 경배하고 우상을 섬기는 이 땅에 남은 악한 자들에 대한 심판입니다. 이 대접재앙들은 하나님께서 내리시는 재앙이기에 더 이상 설명을 보탤 필요가 없이 성경에 기록된 그대로 심판이 이루어집니다.

1. 첫째 대접재앙

"첫째 천사가 가서 그 대접을 땅에 쏟으매 짐승의 표를 받은 사람들과 그 우상에게 경배하는 자들에게 악하고 독한 종기가 나더라."(계 16:2)

종기가 악하고 독하다는 말은 악성 종기를 뜻하는 것으로 극심한 고통을 수반하는 것임을 시사합니다. 한편 이 악성 종기가 '짐승의 표'를 받은 자들과 짐승의 우상에게 절하는 자들에게 발생했다는 것은 마지막 일곱 대접재앙이 이 땅에 남은 자들인 불신자에게 주어지는 재앙이라는 것을 알 수 있습니다. 전 3년 말에 성도들이 휴거 되었지만 후 3년 반에도 세상에 남은 성도들이 있습니다. 물론 이 시기에 짐승의 표와 우상에게 절하지 않은 피난처에 남아 있는 성도들은 이 첫째 대접재앙에서 제외될 것입니다. 출애굽기 9:10 여섯째 재앙이 독종 재앙이었는데 애굽 온 땅의 사람과 짐승들에게 독종이 발생했지만 이스라엘 사람들에게는 발생하지 않도록 하나님께서 보호하셨습니다.

2. 둘째 대접재앙

"둘째 천사가 그 대접을 바다에 쏟으매 바다가 곧 죽은 자의 피 같이 되니 바다 가운데 모든 생물이 죽더라"(16:3)

둘째 대접재앙은 바다에 가해져 바닷물이 피가 됨으로 바다 생물들이 죽게 됩니다. 본 재앙이 나팔재앙 때와 다른 점은 생물의 삼분의 일이 아니라 모든 생물이 죽는다는 점입니다. 이제 하나님의 재앙은 제한적인 성격을 띠고 있는 것이 아니라 모든 대상에 그 심판이 미치고 있습니다. 인류가 바다 생물에서 음식물을 공급받는데 바다에서 생산되는 음식물이 제외됨으로 후 3년 반에 지상에 사는 사람들의 삶이 얼마나 괴로울 것인가를 짐작합니다. 계시록 13:17절에서 짐승의 표를 받게 하여 음식물 분배를 통제하게 되는 것입니다.

3. 셋째 대접재앙

"셋째 천사가 그 대접을 강과 물 근원에 쏟으매 피가 되더라. 내가 들으니 물을 차지한 천사가 이르되 전에도 계셨고 지금도 계신 거룩하신 이여 이렇게 심판하시니 의로우시도다. 그들이 성도들과 선지자들의 피를 흘렸으므로 그들에게 피를 마시게 하신 것이 합당하니이다 하더라 또 내가 들으니 제단이 말하기를 그러하다 주 하나님 곧 전능하신 이시여 심판하시는 것이 참되시고 의로우시도다 하더라"(16:4-7).

셋째 대접재앙의 대상이 강과 물의 근원이란 점에서는 셋째 나팔재앙 때와 같습니다. 그러나 다른 점은 셋째 나팔재앙 때와는 달리 물이 쓰게 되지 않고 피가 되었고 대상과 범위가 제한적이지 않고 전체적이라는 점입니다. 최종적인 대 종말이 가까워지면 세상 사람들이 얼마나 육체적으로 고통을 받게 될 것인가를 심도 있게 보여 줍니다. 사람의 몸은 70%가 물로 구성되어 있는데 마실 물이 모두 피가 되었으니 큰 고통을 당할 것입니다. 마실 물이 없다는 것은 농작물을 재배할 물이 없어 먹을 양식도 없게 된다는 것입니다. 전 세계에 먹을 것과 마실 물이 없다는 것은 육신을 신뢰하는 자들에게 더할 수 없는 고통을 안겨 줄 것을 시사합니다. 물이 피가 되게 하신 하나님의 의도를 설명하기를, 그들이 성도들과 선지자들의 피를 흘렸으므로 피를 마시게 하신 것이 합당하다고 했습니다. 이 말씀은 악인들이 하나님의 백성들을 불의하게 죽였으므로 그들을 동일한 죽음의 형벌에 처하신 하나님의 보응 심판은 의로운 것이라는 사실을 말해주고 있습니다. 한편 이 말씀에서 우리는 두 가지를 생각해 볼 수 있습니다. 하나는 악인의 죄에 보응하시는 하나님의 심판은 마지막 때에야 비로소 결정적으로 실행된다는 점입니다. 세상에서는 반드시 의인이 흥하고 악인이 망하지 않습니다. 오히려 그 반대의 경우가 비일비재 합니다. 악인에 대한 하나님의 보응이 실제적으로 성취되는 때는 마지막 심판이 임했을 때입니다. 우리는 지금 이 땅에서 악인이 잘된다고 흥분하거나 슬퍼할 필요가 없습니다. 하나님은 물질을 중요시 여기지 않기 때문에 물질적 잘 됨이 결코 참된 잘 됨이 아니라는 것을 우리는 기억해야 합니다. 다른 하나는 악인의 죄에 대해 사랑을 베푸시는 하나님의 자비에는 일정 기간이 있습니다. 그 기간이 종료되면 반드시 무서운 심판이 있다는 것입니다. 이 심판은 계시록 6:9,10에서 순교자들이 번제단 아래에서 하나님의 공의의 심판을 간구하였으며, 계시록 8:3,4에 성도들의 기도가 향단 위에 드려진 사실에 비추어 볼 때, '제단이 말했다'는 것은 순교자들의 호소를 말하는 것으로 보입니다. 천사의 말인 '그들에게 피를 마시게 하는 것이 합당하니이다'(6절)는 순교자들의 호소에 대한 하나님의 응답인 것입니다. 핍박당한 성도와 순교자들은 일찍이 자신들의 억울함을 갚아 주도록 하나님께 부르짖었고 이제 그에 따른 심판이 집행되자 그 심판의 정의로움을 노래하고 있습니다.

4. 넷째 대접재앙

"넷째 천사가 그 대접을 해에 쏟으매 해가 권세를 받아 불로 사람들을 태우니 사람들이 크게 태움에 태워진지라 이 재앙들을 행하는 권세를 가지신 하나님의 이름을 비방하며 또 회개하지 아니하고 주께 영광을 돌리지 아니하더라"(16:8-9).

넷째 대접재앙은 넷째 나팔재앙과는 다른 양상을 띠고 있습니다. 넷째 나팔재앙에서는 해와 달과 별의 삼분의 일이 어두워 졌었습니다. 그 재앙 때에는 해와 달과 별이 직접적으로 재앙의 대상이었습니다. 그런데 여기서는 달과 별은 제외되고 해 만이 그 대상이 되며 또한 해 자체가 뜨거워져 그 뜨거워진 해가 사람을 태워 화상을 입힌 것입니다. 해는 평상시 신자와 불신자를 막론하고 모든 인류에게 빛과 열을 제공하는 하나님의 일반 은총적 도구였습니다. 본 절의 '사람들' 앞에는 관사가 있어 앞에서 언급된 2절의 '짐승에게 표를 받고 그 우상에게 경배 하는 사람들'을 지칭하는 것임을 알 수 있습니다. 일곱 대접재앙은 철저하게 불의한 자들을 징벌의 대상으로 삼고 있는 것을 봅니다. 해의 뜨거운 열기에 화상을 입은 자들이 하나님의 이름을 비방하는 것을 봅니다. 자신이 받은 재앙이 하나님께로부터 온 것을 알고 하나님을 비방하는 것을 볼 때에 정말 심판 받아야 할 자들이 심판 받았구나 하는 것을 깨닫습니다. 적그리스도를 따르기로 택한 그들의 마음이 얼마나 완악하고 강퍅한가를 깨닫습니다.

5. 다섯째 대접재앙

"또 다섯째 천사가 그 대접을 짐승의 왕좌에 쏟으니 그 나라가 곧 어두워지며 사람들이 아파서 자기 혀를 깨물고 아픈 것과 종기로 말미암아 하늘의 하나님을 비방하고 그들의 행위를 회개하지 아니하더라."(16:10-11)

다섯째 대접은 짐승의 왕좌에 쏟아진다고 했습니다. 이 짐승의 왕좌는 계시록 13:2에서 사탄이 적그리스도에게 준 것입니다. "내가 본 짐승은 표범과 비슷하고 그 발은 곰의 발 같고 그 입은 사자의 입 같은데 용이 자기의 능력과 보좌와 큰 권세를 그에게 주었더라" 이 왕좌는 짐승의 우상 숭배와 세상 권력의 중심지를 말합니다. 세상 종말에 사탄에게서 권세를 받은 적그리스도는 전 세계에 걸쳐 조직적인 지배를 꾀하는 것으로 묘사되어 있기에 이 왕좌는 사탄의 권세이기도 합니다. '그 나라'는 사탄의 지배 아래에 있는 세상 나라들을 가리키고 '어두움'은 고통을 상징합니다. 사람들이 아파서 자기 혀를 깨문다는 것은 다섯째 대접재앙으로 인해 세상에 심각한 고통이 가해졌음과 사람들이 그 고통을 견디지 못해 혀를 깨물게 됩니다. 다섯째 대접재앙을 당하면서도 하늘의 하나님을 비방하는 이 사람들이야 말로 정말 이런 심판을 받아 마땅한 인간들이구나 하는 것을 깨닫습니다. 대접재앙의 대상이 짐승을 추종하고 우상을 숭배하는 자들입니다. 나팔재앙 때는 성도들이 들림 받기 전입니다. 나팔재앙에서 큰 재앙을 받았을 때에 오히려 하나님께 영광을 돌리는 장면을 봅니다.

> 계시록 11:13 "그 때에 큰 지진이 나서 성 십분의 일이 무너지고 지진에 죽은 사람이 칠천이라 그 남은 자들이 두려워하여 영광을 하늘의 하나님께 돌리더라."

6. 여섯째 대접재앙

"또 여섯째 천사가 그 대접을 큰 강 유브라데에 쏟으매 강물이 말라서 동방에서 오는 왕들의 길이 예비되었더라. 또 내가 보매 개구리 같은 세 더러운 영이 용의 입과 짐승의 입과 거짓 선지자의 입에서 나오니 그들은 귀신의 영이라 이적을 행하여 온 천하 왕들에게 가서 하나님 곧 전능하신 이의 큰 날에 있을 전쟁을 위하여 그들을 모으더라. 보라 내가 도둑 같이 오리니 누구든지 깨어 자기 옷을 지켜 벌거벗고 다니지 아니하며 자기의 부끄러움을 보이지 아니하는 자는 복이 있도다. 세 영이 히브리어로 아마겟돈이라 하는 곳으로 왕들을 모으더라."(16:12-16)

1) 아마겟돈 전쟁의 준비과정

여섯째 대접재앙은 그 대접을 큰 강 유브라데에 쏟습니다. 큰 강 유브라데가 여섯째 대접재앙의 대상입니다. 여섯째 나팔재앙에서는 사람의 삼분의 일이 죽임을 당한 재앙이었습니다만, 여섯째 대접재앙에서는 세상 모든 사람들이 재앙을 입을 것임을 보여 줍니다. 또한 여섯째 나팔재앙에서는 사악한 네 천사장들에 의해 세상 군대가 동원되어 불과 연기와 유황으로 사람들이 죽게 되는 반면, 여섯째 대접재앙에서는 용 자신이 세상의 모든 군대를 동원해 그리스도를 대장으로 하는 하나님의 군대와의 최후의 우주전쟁으로 사람이 죽게 됩니다. '강물이 마르는' 것은 대규모 군대가 용이하게 이동할 수 있게 됨을 말합니다. 이 예언은 이미 실제적으로 성취되었습니다. 왜냐하면 유브라데 강의 상류에 위치해 있는 터키가 유브라데 강에 댐 건설을 하였으므로 그 댐 수문을 막으면 강물은 마르게 되어 있습니다. 여기 터키 정부의 유브라테스 강 댐건설에 대한 정보를 소개합니다.

"터키 정부는 세계 4대 문명 발상지의 하나인 티그리스강과 유프라테스강 유역의 우르 지역을 중점 개발하여 현대판 에덴의 동쪽으로 만들 대규모 개발계획을 발표했습니다. 터키 정부는 티그리스강과 유프라테스강에 오는 2000년까지 모두 13개의 다목적 댐을 건설하고 관개시설을 확충, 세계 문명의 발상지이며 중심지였던 과거의 영광을 재현시킬 것이라고 장담하였습니다."

2) 아마겟돈 전쟁을 준비하는 주체 세력

큰 강 유브라테스 강물이 말라 동방에서 오는 왕들과 그 군대들이 온 천하에서 모인 왕들과 연합하는 것을 보여줍니다. 특이한 사실은 아마겟돈 전쟁 준비를 위해 귀신의 영들이 주동역할을 합니다. 용과 적그리스도와 거짓 선지자들의 입에서 나온 귀신의 영들이 세계 각국 왕들에게 가서 이적을 행하여 그들을 아마겟돈 전쟁에 참여할 것을 설득하여 모으는 작업을 합니다. 사탄은 전능하신 이의 큰 날인 그리스도께서 지상 재림하시는 날에 주님과 한판 승부를 겨루기 위해 어리석게도 세상의 힘을 결집하고 있는 것을 봅니다. 아마겟돈 전쟁을 준비하는 세력은 용—사탄 자신입니다.

3) 아마겟돈 전쟁이 있을 것을 어떻게 알았나?

계시록 16:16에서 세 영이 온 천하에서 모인 왕들의 연합군을 모으는 장소를 아마겟돈이라고 합니다. "세 영이 히브리어로 아마겟돈이라 하는 곳으로 왕들을 모으더라." 아마겟돈은 히브리어 '하르 므깃도' 즉 므깃도 산' 이란 지명을 음역한 것입니다. 므깃도가 실제로는 산이 아니라 산골짜기 자락에 형성된 평지인데 이를 '므깃도 산' 이란 뜻의 '아마겟돈' 으로 부르는 것은 구약성경에서 '산' 은 종종 하나님의 군대와 그 적대세력 간의 최후의 결전이 벌어질 장소로 묘사되고 있기 때문입니다(이사야 14:13, 에스겔 39:2). 그렇다면 '므깃도 산' 은 역사상 전쟁이 끊임없이 일어난 므깃도와 최후의 결전의 장소로 묘사된 산이 결합되어 종말의 큰 전쟁터를 상징하는 것입니다.

끝으로 여섯째 대접재앙을 묘사하는 구절들에서 두 번이나 아마겟돈으로 군대를 모으더라, 모으더라고 말하고 있다는 사실입니다. 여섯째 대접재앙은 단지 전쟁을 하기 위해서 아마겟돈으로 온 천하 연합 군대를 모으는 것으로 끝납니다. 군대를 모으는 일이 쉽지 않을 것입니다. 여러 달이 걸릴 것입니다. 한 장소에 결집해서 전쟁 수행을 위한 여러 가지 복잡한 일들이 있을 것입니다. 실제로 아마겟돈 전쟁이 일어나는 시기는 일곱째 대접재앙이 끝난 후인 계시록 19:11-21사이에서 있게 됩니다. 아마겟돈 전쟁의 결전은 계시록 16:16에서 19:11로 연결됩니다. 여섯째 대접재앙은 사탄과 적그리스도의 군대가 아마겟돈 전쟁을 준비하는 과정을 보여 주고 있으며, 이들의 적군인 하늘 군대, 예수 그리스도의 군대의 아마겟돈 전쟁준비 사항은 계시록 19:11-21에서 보여 줍니다. 이제 지구인과 우주인의 대 결전이 있게 될 것입니다.

7. 일곱째 대접재앙

"일곱째 천사가 그 대접을 공중에 쏟으매 큰 음성이 성전에서 보좌로부터 나서 이르되 되었다 하시니 번개와 음성들과 우렛소리가 있고 또 큰 지진이 있어 얼마나 큰지 사람이 땅에 있어 온 이래로 이같이 큰 지진이 없었더라 큰 성이 세 갈래로 갈라지고 만국의 성들도 무너지니 큰 성 바벨론이 하나님 앞에 기억하신 바 되어 그의 맹렬한 진노의 포도주 잔을 받으매 각 섬도 없어지고 산악도 간 데 없더라 또 무게가 한 달란트나 되는 큰 우박이 하늘로부터 사람들에게 내리매 사람들이 그 우박의 재앙 때문에 하나님을 비방하니 그 재앙이 심히 큼이러라"(16:17-21)

'공중'이란 사탄이 권세를 잡고 있는 지구 전 영역을 의미합니다. 이제 마지막 최후의 일곱째 대접재앙은 사탄이 권세 잡고 있는 핵심부에 쏟아짐을 알 수 있습니다. 이제 때는 바야흐로 모든 악의 근원이 멸망할 시점에 이른 것입니다. '번개와 음성들과 우렛소리가 있고 또 큰 지진이 있어'(16:18)라고 했는데 이 네 요소는 항상 각 일곱 재앙들의 마지막 재앙들, 즉 일곱째 인을 떼실(계시록 8:5)과 일곱째 나팔재앙(계시록 11:19)과 같이 일곱째 재앙임을 알려 줍니다. 일곱째 인을 떼실 때와 일곱째 나팔재앙 때는 이들 네 요소들이 비교적 가볍게 지나 갔지만 일곱째 대접재앙은 7년 환난의 마지막 재앙으로써 어마어마한 위력으로 나타납니다. 이 네 요소들로 인하여 만국의 도시들이 무너지는데 큰 성 바벨론이 파괴됩니다. '큰 성 바벨론'이란 신약 시대 당시 유대인과 기독교인들에게 있어서 당시의 로마제국을 지칭하던 은어였습니다.(5:13) 사탄의 미혹이 있는 곳에서는 어느 시대 어느 곳에서든 바벨론이 발견됩니다. 바벨론은 하나님을 대적하는 풍조와 비윤리적 사조를 조장하는 각 시대의 영향력 있는 도시들과 세속 문명의 총체로 이해되어야 합니다. 이 바벨론은 과거의 소돔과 고모라, 애굽, 바벨론, 두로와 니느웨, 로마를 지칭합니다. 또한 오늘날에도 있고 미래에도 나타나 세상을 미혹할 영향력 있고 악한 세속 도시를 지칭하는 동시에 그러한 세속 문명을 총칭합니다.

일곱째 대접재앙으로 인해 이 세상의 모든 문명이 파괴되어 멸망할 것을 보여 줍니다. 그 뿐만 아니라 '각 섬도 없어지고 산악도 간 데 없더라'에서 이 지진은 큰 성 바벨론을 완전히 무너뜨렸고 만국의 성(도시)들도 무너뜨렸으며 더 나아가 이처럼 섬과 산들도 삼켜 버렸습니다. 뿐만 아니라 무게가 한 달란트나 되는 큰 우박도 마지막 큰 재앙에 한 몫을 단단히 합니다. 한 달란트는 60kg에 해당되는 무게입니다. 지진으로 파괴된 건물 위에 큰 우박들이 내림으로 모든 것들을 산산조각 낼 것입니다. 지진과 큰 우박 재앙을 만난 사람들이 그 우박으로 인해 하나님을 비방한다고 함으로 넷째 대접, 다섯째 대접, 일곱째 대접으로 사람들이 하나님을 저주하고 비방하는 것을 봅니다. 하나님을 비방한다는 말은 하나님을 욕하고 모독하고 하나님의 이름을 더럽히는 것을 말합니다. 여기서 주목해야 하는 것은 마지막 재앙인 일곱째 대접재앙이 있은 후에도 사람들이 지구상에 살아 있다는 사실입니다. 이들은 아마겟돈 전쟁에 참여하지 않은 일반 사람들입니다. 아마겟돈 전쟁에 참여한 군인들은 다 죽습니다. 지구상에 마지막 재앙까지 살아 있는 사람들이 많이 있다는 사실입니다. 이들이 육신을 가지고 천년왕국에 들어가는 것입니다. 이 사람들은 악질 중에 악질이요 인간 쓰레기들인데 이들이 천년왕국에 육체를 가지고 들어간다는 사실을 기억하시기 바랍니다. 이 사람들에 대해서 계시록 20장의 천년왕국에서 자세히 설명하겠습니다.

단일종교 통합청의 파멸
(계시록 17장)

"또 일곱 대접을 가진 일곱 천사 중 하나가 와서 내게 말하여 이르되 이리로 오라 많은 물 위에 앉은 큰 음녀가 받을 심판을 네게 보이리라 땅의 임금들도 그와 더불어 음행하였고 땅에 사는 자들도 그 음행의 포도주에 취하였다 하고 곧 성령으로 나를 데리고 광야로 가니라 내가 보니 여자가 붉은 빛 짐승을 탔는데 그 짐승의 몸에 하나님을 모독하는 이름들이 가득하고 일곱 머리와 열 뿔이 있으며 그 여자는 자주 빛과 붉은 빛 옷을 입고 금과 보석과 진주로 꾸미고 손에 금 잔을 가졌는데 가증한 물건과 그의 음행의 더러운 것들이 가득하더라 그의 이마에 이름이 기록되었으니 비밀이라, 큰 바벨론이라, 땅의 음녀들과 가증한 것들의 어미라 하였더라 또 내가 보매 이 여자가 성도들의 피와 예수의 증인들의 피에 취한지라 내가 그 여자를 보고 놀랍게 여기고 크게 놀랍게 여기니 천사가 이르되 왜 놀랍게 여기느냐 내가 여자와 그가 탄 일곱 머리와 열 뿔 가진 짐승의 비밀을 네게 이르리라"(계 17:1-7).

1. 음녀의 정체

'음녀' 란 구약성경에서 하나님을 배반하고 우상을 섬기는 이스라엘을 두고 사용된 표현입니다. 우상 숭배행위를 음행이라 했습니다(이사야 1:21, 예레미야 13:27, 호세아 2:5). 신약성경에서는 야고보서 4:4에서 세상과 친구된 교인들을 두고 간음한 여인으로 표현했습니다. 하나님과 원수된 자라고 말씀하고 있습니다. 본문에서 말하는 이 '음녀'는 배교자들, 진리에서 떠난 자들, 세상 권력과 결탁한 종교, 세속화된 종교를 음녀라고 말합니다. 신세계 정부 치하의 통합종교청을 음녀라고 합니다.

(EU의 상징인 깃발과 짐승을 탄 여자)

'음녀'의 정체를 알려면 신세계 질서의 세계종교통합을 이해해야 합니다. 신세계질서의 핵심목표 중 하나는 종교통합입니다. 한마디로 말해서 신세계 종교통합은 로마 가톨릭의 교황이 주도할 것입니다. 로마 가톨릭과 교황권을 조종하는 것은 예수회입니다. 전 3년 반에 적그리스도가 세계단일정부를 수립하게 되자 신세계 종교통합청의 주축이 예수회가 됩니다. '음녀'란 타락한 종교, 하나님을 대적하는 종교, 배도한 종교인 신세계 통합종교를 두고 하는 말입니다. 전 3년 반, 그리고 후 3년 반에 들어와 사탄과 적그리스도의 주도 하에 참 교회를 향한 대대적인 박해가 있을 때에 종교 통합청이 그 앞잡이가 됩니다.

2. 후 3년 반 기간 동안의 통합종교청의 역할

계시록17:1 "또 일곱 대접을 가진 일곱 천사 중 하나가 와서 내게 말하여 이르되 이리로 오라 많은 물 위에 앉은 큰 음녀가 받을 심판을 네게 보이리라"

계시록21:9 '일곱 대접을 가지고 마지막 일곱 재앙을 담은 일곱 천사 중 하나가 나아와서 내게 말하여 이르되 이리 오라 내가 신부 곧 어린 양의 아내를 네게 보이리라."

계시록 17:1에서 '한 천사'가 '큰 음녀'를 소개하고 계시록 21:9에서는 어린 양의 신부를 소개합니다. 이 천사가 음녀와 어린 양의 신부를 대조하면서 소개합니다. 어린 양의 신부의 정결함과 고귀함을 드러내고 있습니다. 음녀가 많은 물 위에 앉아 있다고 했습니다(17:1). 물은 많은 백성과 무리와 열국과 방언이라 했습니다. 이 음녀가 신세계 정부 치하에서 통합종교청으로 전 세계 인민의 종교, 정신 분야를 통할하며 커다란 영향력을 행사하고 있음을 봅니다. 이 음녀를 두고 말하기를 2절에 '땅의 임금들도 그와 더불어 음행하였고 땅에 사는 자들도 그 음행의 포도주에 취하였다'(17:2)고 합니다. 신세계정부의 고위층에 있는 자들이 이 음녀와 야합하여 우상숭배(적그리스도 경배)를 조장하고 하나님을 대적하며 하나님의 백성들을 박해하고 박멸하는 일에 가담하게 할 것을 보여 줍니다. "또 내가 보매 이 여자가 성도들의 피와 예수의 증인들의 피에 취한지라.'(17:6)하는 말씀을 통해서 이 음녀, 통합종교청이 얼마나 성도들을 죽이고 박해하는가를 보여 줍니다.

3. 통합종교청의 권력

a. 계17:3 '이 음녀가 붉은 빛 짐승을 탔다'고 했습니다. 사탄인 용의 색깔이 붉은 빛이었습니다(계 12:3). 이 짐승은 바다에서 나온 짐승입니다 (계13:1). 짐승의 몸에 신성 모독의 이름들이 가득하고 일곱 머리와 열 뿔을 가졌다고 함으로써 적그리스도를 의미하는데, 이 음녀가 적그리스도의 권력을 누리고 있다는 말이며, 적그리스도와 음녀가 서로 불가분리의 관계를 맺고 있음을 봅니다.

b. 자주 빛과 붉은 빛 옷을 입고 금과 보석과 진주로 꾸몄습니다(17:4). 자주 빛과 붉은 빛 옷은 왕의 옷을 표현합니다. 화려한 색깔의 현란한 옷을 입고 있을뿐만 아니라 사치스러운 금과 보석과 진주와 같은 각종 보석으로 치장하

고 있습니다. 전 세계적인 권력과 부귀와 영화를 과시하고 있습니다. 뿐만 아니라 금 잔을 가지고 있는데 그 금 잔 속에는 가증한 물건과 음행의 더러운 물건들이 가득하다고 합니다. 이 금 잔 속에는 우상숭배(사탄과 짐승숭배)와 관련한 것, 악한 영과 관계있는 것들입니다.

바벨론 종교의 여신상

c. 큰 바벨론이라, 땅의 음녀들과 가증한 것들의 어미라 했습니다(17:5). 바벨론 종교는 우상종교의 근본입니다. 모든 종교의 밑바닥에는 바벨론 종교사상이 깔려 있습니다. 바벨론 종교는 하나님을 대적하는 사탄종교의 근원임을 말해 줍니다. 땅의 음녀들과 가증한 것들의 어미라고 표현되고 있습니다.

4. 통합종교청의 파멸

계17장은 큰 음녀의 멸망을 보여주고 있습니다(1절). '네가 본 바 이 열 뿔과 짐승은 음녀를 미워하여 망하게 하고 벌거벗게 하고 그의 살을 먹고 불로 아주 사르리라'(16절) 왜 짐승과 열 왕들이 음녀를 숙청합니까? 토사구팽이란 말이 생각납니다. 사냥꾼이 사냥을 한 후에 사냥개가 더 이상 필요 없으므로 잡아 죽인다는 말입니다. 정치권력에서 많이 사용하는 말입니다. 진시황이 천하를 통일한 후에 그 많은 군대를 더 이상 유지할 필요가 없게 되었습니다. 그 군인들의 일부를 땅에 파묻고 또 다른 일부는 바다에 수장시켰다고 합니다. 그렇듯이 통합종교청이 더 이상 필요 없게 되었습니다. 후 3년 반에 들어와서 전 인민을 노예화시키고 666 표로 사람들을 완전 통제하고, 장악을 했기 때문에, 더 이상 통합종교의 절대적인 역할이 필요 없게 되었습니다.

뿐만 아니라 '음녀가 붉은 빛 짐승을 탔다' 는 말은 신세계 정부의 최고 통수권자인 적그리스도와 맞먹으려고 합니다. 적그리스도 위에 서 있습니다. 적그리스도를 부려먹으려는 것 같이 보입니다. 이것은 반역입니다. 스탈린이 권력을 확보한 후에는 러시아 공산혁명에 가담했던 동지들을 다 숙청했듯이, 통합종교청을 더 이상 용납했다가는 통제불능이 되기 전에 숙청해 버리는 것입니다. 짐승과 열왕이 이 음녀를 얼마나 미워했는가 하면 벌거벗게 했다고 합니다. 여자를 벌거벗게 했으니 음녀가 망하게 되었을 때에 얼마나 큰 수치와 모멸을 당하게 될 것인가를 보여 줍니다. 그 살을 먹어도 분이 차지 않아 불로 아주 살라 버린다고 했습니다.

Chapter 08

큰 성 바벨론의 멸망
(계시록 18장)

　계시록 17장은 큰 음녀, 즉 통합종교인 바벨론이 멸망할 것을 보여 주었습니다. 계시록 18장에서는 정치, 경제, 문화의 중심이 되는 문명 도시, 큰 성 바벨론의 멸망을 말해 주고 있습니다. 큰 성 바벨론은 예루살렘 성과 대조가 됩니다. 예루살렘 성은 예수 그리스도께서 재림하셔서 만왕의 왕 만주의 주로서 천년왕국의 수도입니다.

　반면 큰 성 바벨론은 적그리스도가 온 세상을 통일하고 단일 세계왕국을 수립하여 세계를 다스릴 적그리스도의 왕국의 수도입니다. 큰 성 바벨론은 계시록 18장의 일곱째 대접재앙으로 파멸되는데 파멸의 원인은 번개와 음성들과 우렛소리와 큰 지진인데, 이 지진은 인류 역사상 이와 같이 큰 지진이 없을 것이라 했습니다. 이 성(도시)이 세 갈래로 갈라지고 만국의 성(도시)들도 무너지며, 각 섬도 없어지고, 산악도 간 데 없고 한 달란트 무게의 큰 우박이 떨어져 도시 건물들과 사람을 죽입니다(계 16:18-21).

1. 큰 성 바벨론이 심판받는 원인

a. 귀신의 처소와 각종 더러운 영이 모이는 곳과 각종 더럽고 가증한 새들이 모이는 곳이 되었기 때문입니다. 하나님의 입장에서 볼 때에 영적 음행인 것입니다. 영적 음행이 신세계정부의 수도인 큰 성 바벨론에서부터 유행되어 온 세계에 전파됩니다. 후 3년 반의 기간 동안에 사탄과 적그리스도와 거짓 선지자들로 인해 조장된 온갖 악하고 더러운 일들이 온 세상에 충만합니다. 섹스, 마약, 강간, 절도, 살인 등 온 천지가 영적으로 암흑시대가 된 것입니다. 큰 성 바벨론이 멸망할 때에 만국의 성들도 무너지게 되는 것입니다. 구약시대의 소돔과 고모라가 유황불로 망했던 것은 큰 성 바벨론의 모형입니다.

b. 자신뿐만 아니라 만국의 왕들까지 그로 더불어 음행하게 했습니다. 세상의 통치자들까지 하나님을 대적하고 하나님의 백성들을 박해하여 잡아 죽였기 때문입니다.

c. 큰 성 바벨론의 사치: 큰 성 바벨론의 방탕하고 호화로운 생활로 인해 상인들도 그 이익으로 분에 넘치는 부를 누리게 됩니다. 후 3년 반의 기간에 적그리스도와 소수의 엘리트들은 최고의 호화로움과 방탕과 사치와 부를 누리는 반면 그 나머지 지구 인민은 노예 상태로 전락하게 되는 처절한 세상이기에 하나님의 심판이 있게 된 것입니다.

하나님은 말씀하시기를, "그의 죄는 하늘에 사무쳤으며 하나님은 그의 불의한 일을 기억하신지라 그가 준 그대로 그에게 주고 그의 행위대로 갑절을 갚아 주고 그가 섞은 잔에도 갑절이나 섞어 그에게 주라. 그가 얼마나 자기를 영화롭게 하였으며 사치하였든지 그만큼 고통과 애통함으로 갚아 주라 그가 마음에 말하기를 '나는 여왕으로 앉은 자요 과부가 아니라' 결단코 애통함을 당하지 아니하리라"(계시록 18:5-7)하고 허세를 보입니다. 심판이 하루 동안에, 그 재앙들이 하루 만에 이를 것이라(계시록 18:8) 했습니다. 큰 지진이 온 세계를 덮치면 재앙이 몇 초, 몇 분 만에 온 지구의 도시와 마을들이 참담하게 파괴 될 것입니다. 그 재앙들의 내용은 사망과 애통함과 흉년과 불이라 했습니다.

2. 큰 성 바벨론의 심판의 결과

"그와 함께 음행하고 사치하던 땅의 왕들이 그가 불타는 연기를 보고 위하여 울고 가슴을 치며 그의 고통을 무서워하여 멀리 서서 이르되 화 있도다 화 있도다 큰 성, 견고한 성 바벨론이여 한 시간에 네 심판이 이르렀다 하리로다"(계18:9-10).

세계 단일정부에서는 적그리스도와 그의 추종자들 소수만이 통치 계급이고 그 나머지는 모두 인간 노예화 된 인민들입니다. 큰 성 바벨론이 망할 때에 애통하는 계급은 땅의 왕들과 상인들과 각 선장과 각처를 다니는 선객들과 선인들과 바다에서 일하는 자들이라 했습니다. 땅의 왕들이란 신세계 정부의 통치자들이고, 땅의 상인들이란 현재 신세계 정부를 수립하고자 계획하고 이룩했던 엘리트 그룹입니다. 국제 금융재벌들, 국제 산업재벌들입니다. 선장들이란 왕들이나 상인들을 위해 상품들을 운송해 주는 운송업자들로서 이들 역시 땅의 상인들과 마찬가지로 치부하던 자들입니다. 11절에서 땅의 국제 재벌들이 큰 성 바벨론의 심판을 보고 애통하는 소리를 들어 봅시다. "땅의 상인들이 그를 위하여 울고 애통하는 것은 다시 그들의 상품을 사는 자가 없음이라"고 울고 애통합니다. 15-17절에서, "바벨론으로 말미암아 치부한 이 상품의 상인들이 그의 고통을 무서워하여 멀리 서서 울고 애통하여 이르되 화 있도다. 화 있도다. 큰 성이여, 세마포 옷과 자주 옷과 붉은 옷을 입고 금과 보석과 진주로 꾸민 것인데 그러한 부가 한 시간에 망하였도다."

선장과 선객들과 선인들의 애통하는 소리도 있습니다(18-19). "그가 불타는 연기를 보고 외쳐 이르되 이 큰 성과 같은 성이 어디 있느냐 하며 티끌을 자기 머리에 뿌리고 울며 애통하여 외쳐 이르되 화 있도다 화 있도다 이 큰 성이여 바다에서 배 부리는 모든 자들이 너의 보배로운 상품으로 치부하였더니 한 시간에 망하였도다"하고 애통합니다. 한편 큰 성 바벨론의 멸망을 보고 애통하고 슬퍼하는데, 그런 중에 그 성의 멸망을 기뻐하고 노래하는 자들이 있습니다.

> 계시록 18:20 "하늘과 성도들과 사도들과 선지자들아, 그로 말미암아 즐거워하라. 하나님이 너희를 위하여 그에게 심판을 행하셨음이라 하더라."
>
> 24절 '선지자들과 성도들과 및 땅 위에서 죽임을 당한 모든 자의 피가 그 성 중에서 발견되었느니라'

하나님께서 이들의 한을 풀어 주셨습니다. 계시록 6장 9-10절에 하나님의 제단 아래에서 순교자들이 하나님께 자신의 피를 갚아 달라고 호소했습니다.[13] 하나님께서 그 호소를 응답하여 주십니다. 특히 우리 성도들이 명심해야 할 사항은 계시록 18:4말씀입니다. "내 백성아 거기서 나와 그의 죄에 참여하지 말고 그가 받을 재앙들을 받지 말라."하시는 경고의 말씀입니다. 우리 중에 세상과 세상의 것들을 사랑하면 큰 성 바벨론이 멸망할 때에 함께 멸망하게 될 것입니다. 거기(장망성)에서 나와 세상이 멸망할 때에 같이 망하지 않아야 하겠습니다.

---

13) "...하나님의 말씀과 그들이 가진 증거로 말미암아 죽임을 당한 영혼들이 제단 아래에 있어 큰 소리로 불러 이르되 거룩하고 참되신 대주재여 땅에 거하는 자들을 심판하여 우리 피를 갚아 주지 아니하시기를 어느 때까지 하시려하나이까"(계 6:9-10)

인간의 도성과 하나님의 도성
(요한계시록 18장, 창세기 4:16-24)

"가인이 여호와 앞을 떠나서 에덴 동쪽 놋 땅에 거주하더니 아내와 동침하매 그가 임신하여 에녹을 낳은지라 가인이 성을 쌓고 그의 아들의 이름으로 성을 이름하여 에녹이라 하니라 에녹이 이랏을 낳고 이랏은 므후야엘을 낳고 므후야엘은 므드사엘을 낳고 므드사엘은 라멕을 낳았더라 라멕이 두 아내를 맞이하였으니 하나의 이름은 아다요 하나의 이름은 씰라였더라 아다는 야발을 낳았으니 그는 장막에 거주하며 가축을 치는 자의 조상이 되었고 그의 아우의 이름은 유발이니 그는 수금과 퉁소를 잡는 모든 자의 조상이 되었으며 씰라는 두발가인을 낳았으니 그는 구리와 쇠로 여러 가지 기구를 만드는 자요 두발가인의 누이는 나아마였더라 라멕이 아내들에게 이르되 아다와 씰라여 내 목소리를 들으라 라멕의 아내들이여 내 말을 들으라 나의 상처로 말미암아 내가 사람을 죽였고 나의 상함으로 말미암아 소년을 죽였도다 가인을 위하여는 벌이 칠 배일진대 라멕을 위하여는 벌이 칠십칠 배이리로다 하였더라"(창 4:16-24).

인간의 도성

가인이 아우 아벨을 살해하고 난 후 하나님의 징계를 받아 하나님의 면전에서 쫓겨 나와 유리 방황하는 중에 에덴 동편 놋 땅에서 자신을 위해서 한 성을 건축하는데 아들 에녹의 이름을 따서 에녹성이라 불렀습니다. 에녹성은 인간이 범죄 한 후 세운 최초의 도시입니다. 이 성을 건축한 목적은 가인이 자신과 가족을 해하려는 자들로부터 자기 신변을 보호하기 위한 것이 첫째 목적이었습니다. 이 성에서 사람들이 함께 모여 살게 되는데 여기에서부터 인간의 문화가 시작됩니다. 인간의 본성인 온갖 죄악성이 생산되기 시작합니다. 창세기 4장 19절에서 라멕은 인류 최초 축첩의 인물입니다. 가정의 파괴와 성적 쾌락이 출현합니다. 라멕이 두 아내를 취하였는데 하나의 이름은 아다요, 하나의 이름은 씰라라고 소개합니다. 성경은 여자의 이름을 잘 밝히지 않는데 이들의 이름이 밝혀지는 것을 볼 때에 외모가 아름다웠고, 꽤 유명했던 것 같습니다. 창세기 4:20에서 '아다가 낳은 아들 야발은 장막에 거하며 육축치는 자가 되었다'고 했는데 육축을 친 목적이 무엇이었을까요? 그 당시는 요즘 세대와 같이 육식을 위해 육축을 키우지는 않았을 것입니다. 육축이 인간의 음식물이 된 것은 창세기 9:3 노아 홍수 이후에야 하나님께서 인간에게 육식을 식물로 허락하셨습니다.

그렇다면 아마도 짐승의 가죽을 이용하여 장막을 만들기 위함이었고 옷을 만들기 위함이었을 것이라 생각해 봅니다. 또한 교통수단으로 사용되기도 했을 것인데 무엇보다도 야생 짐승이 아닌, 사람들이 길들인 개나 소와 같은 짐승을 가정에서 한 두 마리를 키우는 것이 아닌 대량 축산의 시초가 되었습니다. 21절 야발의 아우 유발은 수금과 통소를 잡는 모든 자의 조상이 되었다는 것은 인간 문화인 음악을 최초로 개발한 사람입니다. 라멕의 두번째 부인인 씰라는 아들 두발가인을 낳았는데 두발가인은 구리와 쇠로 여러 가지 기구를 만들었다고 했는데, 이 기계들은 농기구일 수도 있지만 특히 날카로운 기계라고 했으므로(개역 성경) 전쟁 무기인 것들 임에 틀림 없습니다. 최초로 사람을 죽이는 전쟁무기가 개발된 것입니다. 23절에서는 살인이 너무나 보편화 된 상태를 보여줍니다. 라멕이 자신의 아내들을 불러 자랑하는 내용이 자신이 사람을 죽였다는 것입니다. '나의 상처로 말미암아 내가 사람을 죽였고' 에서 영어 성경에서는 'I have killed a man for wounding me, a young man for injuring me.' 에서 무기를 가지고 서로 대결한 양상을 보여주고 있습니다. 상대방이 자신에게 상처를 입혔지만 자신은 그 사람을 이겨 죽였노라고 자랑스럽게 말하고 있습니다. 아마도 상대방이 자신보다도 젊은 사람이었는가 봅니다. 젊은 사람과 대결하여 이길 정도이므로 라멕이란 사람은 용사요 전사인 것 같습니다. 24절에서 라멕이 사람을 죽이고도 자랑을 할뿐만 아니라 '가인을 위하여는 벌이 칠 배일진대 자신을 위하여는 벌이 칠십칠 배이리로다.' 라고 큰소리 치는 것을 볼 때에 라멕이 얼마나 뻔뻔스럽고 양심에 화인 맞은 자인가를 볼 수 있습니다. 죄악이 얼마나 만연되어 있고 죄로 인한 인간 양심이 얼마나 부패되었는가를 보여줍니다. 아담이 에덴동산에서 쫓겨 나온 지 많은 세월이 흘렀습니다. 라멕은 가인의 육대 손입니다. 아담 이후 몇 백 년이 지났습니다. 아마도 300-400백 년은 될 것입니다. 그 당시의 땅 위에 사람들이 수백만, 수천만일 수도 있습니다. 가인이 에녹성을 건축할 때만 하더라도 가인의 사람들이 많았을 것입니다. 에녹성에서 시작된 하나님을 떠난 인간의 타락한 문화가 온 세상에 전파 되었습니다. 창세기 6장에는 하나님께서 인간의 죄악성이 넘침으로 물로 심판하게 됩니다. 노아시대의 홍수심판으로 여덟 사람만 남았는데 이 사람들로부터 인간이 다시 시작합니다.

　창세기 10장에서는 많은 사람들이 모여 바벨탑 문명을 이룩하다가 실패하게 되고 인간은 뿔뿔이 흩어지게 됩니다. 인간들이 많이 모이게 되면 죄악성들이 결집하게 되므로 더욱 빨리 타락하게 됩니다. 인간이 많이 모여 사는 그곳이 바로 인간의 도성입니다. 성을 쌓는 것은 정착성을 보여줍니다. 한 곳에 오래 머물게 되면 문화가 형성됩니다. 사람은 살기 편리한 곳에 자연히 모여 살게 되어 있습니다. 인류 4대 문명 발상지가 큰 강가였습니다. 중국문명 발상지인 황하강, 메소포타미아의 바벨론 문명지인 티그리스와 유프라테스강, 인도 문명 발상지인 인더스강, 애굽 문명 발상지인 나일 강가인 것입니다. 인간의 도성은 죄와 악의 결과이므로 결국에는 심판을 받게 됩니다. 그 성은 큰 성 바벨론입니다. 계시록 16:17-21에서 큰 성 바벨론이 망하는데 이것은 일곱째 대접재앙에서 입니다. 7년 환난의 제일 마지막 재앙입니다.

"일곱째 천사가 그 대접을 공중에 쏟으매 큰 음성이 성전에서 보좌로부터 나서 이르되 되었다 하시니 번개와 음성들과 우렛소리가 있고 또 큰 지진이 있어 얼마나 큰지 사람이 땅에 있어 온 이래로 이같이 큰 지진이 없었더라 큰 성이 세 갈래로 갈라지고 만국의 성들도 무너지니 큰 성 바벨론이 하나님 앞에 기억하신바 되어 그의 맹렬한 진노의 포도주 잔을 받으매 각 섬도 없어지고 산악도 간 데 없더라 또 무게가 한 달란트나 되는 큰 우박이 하늘로부터 사람들에게 내리매 사람들이 그 우박의 재앙 때문에 하나님을 비방하니 그 재앙이 심히 큼이러라"

큰 성 바벨론에 대한 일곱째 대접재앙에서 이루어지는 구체적인 내용이 계시록 18장에 나타납니다. 18:1-8은 큰 성 바벨론의 멸망이요, 18:9-20은 큰 성 바벨론의 멸망에 대한 애가, 18:21-24은 큰 성 바벨론 멸망의 결과에 대해 언급하고 있습니다. 혹자는 계시록 17장과 18장을 큰 음녀의 멸망으로 보고, 한 주제로 다루는가 하면 혹자는 17,18장을 큰 성 바벨론의 멸망으로 한 주제로만 다룹니다. 그런데 17,18장을 자세히 살펴보면 이 두 장 사이에는 분명한 차이가 있습니다. 한 주제가 아니라 두 가지 주제라는 것이 명확함을 볼 수 있습니다. 계시록 17장은 큰 음녀의 멸망을 다루고 있으며, 계시록 18장은 큰 성 바벨론의 멸망을 다루고 있다는 사실입니다. 이 음녀와 큰 성 바벨론은 아담과 하와의 타락 이후 사탄이 하나님의 인류구속 사역을 방해해 온 두 가지 중요한 큰 수단이었습니다. 음녀는 하나님의 백성들로 하여금 하나님 신앙을 저버리도록 방해하던 이단사상과 우상숭배요, 큰 성 바벨론은 세속주의, 인본주의, 물질주의, 과학주의 등 문명과 문화와 권력으로 하나님의 백성들을 침략하고 핍박하고 박해해서 하나님을 대적하던 사탄의 요소였습니다.

큰 성 바벨론의 멸망은 계시록 14:8과 16:19에서 언급되고 있습니다.

계시록 14:8 "또 다른 천사 곧 둘째가 그 뒤를 따라 말하되 무너졌도다 무너졌도다 큰 성 바벨론이여 모든 나라에게 그의 음행으로 말미암아 진노의 포도주를 먹이던 자로다 하더라."

큰 성 바벨론이 인본주의 문명과 문화로 모든 나라들로 하여금 하나님께로부터 멀어지게 하므로 음행인 것입니다. 큰 음녀와 큰 성 바벨론이 음행을 조장하지만 음행의 성격이 다릅니다. 계시록 16:17-21 단락은 일곱째 대접재앙을 묘사하고 있는 구절입니다. 일곱째 대접재앙은 지상에서 일어나는 모든 재앙 중 가장 마지막 재앙으로서 전무후무한 가공할 만한 공포를 생생하게 묘사해 주고 있습니다. 먼저 일곱째 대접이 부어지는 곳은 공중입니다(16:17). 공중에 대접이 부어지자 온 세계는 완전한 파괴를 당하게 되며(16:18) 특히 사람들이 많이 거주하는 도시들이 산산이 부서지고 우상을 섬기고 악을 행하도록 조장한 신세계 정부의 수도 큰 성 바벨론이 무너집니다. 그와 동시에 온 세계의 도시들도 무너져 내렸습니다. 큰 성이 세 갈래로 갈라진다는 것은 완전한 찢어짐을 의미합니다. 짐승의 권세를 가지고 도시들을 타락케 만든 세속도시인 여왕, 바벨론은 이렇게 철저하게 멸망당합니다. 만국의 성들도 무너진다고 했습니다. 만국의 성은 세속도시의 중심지로 상징되는 바벨론에 속한 세상의 모든 도시들을 지칭합니다. 중심되는 큰 성이 멸망하므로 그에 속한 성들도 같이 무너지는 것은 당연한 현상입니다. 더욱이 세상 모든 도시의 거민들이 바벨론에 미혹당해 죄악에 동참한 이상 그들 역시 바벨론이 당하는 것과 같은 하나님의 진노의 심판을 당하는 것은 지극히 당연합니다. 세속 문명을 주도하는 중심도시요, 세속문명을 상징하는 바벨론과 그에 속한 도시들이 멸망할뿐만 아니라 각 섬도 없어지고 산악도 간 데 없더라고 했습니다. 이 현상은 지진의 결과입니다. 지진은 큰 성 바벨론을 완전히 무너뜨렸고 만국의 성들도 무너뜨립니다.

하나님의 도성은 에덴동산이었습니다

아담과 하와가 범죄함으로 인해 에덴동산에서 쫓겨났습니다. 그 이후 하나님의 사람들에게는 인간성이 회복될 때까지는 하나님의 도성이 없습니다. 창세기 4장과 5장을 비교해 볼 때 4장은 가인의 후예들이 에녹성을 쌓아 그 안에서 문화를 형성해 가는 것을 보여줍니다. 이들에게는 열심히 문화를 형성하는 것만 보여주는데 이들이 몇 년이나 삶을 향수했는지에 대해서는 한 사람의 언급도 없습니다. 그러나 창세기 5장은 셋의 후예들의 삶을 보여 주는데 가인의 후예들과는 전혀 반대로 이 세상에 살면서 무슨 문화활동을 했는가에 대한 언급은 전혀 없고 몇 세에 자녀를 낳기 시작했고 얼마나 그 삶을 향수했는지에 대한 언급만 있습니다. 그들이 성을 쌓았다는 말이 없습니다.

예레미야 35장은 유다가 우상숭배의 범죄를 하고도 하나님께로 돌아서지 않음으로 바벨론에 포로로 잡혀갈 무렵 하나님께서 예레미야 선지자에게 말씀하신 것입니다. 레갑 족속들을 불러와 포도주를 마시게 하는데 그 레갑 족속들은 포도주를 거절합니다. 이유는 그들의 조상 레갑의 아들 요나답이 그 후손들에게 명령하기를 너희와 너희 자손은 영영히 포도주를 마시지 말며, 집도 짓지 말며, 파종도 하지 말며, 평생에 장막에 거처하라. 그리하면 너희의 우거하는 땅에서 너희 생명이 길리라 한 명령대로 그 후손들은 포도주를 마시지 않으며 집도 짓지 않고 농사도 짓지 않고 목축을 하면서 이리저리 이동하는 삶을 살았습니다(250년 간). 하나님께서 이들을 보시고 기뻐하셨으며 모든 유다 백성들에게 모범이 되게 하셨고 온 민족이 바벨론에 포로로 잡혀 갈 때에 이들은 하나님께서 특별대우 하셔서 해를 받지 않게 하셨습니다. 집을 짓고 농사를 하는 것은 정착된 문화생활을 형성할 수 있게 됩니다. 그러나 집을 짓지 않고 농사도 짓지 않으며 목축을 하는 것은 이동하는 삶을 말합니다. 나그네 생활을 말합니다. 한 곳에 정착해야만 사람들이 많이 모여 살게 되고 그 속에서 문화와 문명이 발달하게 됩니다. 그러나 자주 이동하게 되면 사람들이 많이 모여 살 수 없게 되고, 집단으로 모여 살 수 없으면 문화와 문명이 발달되지 않습니다. 히브리서 11:13-16에 보면 하나님의 사람들은 이 땅에서 나그네 삶을 장막에서 살았다고 했습니다.

"이 사람들은 다 믿음을 따라 죽었으며 약속을 받지 못하였으되 그것들을 멀리서 보고 환영하며 또 땅에서는 외국인과 나그네임을 증언하였으니 그들이 이같이 말하는 것은 자기들이 본향 찾는 자임을 나타냄이라 그들이 나온 바 본향을 생각하였더라면 돌아갈 기회가 있었으려니와 그들이 이제는 더 나은 본향을 사모하니 곧 하늘에 있는 것이라 이러므로 하나님이 그들의 하나님이라 일컬음 받으심을 부끄러워하지 아니하시고 그들을 위하여 한 성을 예비하셨느니라"

히브리서 11:9-10 '믿음으로 그가 이방의 땅에 있는 것 같이 약속의 땅에 거류하여 동일한 약속을 유업으로 함께 받은 이삭 및 야곱과 더불어 장막에 거하였으니 이는 그가 하나님이 계획하시고 지으실 터가 있는 성을 바랐음이라'

그들은 하나님의 도성을 바랐습니다. 이 도성이란 바로 요한 계시록 21:2과 10-11을 말하는 것입니다.

2절 "또 내가 보매 거룩한 성 새 예루살렘이 하나님께로부터 하늘에서 내려오니 그 준비한 것이 신부가 남편을 위하여 단장한 것 같더라."

10-11절, "성령으로 나를 데리고 크고 높은 산으로 올라가 하나님께로부터 하늘에서 내려오는 거룩한 성 예루살렘을 보이니 하나님의 영광이 있어 그 성의 빛이 지극히 귀한 보석 같고 벽옥과 수정 같이 맑더라"

요한계시록 21장은 거룩한 성 예루살렘의 환경을 보여주고 22:1-5은 거룩한 성 예루살렘의 생활을 보여줍니다. 이것은 창세기 2장의 아담과 하와가 타락하기 전의 에덴동산과 같이 생명수가 흐르고 생명나무가 있어 달마다 열 두 가지 열매를 맺는다고 했습니다. 인간이 지은 도성은 죄악의 결과입니다. 죄를 지었으므로 두려워서 자신을 보호하기 위해 쌓은 성입니다. 인본주의로 형성된 도성이므로 온갖 죄와 악의 온실이었습니다. 그것은 결국에는 망할 수밖에 없는 것입니다. 그러나 하나님의 도성은 죄가 없고 하나님이 지으신 환경이요 죄가 없는 사람들이 들어가 영원히 사는 곳입니다. 하나님의 구속사는 인간이 에덴동산에서 죄로 인하여 잃어버린 하나님의 도성을 다시 찾는 것을 말합니다. 하나님의 사람들은 이 땅에서 사는 동안에 성을 쌓아 정착하는 것이 아니고 아무리 재산이 많다 하더라도 아브라함과 같이 장막을 치고 나그네처럼 살면서 영원한 본향, 하나님의 도성을 사모하는 삶인 것입니다.

천년왕국-영원한 세계

(계 19-22장)

어린 양의 혼인잔치
아마겟돈 전쟁
천년왕국
곡과 마곡 전쟁
백보좌 심판
영원세계

어린 양의 혼인잔치와 아마겟돈 전쟁 준비
(계시록 19:1-21)

"이 일 후에 내가 들으니 하늘에 허다한 무리의 큰 음성 같은 것이 있어 이르되 할렐루야 구원과 영광과 능력이 우리 하나님께 있도다 그의 심판은 참되고 의로운지라 음행으로 땅을 더럽게 한 큰 음녀를 심판하사 자기 종들의 피를 그 음녀의 손에 갚으셨도다 하고 두 번째로 할렐루야 하니 그 연기가 세세토록 올라가더라" (계 19:1-3).

1. 부활한 성도와 휴거된 성도들이 하나님 보좌 앞에서

데살로니가전서 4:17에서 우리가 공중에서 주님을 영접하게 된다고 했는데 왜 주님께서 공중에 임하십니까? 그것은 신부를 맞이하기 위하여 공중에 마중 나온 것입니다. 창세기 24:62-65에 아브라함의 충실한 종 엘리에셀이 밧단아람에서 이삭의 신부 리브가를 데려올 때 이삭이 광야로 신부 리브가를 맞이하러 나온 장면이 있습니다.

"그 때에 이삭이 브엘라해로이에서 왔으니 그가 네게브 지역에 거주하였음이라 이삭이 저물 때에 들에 나가 묵상하다가 눈을 들어 보매 낙타들이 오는지라 리브가가 눈을 들어 이삭을 바라보고 낙타에서 내려 종에게 말하되 들에서 배회하다가 우리에게로 마주 오는 자가 누구냐 종이 이르되 이는 내 주인이니이다 리브가가 너울을 가지고 자기의 얼굴을 가리더라"

신랑 이삭 군이 신부 리브가 양을 마중 나오듯이, 신랑되신 그리스도께서 신부를 맞이해서 아버지 집, 혼인잔치 집으로 인도하기 위해 공중에 마중 나오셨습니다. 주님과 함께 우리가 모두 아버지 집에 들어가게 됩니다. 마태복음 25:1-8의 열 처녀 비유에서 슬기로운 다섯 처녀는 신랑을 맞이하여 잔칫집으로 들어갑니다. 마태복음 25:6 신랑 친구들의 소리는 데살로니가전서 4:16의 '…천사장의 소리' 일 것입니다. 천사장들이 성도들을 향해 '보라 신랑이로다 맞이하려 나오라' 고 소리 칠 것입니다. 슬기로운 다섯 처녀들이 등불을 들고 신랑을 만나는 것은 성도들이 들림 받는 것을 말하는 것이요, 신랑을 맞아 신랑과 함께 잔칫집에 들어가는 것은 공중에서 주님을 만나 천국에 들어가는 것을 말합니다. 주님과 들림 받은 성도들이 공중에서 만나 천국으로 들어가 하나님 아버지를 뵙게 됩니다. 이들이 천국에 들어간 사실을 어떻게 증명할 수 있겠습니까? 요한계시록 19:4-9에서 쉽게 알 수 있습니다. 4절에 24장로와 네 생물들이 있는 것을 볼 수 있고, 또한 보좌에 계신 하나님께 경배한다는 말씀에서 성도들이 천국에 들어간 것을 볼 수 있습니다. 그래서 계시록 19:6을 보면, 들림 받은 성도들이 천국에 들어갔는데, 서로 반가운 사람들을 만나게 됩니다. 먼저 가신 부모님들, 형제들, 자매들, 친구들, 같은 교회에서 신앙생활 하던 목사님들과 성도들을 만나서 서로 인사하고 반가운 대화 나누는 광경을 볼 수 있습니다. '또 내가 들으니 허다한 무리의 음성과도 같고 많은 물소리와도 같고' 했는데 이것은 모든 성도들이 만나서 서로 대화하는 소리가 웅성웅성하여 그 소리가 많은 물소리와 같이 들렸다는 것입니다. 이 때에 주님의 얼굴과 하나님의 얼굴을 뵙게 되는데 얼굴과 얼굴을 마주 보게 됩니다. '우리가 지금은 거울을 보는 것 같이 희미하나 그 때에는 얼굴과 얼굴을 대하여 볼 것이요'(고전 13:12; 요일 3:2)라고 했습니다.

2. 어린 양의 혼인 잔치

"우리가 즐거워하고 크게 기뻐하며 그에게 영광을 돌리세 어린 양의 혼인 기약이 이르렀고 그의 아내가 자신을 준비하였으므로 그에게 빛나고 깨끗한 세마포 옷을 입도록 허락하셨으니 이 세마포 옷은 성도들의 옳은 행실이로다 하더라"(계 19:7-8).

우리 주님께서 지상에 오셔서 사역하실 때에 혼인잔치에 대한 비유의 말씀을 자주 하셨습니다. 아마도 계시록 19장을 연상하셨을 것이라 상상해 봅니다. 우리에게 어린 양의 혼인잔치에 꼭 참여하도록 권고하시기 위해서 일 것입니다. 예를 들면 마태복음 22:2, '천국은 마치 자기 아들을 위하여 혼인 잔치를 베푼 어떤 임금과 같으니'. 하나님 아버지께서 자기 아들을 위하여 천상에서 혼인 잔치를 베풀었는데, 우리가 기뻐하고 즐거워한다고 했습니다. 세마포 옷 입은 그 아내가 자신을 준비하였습니다. 천상에서는 성도들의 혼인 잔치가 3년 반 동안 진행되고, 지상에서는 후 3년 반의 혹독한 하나님의 심판이 있게 됩니다. 3년 반 동안의 혼인 잔치와 함께 이 때에 성도들의 상급심판도 이루어집니다. 주님께서 우리에게 빛나고 깨끗한 세마포 옷을 입게 하신다고 했습니다. 주님께서 입으라고 해야만 입을 수 있다는 것입니다. 세마포 옷은 성도들의 옳은 행실이라고 했습니다. 옳은 행실이란 세상에서 살면서 성도로서 얼마나 하나님과 성도들을 잘 섬겼으며 어떻게 사랑하고 충성했으며 주님을 위해 희생하고 박해를 잘 견디며 믿음의 승리를 했는가에 따라 상급을 주신다는 말씀입니다. 그 때에 생명의 면류관, 영광의 면류관, 의의 면류관, 금면류관과 시들지 않는 면류관 등을 받게 될 것입니다. 특별히 순교자들은 천년왕국에서 그리스도와 함께 왕 노릇하게 될 것입니다. 성도들은 장차 하나님 나라에 갈 때에 각자의 영광을 지니게 된다고 했습니다. 고린도전서 15:41-42에 부활한 성도들이 각자의 영광이 다르다는 것을 말씀하십니다. '해의 영광이 다르고 달의 영광이 다르며 별의 영광도 다른데 별과 별의 영광이 다르도다. 죽은 자의 부활도 그와 같으니 …"

3. 성도의 지상 재림 준비

"또 내가 하늘이 열린 것을 보니 보라 백마와 그것을 탄 자가 있으니 그 이름은 충신과 진실이라 그가 공의로 심판하며 싸우더라 그 눈은 불꽃 같고 그 머리에는 많은 관들이 있고 또 이름 쓴 것 하나가 있으니 자기밖에 아는 자가 없고 또 그가 피 뿌린 옷을 입었는데 그 이름은 하나님의 말씀이라 칭하더라 하늘에 있는 군대들이 희고 깨끗한 세마포 옷을 입고 백마를 타고 그를 따르더라

그의 입에서 예리한 검이 나오니 그것으로 만국을 치겠고 친히 그들을 철장으로 다스리며 또 친히 하나님 곧 전능하신 이의 맹렬한 진노의 포도주 틀을 밟겠고 그 옷과 그 다리에 이름을 쓴 것이 있으니 만왕의 왕이요 만주의 주라 하였더라"(계 19:11-16).

바야흐로 하늘이 열립니다. 이제까지는 하늘 문이 열렸는데 마침내 하늘이 열립니다. 아마겟돈 전쟁을 위해 지구로 출전하는 하늘 군대, 즉 흰 깨끗한 세마포를 입은 성도들의 군대의 대 출동을 위해 하늘 문이 아닌 하늘이 열린 것입니다. 이제 성도들은 전쟁을 수행할 준비를 하는데 그것은 지상 재림할 준비입니다. 지상 재림하는 것은 인류 최후의 전쟁인 아마겟돈 전쟁을 위한 것입니다. 백마 탄 주님의 위엄찬 모습을 봅니다. 전쟁에 나가는 최고 지휘관이신 주님의 무장한 모습입니다. 만왕의 왕이요 만주의 주이신 엄위롭고 위엄찬 그 모습에 대한 묘사가 11-13절까지 나타나 있습니다. 그 다음은 주님을 따르는 하늘 군대들에 대한 묘사입니다. 이 군대는 바로 성도들입니다. 바로 부활

한 여러분과 우리입니다. 하나님 아버지께서 지상으로 출동할 명령을 내리셨습니다. 백마 타신 주님이 앞장 서시고 우리 세마포를 입은 성도들도 역시 백마를 타고 주님을 따릅니다. 지상재림의 순간입니다. 아담이 범죄한 이래 온 인류가 대망하던 바로 그 순간입니다. 이것은 요한계시록 16장으로 연결이 됩니다. 계시록 19:11-14은 천상에서의 예수 그리스도의 군대의 아마겟돈 전쟁 준비상황을 보여 줍니다.

계시록 16:12로 가 봅시다. 이것은 여섯째 대접재앙의 장면입니다. 사탄과 적그리스도의 지상군의 아마겟돈전쟁 준비 상황을 보여 주고 있습니다. 여섯째 대접을 큰 강 유브라데에 쏟으매 강물이 말라서 동방에서 오는 왕들의 길이 예비된다고 했습니다. 그리고 개구리 같은 세 영이 용의 입과 짐승의 입과 거짓 선지자의 입에서 나오는데 이것은 귀신의 영들이라고 했습니다. 이 귀신의 영들이 행하는 일은 천하를 돌아 다니면서 모든 임금들에게 가서 하나님 곧 전능 하신 이의 큰 날에 있을 전쟁을 위해 임금들과 그들에게 속한 군대들을 모은다고 했습니다. 모으는 장소가 바로 아마겟돈이란 곳입니다. 아마겟돈 전쟁이 있을 것을 사탄이 알고 귀신들을 지상의 모든 나라들의 통치권자들에게 보내어 머지않아 하늘에서 우주인들이 지구를 침범하게 되는데 이 우주인들로부터 지구를 보호하고 방어하기 위해서 아마겟돈으로 군대를 집결해야 한다고 설득하는 것입니다. 아마겟돈 전쟁을 예고하고 군대를 모으는 것이 사탄과 적그리스도와 거짓 선지자, 사탄의 삼위일체들인 것을 볼 수 있습니다. 이것은 영적 전쟁이요 최후의 전쟁이요 우주 전쟁입니다. 여섯째 대접재앙은 아마겟돈 전쟁 그 자체를 말하는 것이 아니고 그 전쟁을 수행하기 위한 준비기간입니다. 지구 방어군을 모든 나라에서 차출하는데 서양과 동양에서 아마겟돈으로 출동합니다. 유브라데 강이 매마름으로 동양에서 오는 군대가 쉽게 아마겟돈 전쟁터로 집결하게 됩니다. 어마어마한 군대가 지구의 끝과 끝에서 모이기 때문에 몇 달이 걸릴 것입니다. 그러는 동안에 일곱째 대접 심판 재앙으로 인해 온 지구가 지진과 큰 우박으로 인해 박살이 납니다.

아마겟돈 전쟁
(인류 최후의 전쟁)
계시록 19:14-21

"하늘에 있는 군대들이 희고 깨끗한 세마포 옷을 입고 백마를 타고 그를 따르더라 그의 입에서 예리한 검이 나오니 그것으로 만국을 치겠고 친히 그들을 철장으로 다스리며 또 친히 하나님 곧 전능하신 이의 맹렬한 진노의 포도주 틀을 밟겠고 그 옷과 그 다리에 이름을 쓴 것이 있으니 만왕의 왕이요 만주의 주라 하였더라 또 내가 보니 한 천사가 태양 안에 서서 공중에 나는 모든 새를 향하여 큰 음성으로 외쳐 이르되 와서 하나님의 큰 잔치에 모여 왕들의 살과 장군들의 살과 장사들의 살과 말들과 그것을 탄 자들의 살과 자유인들이나 종들이나 작은 자나 큰 자나 모든 자의 살을 먹으라 하더라 또 내가 보매 그 짐승과 땅의 임금들과 그들의 군대들이 모여 그 말 탄 자와 그의 군대와 더불어 전쟁을 일으키다가 짐승이 잡히고 그 앞에서 표적을 행하던 거짓 선지자도 함께 잡혔으니 이는 짐승의 표를 받고 그의 우상에게 경배하던 자들을 표적으로 미혹하던 자라 이 둘이 산 채로 유황불 붙는 못에 던져지고 그 나머지는 말 탄 자의 입으로부터 나오는 검에 죽으매 모든 새가 그들의 살로 배불리더라"

1. 아마겟돈 전쟁의 원인

7년 환난 중 전 3년 반 마지막 나팔인 일곱째 나팔이 울려 퍼질 때 성도들이 휴거 되면서 용과 적그리스도와 거짓 선지자는 지상에서 사람들이 사라지는 이상한 현상에 주의를 집중합니다. 이것이 데살로니가전서 4:16, 17의 주 예수 그리스도의 공중강림 사건입니다. 주 예수 그리스도께서 호령하시고 천사장의 소리와 하나님의 나팔로 구름 타고 공중에 임하시면서 땅 이 끝에서 저 끝까지, 그리고 하늘에서 땅 끝까지 성도들을 불러 모으실 때 첫째 부활에 참여하는 성도들이 부활하고 살아 남은 자들도 변화되고 휴거됩니다. 그 때에 지구의 모든 미디어 매체들이 이 사건을 보도하기를, 지구인들이 하늘로 증발되었다고 합니다. 지구인이 하늘로 증발될 때에 지구에 남은 자들이 생각하기를 지구인들이 외계인, 우주인들에게 납치당했다고 생각합니다. 주 예수 그리스도께서 호령하시고 천사장의 소리와 하나님의 나팔로 구름 타고 공중에 임하신 광경을 사람들이 목격했기 때문입니다. 남은 자들이 이상히 생각하면서 우주인들이 지구인들을 납치했다고 결론을 내립니다. 세계 단일정부 당국자들은 지구를 침범한 우주인들로부터 지구와 지구인들을 방어하기 위해서라는 명목을 내세우겠지만 사탄은 분명히 알고 있습니다. 그리스도께서 공중강림 하신 것이요 자신은 최후라는 것을 알기에 최후의 항쟁을 하기 위해 사탄과 적그리스도와 거짓 선지자들이 이에 대한 대책을 세웁니다. 이 상황을 계시록 16:12-14에서 보여줍니다.[14]

이 말씀에서 용의 입과 짐승의 입과 거짓 선지자들의 입에서 나오는 세 귀신의 영들이 이적을 행하여 온 천하 임금들에게 가서 하나님의 큰 날, 즉 아마겟돈 전쟁을 예고하고 군대들을 모읍니다. 이 귀신의 영들이 임금들 앞에서 왜 이적을 행하여야만 했던가? 출애굽기에서도 보여 주듯이 모세가 바로 왕 앞에서 큰 이적들을 행한 것은 하나님이 모세를 보낸 것을 믿고 그 백성들을

---

14) '또 여섯째 천사가 그 대접을 큰 강 유브라데에 쏟으매 강물이 말라서 동방에서 오는 왕들의 길이 예비되더라. 또 내가 보매 개구리 같은 세 더러운 영이 용의 입과 짐승의 입과 거짓 선지자의 입에서 나오니 그들은 귀신의 영이라 이적을 행하여 온 천하 왕에게 가서 하나님 곧 전능하신 이의 큰 날에 있을 전쟁을 위하여 그들을 모으더라.'

해방시켜 줄 것을 깨닫게 함이었습니다. 모세와 이스라엘의 하나님이 어떤 분인가를 알게 함이었습니다. 마찬가지로 왕들의 마음을 움직여 군대들을 전쟁터로 집결하기 위해서는 떨고 있는 임금들에게 사탄의 능력을 보여 주어야만 했을 것입니다. 이것은 군대를 아마겟돈으로 보내도록 임금들을 협박하는 수단일 것입니다.

2. 아마겟돈 전쟁은 누구와의 전쟁인가?

아마겟돈 전쟁은 우주 전쟁입니다. 우주인과 지구인의 전쟁입니다. 우주인이란 주 예수 그리스도와 부활하고 변화되어 휴거된 성도들과 천군 천사들인 것입니다. 왜 우주인들이라고 말할 수 있느냐 하면 지구 밖에서 오기 때문이요, 지구인과 체질이 다르기 때문입니다. 체질이 다르다는 말은 부활한 성도들은 신령체입니다. 육체가 아닙니다. 영원히 불멸하는 영생하는 영체이기 때문입니다. 우주인 그리스도와 들림 받은 성도들은 사탄을 비롯하여 짐승과 거짓 선지자와 아직도 육신을 가진 남은 지구인과의 전쟁입니다. 계시록 19:11 말씀처럼 우주인의 대장은 백마를 타신 주 예수 그리스도 이시고, 희고 깨끗한 세마포를 입고 백마를 탄 자들은 그리스도를 따르는 구속함을 받은 순교자 성도들입니다(19:14). 왜 이들이 성도들이냐 하면 흰 세마포를 입고 있기 때문입니다(19:7,8).

> 계시록 7:9 '… 아무도 능히 셀 수 없는 큰 무리가 나와 흰 옷을 입고 손에 종려 가지를 들고 보좌 앞과 어린 양 앞에 서서'
>
> 계시록 7:14, '…… 큰 환난에서 나오는 자들인데 어린 양의 피에 그 옷을 씻어 희게 하였느니라.'

이상에서 흰 세마포를 입고 백마를 타고 주님을 따르는 무리들은 부활한 성도들임이 확실히 증명됩니다.

3. 아마겟돈 전쟁의 장소

아마겟돈 전쟁이 일어나는 장소는 누가 정했으며, 어떻게 정해졌는가?

계시록 16:16 '세 영이 히브리어로 아마겟돈이라 하는 곳으로 왕들을 모으더라.'

사탄과 짐승과 거짓 선지자들은 이미 그 장소에서 전쟁이 있을 것을 알고 있었던 것 같습니다. 세 귀신의 영들이 아마겟돈으로 지상 군대가 모이도록 하고 있습니다. 왜냐하면 구약 성경이나 계시록 16:16을 보았을 것입니다.
스가랴서 14장은 아마겟돈 전쟁을 묘사하고 있습니다. 스가랴서 14:4은 그리스도께서 감람산에 임하신다고 했기 때문입니다. 12절 이하에서 '예루살렘을 친 모든 백성에게 여호와께서 내리실 재앙은 이러하니 곧 섰을 때에 그들의 살이 썩으며 그들의 눈동자가 눈구멍 속에서 썩으며 그들의 혀가 입 속에서 썩을 것이요 그 날에 여호와께서 그들을 크게 요란하게 하시리니 피차 손으로 붙잡으며 피차 손을 들어 칠 것이며 유다도 예루살렘에서 싸우리니…'에서 아마겟돈 전쟁이 므깃도 지역과 그 부근일 것임을 보여주고 있기 때문입니다.

4. 아마겟돈 전쟁의 결과

"또 내가 보니 한 천사가 태양 안에 서서 공중에 나는 모든 새를 향하여 큰 음성으로 외쳐 이르되 와서 하나님의 큰 잔치에 모여 왕들의 살과 장군들의 살과 장사들의 살과 말들과 그것을 탄 자들의 살과 자유인들이나 종들이나 작은 자나 큰 자나 모든 자의 살을 먹으라 하더라 또 내가 보매 그 짐승과 땅의 임금들과 그들의 군대들이 모여 그 말 탄 자와 그의 군대와 더불어 전쟁을 일으키다가 짐승이 잡히고 그 앞에서 표적을 행하던 거짓 선지자도 함께 잡혔으니 이는 짐승의 표를 받고 그의 우상에게 경배하던 자들을 표적으로 미혹하던 자라 이 둘이 산 채로 유황불 붙는 못에 던져지고 그 나머지는 말 탄 자의 입으로부터 나오는 검에 죽으매 모든 새가 그들의 살로 배불리더라"(19:17-21)

아마겟돈 전쟁은 주님 혼자서 수행하시는 것을 봅니다. 백마 탄 성도들의 군대는 주님의 뒤만 따라 가고 있습니다. 주님의 입에서 나오는 예리한 검으로 사탄의 군대들을 다 죽입니다. 아마겟돈 전쟁에 참여한 모든 왕들과 장군들과 장사들과 군대들이 그리스도의 입에서 나오는 검에 의해 모두 죽게 됩니다. 특히 짐승이라는 적그리스도와 거짓 선지자가 산채로 사로잡혀 불못에 던져집니다. 불못은 둘째 사망이요 영원한 형벌의 감옥입니다. 이 곳에 산채로 들어간다는 말은 그리스도께서 공중 강림하실 때에 살아 있는 성도들이 순식간에 변화되어 신령체가 되어 공중으로 들림 받듯이, 적그리스도와 거짓 선지자도 죽지 않고 순식간에 영체로 변화되어 산채로 불못에 던져지게 됩니다. 이미 죽은 불신자들은 그 영혼이 음부(지옥)에 있다가 천년왕국이 끝난 후에 부활하여 백보좌 심판을 받고 불못 속으로 들어갑니다. 적그리스도와 거짓 선지자는 심판받을 필요도 없이 불못으로 들어갑니다. 아마겟돈 전쟁을 끝으로 무수한 군인들과 일곱 나팔재앙 중에 단일정부 당국자들의 인구 감축정책으로 인해 죽은 자들, 세계 제 3차 전쟁으로 지구 인구의 삼분의 일이 죽은 것과 또한 일곱 대접재앙으로 죽은 자들이 세계 인구의 급격한 감소를 가져올 것입니다. 이들은 육체를 가지고 천년 왕국에 들어갑니다.

천년왕국
(요한계시록 19:11-21, 20:1-10)

(천년왕국이 실제로 존재한다는 것을 성경을 통하여 언제, 어디서, 누가, 무엇을, 왜, 어떻게의 요령으로 설명하려고 합니다.)

또 내가 하늘이 열린 것을 보니 보라 백마와 그것을 탄 자가 있으니 그 이름은 충신과 진실이라 그가 공의로 심판하며 싸우더라 그 눈은 불꽃 같고 그 머리에는 많은 관들이 있고 또 이름 쓴 것 하나가 있으니 자기밖에 아는 자가 없고 또 그가 피 뿌린 옷을 입었는데 그 이름은 하나님의 말씀이라 칭하더라"(계시록 19:11-13)

"또 내가 보매 천사가 무저갱의 열쇠와 큰 쇠사슬을 그의 손에 가지고 하늘로부터 내려와서 용을 잡으니 곧 옛 뱀이요 마귀요 사탄이라 잡아서 천 년 동안 결박하여 무저갱에 던져 넣어 잠그고 그 위에 인봉하여 천 년이 차도록 다시는 만국을 미혹하지 못하게 하였는데 그 후에는 반드시 잠깐 놓이리라 또 내가 보좌들을 보니 거기에 앉은 자들이 있어 심판하는 권세를 받았더라 또 내가 보니 예수를 증언함과 하나님의 말씀 때문에 목 베임을 당한 자들의 영혼들과 또 짐승과 그의 우상에게 경배하지 아니하고 그들의 이마와 손에 그의 표를 받지 아니한 자들이 살아서 그리스도와 더불어 천 년 동안 왕 노릇 하니(그 나머지 죽은 자들은 그 천 년이 차기까지 살지 못하더라) 이는 첫째 부활이라 이 첫째 부활에 참여하는 자들은 복이 있고 거룩하도다 둘째 사망이 그들을 다스리는 권세가 없고 도리어 그들이 하나님과 그리스도의 제사장이 되어 천 년 동안 그리스도와 더불어 왕 노릇 하리라 천 년이 차매 사탄이 그 옥에서 놓여 나와서 땅의 사방 백성 곧 곡과 마곡을 미혹하고 모아 싸움을 붙이리니 그 수가 바다의 모래 같으리라 그들이 지면에 널리 퍼져 성도들의 진과 사랑하시는 성을 두르매 하늘에서 불이 내려와 그들을 태워버리고 또 그들을 미혹하는 마귀가 불과 유황 못에 던져지니 거기는 그 짐승과 거짓 선지자도 있어 세세토록 밤낮 괴로움을 받으리라"(계시록 20:1-10)

1. 지구에 왜 천년왕국을 설립하시는가?

'여자들은 자기의 죽은 자들을 부활로 받아들이기도 하며 또 어떤 이들은 더 좋은 부활을 얻고자 하여 심한 고문을 받되 구차히 풀려나기를 원하지 아니하였으며 또 어떤 이들은 조롱과 채찍질뿐 아니라 결박과 옥에 갇히는 시련도 받았으며 돌로 치는 것과 톱으로 켜는 것과 시험과 칼로 죽임을 당하고 양과 염소의 가죽을 입고 유리하여 궁핍과 환난과 학대를 받았으니 (이런 사람은 세상이 감당하지 못하느니라) 그들이 광야와 산과 동굴과 토굴에 유리하였느니라'(히브리서 11:35-38).'

구약시대 성도들은 믿음 때문에 이런 박해를 당하면서 이 세상의 삶을 희생했었습니다. 신약시대 성도들도 마찬가지로 박해를 받았습니다. 더 좋은 부활을 바라보고 조롱과 채찍질과 돌로 침을 받고 톱으로 켜 죽임을 당하고 궁핍과 산과 동굴과 토굴에 숨어 살아야만 했습니다. 지금도 북한의 성도들 중에는 요덕 수용소에서 짐승보다도 못한 삶을 살고 있습니다. 초대교회 성도들이 핍박을 받아 전토와 집을 포기하고 로마의 지하 카타콤에서 숨어 살아야 했으며, 갑바도기아 지방의 석회암 굴에서 숨어 살아야 했었습니다. 지금도 지구상의 수백, 수천만 명의 성도들이 박해 받아 죽임을 당하고 있으며, 7년 환난 때에 이마나 오른손에 짐승의 표를 받지 않기에 물건을 살 수도 없고 팔 수도 없으며, 직장을 구할 수도 없으니 굶어 죽거나 잡혀서 갖은 고난을 당하고 죽임을 당해야 합니다.

주님께서 핍박과 박해 받아 순교할 성도들에게 마가복음 10:29-30에서, '예수께서 이르시되 내가 진실로 너희에게 이르노니 나와 복음을 위하여 집이나 형제나 자매나 어머니나 아버지나 자식이나 전토를 버린 자는 현세에 있어 집과 형제와 자매와 어머니와 자식과 전토를 백 배나 받되 박해를 겸하여 받고 내세에 영생을 받지 못할 자가 없느니라.' 했습니다. 이 순교자들은 주님과 복음 때문에 이 땅에 사는 동안 굶주리고 헐벗고, 빼앗기고, 숨어 살며, 온갖 수모와 학대를 받았기에 예수 그리스도께서 이 땅에 오셔서 천년왕국을 이루실 때에 주님과 함께 박해했던 육신을 가진 자들 앞에서 왕 노릇 하게 하시는 것입니다.

2. 천년왕국은 언제 이루어지나?

인류 최후의 전쟁인 아마겟돈 전쟁이 끝난 후 입니다. 우주인에 대해서 말하라고 하면, 우주인과 외계인의 원조는 우리의 성경입니다. 계시록 19: 11, 14에 보면 우주인들이 지구를 향해 내려옵니다. 백마를 탄 자와 그를 따르는 희고 깨끗한 세마포를 입고 백마를 탄 하늘의 군대가 지구를 향해 달려오고 있습니다. 지구를 향해 군대를 이끌고 공격해 오는 백마 탄 자와 군대의 정체는 과연 누구인가 하는 것입니다. 그 백마 탄 자는 16절에서 묘사했듯이 만왕의 왕이요 만주의 주이신 예수 그리스도이십니다. 백마를 타고 흰 세마포를 입은 군대의 정체는 부활해서 들림 받은 성도들인 것을 보여 줍니다. 계시록 19장 8절 "그에게 빛나고 깨끗한 세마포 옷을 입도록 허락하셨으니 이 세마포 옷은 성도들의 옳은 행실이로다" 주님 재림하실 때 들림 받은 부활 성도들 중 특별히 신구약을 통해 믿음 때문에 순교한 성도들입니다. 한편 지구를 침범하는 우주인들과 싸우기 위해 계시록 16장 12절 말씀에 유브라데 강을 건너온 동방의 군대들뿐만 아니라 온 천하 임금들이 그 군대들과 함께 므깃도 광야에 집결했습니다. 이 지상의 군대를 향해 우리 주님의 입에서 예리한 검이 나와 아마겟돈 전쟁에 참여한 모든 자들을 죽입니다(계19:21). 지상군대의 최고 우두머리인 적그리스도가 포로로 잡히고 거짓 선지자도 잡히면서 아마겟돈 전쟁이 끝나게 됩니다. 전쟁의 최고 우두머리들이 포로로 잡혀 유황 불못에 던지우니 전쟁이 끝날 수밖에 없습니다. 계시록 20:1-3에서 옛 뱀이요 마귀요 사탄인 용이 큰 쇠사슬에 묶여 천 년 동안 무저갱 속에 갇힙니다.

"또 내가 보매 천사가 무저갱의 열쇠와 큰 쇠사슬을 그의 손에 가지고 하늘로부터 내려와서 용을 잡으니 곧 옛 뱀이요 마귀요 사탄이라. 잡아서 천 년 동안 결박하여 무저갱에 던져 넣어 잠그고 그 위에 인봉하여 천 년이 차도록 다시는 만국을 미혹하지 못하게 하였는데 그 후에는 반드시 잠깐 놓이리라."

사탄이 무저갱에 갇히면서 본래 이 땅의 주인이셨던 그리스도께서 지구를 다시 탈환하여 접수함으로 천년왕국이 시작됩니다.

3. 천년왕국의 수도는 예루살렘

'그 날에 그의 발이 예루살렘 앞 곧 동쪽 감람산에 서실 것이요 감람산은 그 한 가운데가 동서로 갈라져 매우 큰 골짜기가 되어서 산 절반은 북으로, 절반은 남으로 옮기고 그 산 골짜기는 아셀까지 이를지라 너희가 그 산 골짜기로 도망하되 유다 왕 웃시야 때에 지진을 피하여 도망하던 것 같이 하리라 나의 하나님 여호와께서 임하실 것이요 모든 거룩한 자들이 주와 함께 하리라'(스가랴 14:4-5)

'이 말씀을 마치시고 그들이 보는데 올려져 가시니 구름이 그를 가리어 보이지 않게 하더라 올라가실 때에 제자들이 자세히 하늘을 쳐다보고 있는데 흰 옷 입은 두 사람이 그들 곁에 서서 이르되 갈릴리 사람들아 어찌하여 서서 하늘을 쳐다보느냐 너희 가운데서 하늘로 올려지신 이 예수는 하늘로 가심을 본 그대로 오시리라 하였느니라 제자들이 감람원이라 하는 산으로부터 예루살렘에 돌아오니 이 산은 예루살렘에서 가까워 안식일에 가기 알맞은 길이라'(사도행전 1:9-12).

예수님께서 예루살렘 동편에 있는 감람산에서 500여 제자들이 보는 가운데서 하늘로 승천하시면서 너희들이 보는 그대로 다시 오시리라 말씀하셨습니다. 구약성경 스가랴 14:4, 5에서 예수 그리스도께서 아마겟돈 전쟁을 치루시고 적들을 처리하신 후에 모든 거룩한 백성들과 함께 감람산에 임하신다고 말씀하고 있습니다. 그 감람산은 큰 지진이 일어나 동서로 갈라지면서 큰 골짜기가 되고 감람산 절반은 북으로, 절반은 남쪽으로 옮겨진다고 했습니다. 그 큰 골짜기에 주님과 함께 땅에 내려 온 거룩한 자들이 그 곳에 집결한다고 했습니다. 뿐만 아니라 스가랴서 14:8에는 예루살렘에서 생수가 솟아나서 절반은 동해로 흘러 요단강으로 들어가고, 절반은 서해로 흘러 지중해로 들어간다고 했습니다. 9절 말씀에는 예수 그리스도께서 천년왕국의 왕이 되시고 예루살렘 성에서 통치하실 것을 보여 줍니다. 예루살렘 동편 감람산이 갈라져 큰 골짜기가 되었으니 그 앞의 예루살렘은 더 높이 들려(스가랴14:10) 찬란하게 보일 것 입니다. 이렇게 천년왕국 생활이 시작됩니다.

'예루살렘을 치러 왔던 이방 나라들 중에 남은 자가 해마다 올라와서 그 왕 만군의 여호와께 경배하며 초막절을 지킬 것이라 땅에 있는 족속들 중에 그 왕 만군의 여호와께 경배하러 예루살렘에 올라오지 아니하는 자들에게는 비를 내리지 아니하실 것인즉 만일 애굽 족속이 올라오지 아니할 때에는 비 내림이 있지 아니하리니 여호와께서 초막절을 지키러 올라오지 아니하는 이방 나라들의 사람을 치시는 재앙을 그에게 내리실 것이라'(스가랴14:16-18).

이스라엘 백성들에게는 매년 지키는 7대 절기가 있습니다. 유월절, 무교

절, 초실절, 오순절, 나팔절, 대속죄일, 초막절입니다. 초막절은 이스라엘 백성들이 하나님의 은혜로 40년 광야생활을 무사히 마치고 가나안 땅에 들어오게 하신 하나님께 감사하는 절기입니다. 초막절을 수장절이라고도 하는데 한 해 동안 농사해서 추수하여 곡식을 창고에 쌓을 수 있게 하신 하나님께 감사하는 절기이기 때문입니다. 이는 영적으로 천년왕국을 의미합니다. 천년왕국에는 다른 절기는 없고 초막절만 있게 됩니다.

'애굽 사람이나 이방 나라(Nations) 사람이나 초막절을 지키러 올라오지 아니하는 자가 받을 벌이 그러하니라.' (19절)에서 초막절은 천년왕국에서 전 세계적으로 지키는 최고의 절기일 것입니다. 이 절기에 지구상의 족속별로 대표자들을 뽑아 예수 그리스도, 만왕의 왕께 경배를 드리러 예루살렘으로 파송해야 하는데 그렇지 않은 족속들이 있을 것입니다. 그런 족속들에게는 만왕의 왕이신 주께서 벌을 내리시는데 그것은 비를 내리지 않아 그 지역에 기근이 있을 것을 보여주고 있습니다. 천년왕국은 천국이 아닙니다. 이 세상과 천국의 과도기 기간입니다. 이 지구에 사탄과 악령들이 없어졌지만 육체로 들어온 사람들 속에는 죄성이 그대로 남아 있습니다. 천년왕국에 육체로 들어온 자들 중에 하나님을 비방하고 욕하고 저주하는 자들이 있습니다(요한계시록 16:9, 21). 스가랴 14:16-18에 나타난 사람들과 같이 그리스도의 천년왕국 통치에 반기를 드는 자들이 있을 것을 보여 줍니다. 천년이 지난 후 사탄이 무저갱에서 풀려나 세상을 미혹할 때에 바로 이런 사람들이 사탄의 음모에 가담해 곡과 마곡 전쟁을 일으키는 것입니다.

4. 천년왕국에는 누가 들어가나? (계시록 20:5)

첫째, 그리스도께서 제일 먼저 들어갑니다. 그는 천년왕국의 주인이시요 왕이십니다. 통치자요 주권자이십니다. 둘째, 천년왕국에 들어가는 자들은 첫째 부활에 참여한 신구약 성도들 중에 순교한 자들입니다.

> 계시록 20장 4절 "…. 예수를 증언함과 하나님의 말씀 때문에 목 베임을 당한 자들의 영혼들과 또 짐승과 그의 우상에게 경배하지 아니하고 그들의 이마와 손에 그의 표를 받지 아니한 자들이 살아서 그리스도와 더불어 천 년 동안 왕 노릇 하니"

부활한 성도들은 여호와 하나님 신앙으로 인해 순교한 자들과 7년 환란 동안에 이마나 손에 표를 받지 않으므로 순교한 성도들을 말합니다. 백마 탄 그리스도와 함께 흰 세마포를 입고 백마를 타고 주님을 따르던 하늘의 군대를 말하는 것입니다(계 19:11,14).

셋째, 그 외의 다른 사람들은 없겠습니까?

> 계시록 20장 7-9절 "천 년이 차매 사탄이 그 옥에서 놓여 나와서 땅의 사방 백성 곧 곡과 마곡을 미혹하고 모아 싸움을 붙이리니 그 수가 바다의 모래 같으리라. 그들이 지면에 널리 퍼져 성도들의 진과 사랑하시는 성을 두르매 하늘에서 불이 내려와 그들을 태워버리고"

1) 이들의 정체는 무엇입니까?

부활한 성도들은 아닙니다. 왜냐하면 이들이 성도들의 진을 포위하고 있기 때문입니다. 성도들은 부활했기 때문에 죽지 않는 신령체입니다. 그리스도를 대항하지 않습니다. 그런데 하늘에서 불이 내려와 그들을 태워버렸다는 말씀을 볼 때 이들은 죽는다는 말입니다.

2) 선한 천사들도 아닙니다.

악한 천사 마귀나 귀신들이나 더구나 선한 천사들도 아닙니다. 그러면 누구입니까? 이들은 그리스도와 성도들을 대항하고 있습니다. 하늘에서 내려오는 불에 타서 죽습니다. 마귀에게 아직도 미혹 당하고 싸움질 하고 죽기도 하는 것을 볼 때 오늘날 인간들의 행태를 보여 주고 있습니다. 이들은 바로 육체를 가지고 천년왕국에 들어 온 인간들입니다.

3) 육체를 가지고 어떻게 천년왕국에 들어온 인간들이라고 말할 수 있습니까?

성경에 증거가 있습니다. 먼저, 이성적으로 생각해 볼 때에 아마겟돈 전쟁 후에도 지구상에 많은 인간들이 생존하고 있을 것입니다. 아마겟돈 전쟁에 참여한 사람들은 다 죽었습니다. 그들의 수는 엄청나게 많을 것입니다. 많이 잡아 4억이라 합시다. 이들이 아마겟돈 전쟁에서 다 죽었다고 합시다. 지금 인구가 70억이라 한다면 7년 환난을 통과하는 과정에서 지구 인구가 엄청나게 감소합니다. 계시록 8장 일곱 나팔재앙 때는 구체적으로 인명피해에 대해 말하고 있습니다.

첫째 나팔재앙에는 땅의 삼분의 일이 타버리더라 했습니다. 인명 피해에 대해서는 직접 언급하고 있지 않지만 땅의 삼분의 일이 타버리는데 사람의 피해가 없겠습니까? 둘째 나팔재앙에는 바다의 삼분의 일이 피가 된다고 했는데 오염된다는 말입니다. 바다 삼분의 일의 생물이 죽는다고 했습니다. 인류에게 직접적으로 내리는 재앙입니다. 인간들이 바다에서 나는 생물들을 먹고 사는데 이들이 오염되고 죽는데 사람들이 죽지 않겠습니까? 배들의 삼분의 일이 파괴된다 했습니다. 배에 타고 있던 많은 사람들도 함께 희생되었습니다. 셋째 나팔재앙에 이르러는 강들의 삼분의 일이 오염된다 했습니다. 여기서도 극심한 인명피해가 나타나고 있습니다. 강물은 사람들의 식수입니다. 식수가 오염되니 죽을 수밖에 없습니다. 나팔재앙에서는 적그리스도 정부가 지구 인구 감소정책에 의해 많은 사람들이 감소되었습니다. 계시록 9장 15절의 여섯째 나팔재앙 때는 사람 삼분의 일을 죽이기로 예비된 천사들에 대해 말하고 있습니다. 현재 지구 인구 70억 중에 25 억이 죽는다는 것입니다. 아마겟돈 전쟁터에서 4억의 죽은 자들까지 포함하면 31억이란 숫자가 아직도 지상에 존재하고 있다는 결론입니다. 그들이 천년왕국이 시작되기 전에 어디로 갔겠습니까? 지구상에 남아서 살고 있지요. 물론 예수 믿고 구원받은 성도들은 제외 됩니다. 적게 잡아 10억 이라도 살아 있을 것이 아니겠습니까? 7년 환난이 완전히 끝난 때에도 지구상에 사람들이 분명히 살아 있다는 확실한 증거를 보여 주고 있는 성경구절이 있습니다. 계시록 16:17-21의 일곱째 대접재앙에 대한 묘사에서 입니다. 일곱째 대접재앙은 일곱 나팔, 일곱 대접재앙들 중에서 가장 마지막 재앙입니다. 일곱째 대접재앙들에서 있었던 지진, 음성, 우렛소리, 번개, 우박들로 인해 지구상의 모든 물건들과 건물들이 완전히 파쇄됩니다. 가인이 창설한 최초의 도시문명 이래 그 때까지 인간이 지구상에 이룩한 모든 도시들과 문화와 문명에 완전한 파멸이 옵니다. 온 지구상에 일어난 대 지진과 그 후에 따르는 한 달란트(금 60Kg) 무게의 큰 우박이 전 세계적으로 퍼부으므로 말할 수 없는 인명 피해도 있을 것입니다. 최후의 재앙인 일곱째 대접재앙이 끝났는데도 지구상에 살아남은 사람들이 있다는 사실을 성경은 보여주고 있습니다(계 16:17-21).[15] 이 사람들은 어디로 갈 것입니까? 일곱째 대접재앙이 끝나면 예수님께서 성도들과 지상재림 하셔서 아마겟돈 전쟁에 승리하시고 천년왕국을 이루실 것입니다.

천년왕국에 육체로 들어온 사람들이 있음을 구약성경에서 찾아 보기로 하겠습니다. 구약성경 이사야서에서 천년왕국을 묘사하는 구절 중 두 곳에서 천년왕국의 생활상을 보여주는 것을 예로 들겠습니다. 먼저 이사야 11장 6-9절 말씀은 현재 지구의 형편은 아닌 것 같습니다. 왜냐하면 너무나 평화스럽고

---

15) "일곱째 천사가 그 대접을 공중에 쏟으매 큰 음성이 성전에서 보좌로부터 나서 이르되 되었다 하시니 번개와 음성들과 우렛소리가 있고 또 큰 지진이 있어 얼마나 큰지 사람이 땅에 있어 온 이래로 이같이 큰 지진이 없었더라 큰 성이 세 갈래로 갈라지고 만국의 성들도 무너지니 큰 성 바벨론이 하나님 앞에 기억하신 바 되어 그의 맹렬한 진노의 포도주 잔을 받으매 각 섬도 없어지고 산악도 간 데 없더라 또 무게가 한 달란트나 되는 큰 우박이 하늘로부터 사람들에게 내리매 사람들이 그 우박의 재앙 때문에 하나님을 비방하니 그 재앙이 심히 큼이러라"

이상적인 곳이기 때문입니다. 전쟁이 없고 악도 없습니다. 그야말로 파라다이스입니다. 그렇다고 천국도 아닌 것 같습니다. 왜냐하면 이곳에 아직도 죽음의 그림자가 드리워져 있는 것을 봅니다. 천국은 죽음이란 냄새를 맡을래야 맡을 수 없는 곳이 아니겠습니까? 죽음이란 단어는 있을 수 없습니다. 이사야 65장 20-25절 말씀을 찾아봅시다. 여기 보면 사람이 오래 살 것이라고는 했지만 죽지 않는다는 말은 없습니다. 영원히 산다는 말도 없습니다. 군데군데 죽음의 단어가 보이고 죽음의 그림자가 드리워져 있는 것을 봅니다.

이사야 65:20-25은 천국생활을 묘사하고 있지 않는 것을 알 수 있습니다. 그것은 육체로 천년왕국에 들어 온 사람들의 생활을 보여주는 것입니다. 그들 중에 오래 살면 천년도 살 수 있습니다. 천년왕국이 시작될 그 해에 태어난 사람은 천년 동안 살 수도 있습니다. 이사야 65:20 '거기는 날 수가 많지 못하여 죽는 어린이와 수한이 차지 못한 노인이 다시는 없을 것이라 곧 백 세에 죽는 자를 젊은이라 하겠고 백 세가 못되어 죽는 자는 저주 받은 자이리라.' 에서 '백 세에 죽는 자가 젊은이라 하겠고' 에서 천년왕국에서도 죽는다는 것을 보여 줍니다. '백 세가 못되어 죽는 자는 저주 받은 자' 라는 말은 천년이나 살 수 있는 때에 백 살도 못사는 것은 무슨 흉악한 죄를 지어 죽었거나 아니면 못된 짓 하다가 죽었다고 합시다. 이것은 저주를 받았기 때문이라 합니다. 하여튼 이곳에도 죽음의 냄새가 있고, 죽음의 저주가 있는 것을 봅니다. 보편적으로 오래 사는 것은 확실합니다. 그러나 아무리 오래 살아도 천 년 이상은 살 수 없습니다. 왜냐하면 천 년이 지나면 마귀가 풀려나고 세상을 미혹해서 전쟁을 일으키고 곡과 마곡전쟁으로 하늘에서 불이 내려 그들을 소멸하기 때문입니다.

천년왕국의 환경이 어떻게 이렇게 평화로울 수 있느냐 하면 그리스도께서 다스리실 것이기 때문입니다. 그리고 미혹케 하는 자, 사탄을 무저갱 속에 감금했기 때문입니다. 이들이 육신으로 있어 죄성은 가지고 있지만 미혹하는 자, 사탄의 미혹을 받지 않기에 죄성이 드러날 기회가 주어지지 않기 때문입니다. 음식물이 풍부하고 질병이나 환경적 어려움이 없기 때문에 죄성을 드러낼 기회가 좀처럼 없는 것입니다. 기후도 최적이고 하늘과 땅을 새로 단장했기 때문에 공기와 물이 좋아 오래 살게 되는 원인이 될 것입니다. 무엇보다도 그 기간 동안에 사탄의 존재가 없습니다. 아담의 범죄로 이 땅이 저주를 받았는데 그 저주도 풀렸기 때문에 (롬8: 22,23) 농산물이 풍부해지는 것입니다. 성경에 보면 사막에 강들이 나고 물 샘이 있으리라 한 구절이 많습니다.[16) 사막에 시내가 흐르고, 사막이 변하여 못이 되고, 사막에서 물 근원이 솟아나니 그 곳에 꽃이 피지 않겠습니까? '사막에 샘이 넘쳐흐르리라, 사막에 꽃이 피어 향내 내리라' 는 노래를 부를 만한 것입니다. 이리가 어린 양과 함께 살며, 사자가 소처럼 풀을 먹고, 젖 먹는 아이가 독사의 구멍에 손을 넣어도 물리지 않게(이사야 11:6-9) 되었습니다. 마치 사탄이 침입하기 전의 에덴동산 같습니다.

5. 천년왕국은 어디에 이루어지나?

지금까지의 설명을 통해서 천년왕국이 이루어지는 장소, 그 국토는 지구라는 것이 확실합니다.

6. 천년왕국이 지구상에서 어떻게 성립되는가?

천년왕국이 어떻게 지상에 이루어지는가? 그것은 통치자가 바뀌기 때문입

---

16) 이사야 43:20 '...내가 광야에 물을, 사막에 강들을 내어 내 백성, 내가 택한 자에게 마시게 할 것임이라'
이사야 35:6-7 '...광야에서 물이 솟겠고 사막에서 시내가 흐를 것임이라 뜨거운 사막이 변하여 못이 될 것이며...'

니다. 한 나라의 주권자는 왕입니다. 통치자가 바뀌면 나라가 바뀝니다. 하나님께서 사탄에게 그 때까지 잠깐 동안 왕 노릇하도록 허락했지만 예수 그리스도께서 왕으로 오셔서 주인으로서 당신의 나라를 접수하므로, 옛 왕 사탄을 묶어 옥에 가두고 그리스도께서 왕이 되신 것입니다. 이렇게 생각하면 쉽습니다. 우리 나라 역사를 보면 왕씨가 고려 나라의 왕이었습니다. 고려가 망하고 이성계가 고려 땅과 고려 백성들을 차지하고 조선이란 나라가 새로 생겼습니다. 마찬가지로 지금까지의 세상 왕 마귀를 묶어 옥에 가두고 새 왕이신 그리스도께서 천년왕국을 세우신 것입니다.

7. 천년왕국에서는 어떠한 생활이 이루어지는가?

1) 부활한 성도들은 예수님과 함께 보좌에 앉아서 왕 노릇(계시록 20:4) 한다 했습니다.

여기에서 누구에게 왕 노릇 합니까? 하고 질문해야 하겠습니다. 육체로 천년왕국에 들어와 사는 자들을 심판하고 다스리게 됩니다. 이들은 영생을 가졌고 예수님의 부활하신 영광의 몸과 같이 변화되어 영원히 죽지 않고 시간과 공간을 초월해서 지구에만 한정되지 않고 우주를 왕래하며 하나님 보좌에도 나아가며 실제적으로 천사보다 능력 있고 천사를 종으로 부리는 삶(히브리서 1:14)을 살 것입니다. 그 때 부활한 성도들은 영광의 속도로 움직일 것입니다. 생각의 속도로 움직일 것입니다. 왜냐하면 부활한 성도들이 온 우주를 왕래해야 하는데 영광의 속도로 달리지 않으면 우주를 통치할 수 없습니다.

우주 상에서 질량을 가진 존재로써 아무리 빨리 달려도 빛의 속도를 능가할 수 없다고 합니다. 빛의 속도가 무엇입니까? 빛의 속도는 일초 당 30만 km로 달립니다. 이것을 쉽게 말하면 빛은 일 초 동안에 지구를 7바퀴 반을 돈다고 합니다. 십억 광년이란 그 별 빛이 별에서 출발해서 우리 눈에 반짝한 것은 빛의 속도로 10억 년을 달려와서 우리 눈에 반짝한 것이라고 합니다. 지금 천사들은 하나님의 영광의 속도를 가지고 있습니다. 이 영광의 속도란 반짝하는 순간에 한국에서 미국, 지구에서 금성, 혹은 지상에서 천국까지 오락가락한다는 것입니다. 우리가 생각으로 로스엔젤레스에서 서울에 가겠다하면 그 곳에 가있는 것입니다. 천사들이 만약 빛의 속도로 움직인다고 가정하면 우리가 아이의 병을 낫게 해 주시옵소서 기도했다면 천사가 하나님께로부터 우리의 기도 응답을 가져오는데 걸리는 시간이 10억 년이 지난 후 일 것입니다. 천사들은 영광의 속도로 움직입니다. 우리들도 부활체가 되면 영광의 속도로 움직이게 됩니다. 지금이라도 하나님께서 필요하시다면 우리를 그렇게 움직이게 할 수 있습니다. 사도행전 8장 39절 이하도 좋은 실례입니다. 유대 광야에서 이디오피아 여왕의 관리에게 빌립이 복음을 전한 후 주의 성령이 순식간에 빌립을 아소도에 데려갔습니다.

2) 육체로 사는 자도 오래 살 수 있습니다. 최고 많이 살면 천 세 수를 할 수 있습니다.

그러나 한정된 삶인 것입니다. 백 세 이하에서도 죽을 수 있는 것을 봅니다(이사야 65:20). 그들은 아직도 자식을 생산하고 있는 것을 봅니다. 지금 우리가 가진 사회적인 불안이나 환경적인 재난이나 전쟁이나 기근, 가뭄 그리고 사탄과 마귀, 귀신들 그런 것만 빼고 현재 우리가 살고 있는 삶을 그대로 사는 것을 봅니다. 집도 짓고(이사야 65:20), 농사도 짓습니다(20). 이사야 65:23에 하나님께서 이들에 대한 상황을 말씀하십니다. 천년왕국에서 하나님의 법도를 따르는 자들에 대한 묘사입니다.

'그들의 수고가 헛되지 않겠고 그들이 생산한 것이 재난을 당하지 아니하리니 그들은 여호와의 복된 자의 자손이요 그들의 후손도 그들과 같을 것임이라'

3) 생물들과 자연환경이 너무나 평화롭습니다.

아담이 범죄 하기 전 에덴동산과 같은 환경입니다. 공기는 맑고 물도 풍부하고 깨끗하고, 온도도 쾌적하고, 비도 적절하게 내립니다. 동물들은 모두 초식동물이 되고 약육강식은 사라지고 이리와 양이 친구가 되고(이사야 11:6-7, 65:25) 젖 먹는 아이와 독사가 장난치고 모든 독 있는 동물이나 곤충이나 식물들의 독이 소멸되고, 이 땅이 복된 땅으로 회복됩니다. 저주가 풀립니다(로마서8: 19-21). 사막에 강이 흐르고, 사막에 꽃이 핍니다. 지구상에 사막화가 급속도로 되어 가고 있습니다. 아시아 지역은 33퍼센트가 사막화 되었다고 합니다. 아프리카와 호주 지역에도 사막화 된 땅들이 많은 데 천년왕국에서는 이렇게 많은 땅들이 회복되는 것입니다.

8. 왜 천년왕국이 지구에서 이루어지는가?

지구가 하나님 보시기에 너무 중요하기 때문입니다. 우주에서 지구가 중요한 행성인 것을 알 수 있습니다. 창세기 1장의 천지창조 시에 지구가 창조의 중심인 것을 알 수 있습니다. 해와 달도 지구보다 뒤에 창조되고 이것들의 창조 목적이 지구를 위한 것입니다. 창조주 하나님이신 예수 그리스도께서 이 땅에 오셔서 당신의 고귀한 피를 흘리셨다는 사실 하나만 생각하더라도 지구가 얼마나 중요한 행성인가를 알 수 있습니다. 또 당신의 피로 구속함을 받은 자녀들이 살고 있는 곳이기 때문이요 장차 신천신지, 새 하늘과 새 땅, 영원한 천국세계로 들어 갈 때 우주의 통치 본부가 될 곳이기 때문입니다. 하나님의 보좌가 있을 곳이기 때문입니다(계 21:1,2).

9. 천년왕국의 종교

천년왕국의 종교는 하나님 경배 신앙입니다. 전 지구를 다스리는 메시아왕국의 신앙은 온 우주에 유일한 신이신 하나님을 경배하는 신앙입니다. 대부분의 사람들이 자연히 그리스도를 섬기며, 숭배하며 순종합니다. 천년왕국의 법도를 지킵니다. 그 법을 지키는 것이 신앙이요, 하나님 말씀에 순종하는 것입니다. 대부분 사람들이 하나님을 경배할 것입니다. 그렇다고 해서 천년왕국의 모든 사람들이 무조건 하나님을 경배하는 것은 아닙니다. 육체를 가진 자들로서 죄성을 가지고 있기 때문에 왕국 법도에 반항하는 자들도 있습니다. 이들이 스가랴 14:16-19[17)]의 사람들이요, 이들이 천년 후에 사탄이 다시 놓여 날 때에 메시아왕국에 반기를 들고 사탄 편에 붙어 전쟁을 일으키는 자들입니다.

10. 천년왕국의 문화와 문명

계시록 18장의 큰 성 바벨론의 멸망과 일곱째 대접재앙 때에 이 세상의 문화와 문명은 완전히 파괴됩니다. 제일 먼저 전기가 사라집니다. 21세기의 문명은 전기와 전자공학 문명입니다. 수력, 화력, 원자력 발전소들이 다 파괴되어 지구상에 전기가 완전히 사라집니다. 컴퓨터, TV, 진공 소제기, 밥솥, 전등불, 가스 스토브, 식기 세척기, 세탁기와 헤어 드라이기, 전화기 등등입니다.

---

17) "예루살렘을 치러 왔던 이방 나라들 중에 남은 자가 해마다 올라와서 그 왕 만군의 여호와께 경배하며 초막절을 지킬 것이라 땅에 있는 족속들 중에 그 왕 만군의 여호와께 경배하러 예루살렘에 올라오지 아니하는 자들에게는 비를 내리지 아니하실 것인즉 만일 애굽 족속이 올라오지 아니할 때에는 비 내림이 있지 아니하리니 여호와께서 초막절을 지키러 올라오지 아니하는 이방 나라들의 사람을 치시는 재앙을 그에게 내리실 것이라 애굽 사람이나 이방 나라 사람이나 초막절을 지키러 올라오지 아니하는 자가 받을 벌이 그러하니라"

지금 여러분은 눈을 감고 집 안이나 집 밖의 기계들이 전기 없이 작동되는 것이 무엇인가 생각해 보시기 바랍니다. 비행기, 자동차도 더 이상 생산하지 못할 것이요, 있는 자동차들도 기름(gas)이 없어 작동하지 못할 것입니다. 이것들을 발명해 내던 발명가나 학자들이 다 죽었습니다. 살아 남은 과학자들이 존재한다 하더라도 더 이상 일곱째 대접재앙 이전의 문명세계로 돌이킬 수 없습니다. 세상은 주후 1세기 문명으로 돌아 갈 것입니다. 그러나 이런 21세기 문명의 기계들이 없다고 해서 불행한 것은 아닙니다. 사람들은 얼마 후에 곧 전기 없는 환경에 적응할 것입니다. 21세기 문명 사회와는 달리 행복한 삶을 살 것입니다. 요즘도 21세기 문명 가운데 17세기 문명 수준을 고수하며 살아가는 집단들이 있습니다. 메노나이트나 아미쉬들입니다. 이들은 농사짓고 살면서 교육은 중학교 수준만 가르칩니다. 그런 가운데서도 행복하게 살고 있습니다. 천년왕국의 최적 기후, 맑은 공기, 깨끗한 물, 사막에서 샘이 넘쳐나고, 사막이 변하여 식물이 자라고 삼림이 울창하며, 옛 사막지역들이 농경지가 되었습니다. 농경사회, 바쁘지 않는 삶, 전쟁도 없고 경쟁도 없고 전원도시와 같이 포근하고 아늑한 환경입니다. 지진도 화산 폭발도, 토네이도, 가뭄, 홍수, 기근도 없습니다. 동물 세계는 약육강식도 없이 모두 초식 동물로 변했고, 이리와 어린 양이 함께 먹고, 표범이 어린 염소와 함께 누우며, 송아지와 어린 사자와 살찐 짐승이 함께 있어 어린 아이에게 끌리며, 젖 먹는 아이가 독사의 굴에 손을 넣고 장난하는 그런 세상인 것입니다. 인간 수명은 창세기 5장과 같이 천세 수를 누리며, 행복의 극치를 이루는 낙원 생활입니다. 그런 세상이 천년 동안 지속됩니다.

Chapter 04

천년왕국의 시민들과 곡과 마곡 전쟁
(천년왕국이 끝날 무렵에 대한 설명)
계시록 20:7-10

"무저갱에 던져 넣어 잠그고 그 위에 인봉하여 천 년이 차도록 다시는 만국을 미혹하지 못하게 하였는데 그 후에는 반드시 잠깐 놓이리라"(20:3).

"천 년이 차매 사탄이 그의 옥에서 놓여 나와서 땅의 사방 백성 곧 곡과 마곡을 미혹하고 모아 싸움을 붙이리니 그 수가 바다의 모래 같으리라. 그들이 지면에 널리 퍼져 성도들의 진과 사랑하시는 성을 두르매 하늘에서 불이 내려와 그들을 태워버리고 또 그들을 미혹하는 마귀가 불과 유황 못에 던져지니 거기는 그 짐승과 거짓 선지자도 있어 세세토록 밤낮 괴로움을 받으리라.(20:7-10)"

천년왕국의 백성들은 두 종류입니다. 만군의 여호와께 순종하고 경배하는 백성이 있는가 하면 왕국의 법을 거스리며 행하는 자들이 있는 것을 봅니다. 이럴 때에 천년이 차매 하나님께서 무저갱 속에 가두었던 사탄을 풀어줍니다. 사탄은 원래 미혹하는 자라고 성경은 말합니다. 사탄이 옥에서 나와 천년왕국 백성들 중에 불평하며 불순종하는 자들을 선동합니다. 사탄을 추종하는 세력들이 막강해 집니다. 계시록 20:7-10의 곡과 마곡 전쟁이 터집니다. 곡과 마곡 전쟁을 4절로 압축했지만 이 속에 엄청난 전쟁과 사건이 함축되어 있음을 봅니다. 곡과 마곡 같은 전쟁이 에스겔서 38장과 39장에도 나옵니다. 에스겔서의 배경은 곡이 연합군을 형성하여 이스라엘로 쳐들어 오는데, 역사상 이런 전쟁이 없었다는 사실입니다. 현재 시점까지도 이루어지지 않은 미래에 성취될 예언으로 보아야 할 것입니다. 에스겔서의 곡과 마곡의 전쟁은 요한계시록 20:7-10의 곡과 마곡 전쟁을 말한다고 했습니다.(그랜드 주석참조)

"여호와의 말씀이 내게 임하여 이르시되 인자야 너는 마곡 땅에 있는 로스와 메섹과 두발 왕 곧 곡에게로 얼굴을 향하고 그에게 예언하여 이르기를 주 여호와께서 이같이 말씀하시기를 로스와 메섹과 두발 왕 곡아 내가 너를 대적하여 너를 돌이켜 갈고리로 네 아가리를 꿰고 너와 말과 기마병 곧 네 온 군대를 끌어내되 완전한 갑옷을 입고 큰 방패와 작은 방패를 가지며 칼을 잡은 큰 무리와 그들과 함께 한 방패와 투구를 갖춘 바사와 구스와 붓과 고멜과 그 모든 떼와 북쪽 끝의 도갈마 족속과 그 모든 떼 곧 많은 백성의 무리를 너와 함께 끌어내리라" (겔 38:1-6)

하나님께서 아마겟돈 전쟁 때에 적그리스도와 거짓 선지자와 함께 사탄을 유황불못 속에 던져 버리지 않고 왜 천년 동안 무저갱 속에 가두는지 의문을 가질 수 있습니다. 하나님께서 왜 사탄을 무저갱 속에 가두셨는가 하면 천년왕국에 육체로 들어오는 엄청나게 많은 사람들을 처리하기 위해서 입니다. 천년 동안 기회를 주어서 그렇게 좋은 환경에서 과연 하나님을 잘 섬기나 어쩌나 시험해 보기 위해서 입니다. 일곱 대접 심판 때에 그렇게 극한 재앙을 받으면서도 회개하지 않고 오히려 계속 하늘을 향하여 하나님을 욕하고 하나님의 이름을 비방(계시록 16:9, 21)했다고 했습니다. 이들은 인간 쓰레기 중에 쓰레기들인데 아직 살아 있기에 천년왕국에까지 들어 왔는데도 그 악한 습성은 버리지 못하는 것입니다. 마치 출애굽 이스라엘 백성들 중에 하나님을 원망하던 자들이 40년 광야 생활하면서 기회만 있으면 모세에게 불평하던 자들이 광야에서 다 망했던 것과 같습니다. 천년왕국에 들어 온 사람들 중에 불평하는 자들이 많을 것입니다. 사람들은 환경이 좋으면 선해 진다고 생각하는데 절대로 그렇지 않습니다. 사탄과 마귀들이 없는 천년왕국의 환경이 그렇게 좋다 할지라도 죄성을 씻어내기 전에는 죄와 악은 활동을 합니다. 사탄이 무저갱에서 풀려 나오자 바로 이런 자들이 사탄의 밥인 것입니다. 사탄의 하수인이 되는 것입니다. 하나님은 에스겔서 38:1에서 곡에게 연합군을 이끌고 이스라엘로 쳐들어가라고 하시지만 실상은 사탄으로 하여금 곡의 아가리를 꿰어 내는 작업을 하게 하신 것입니다. 곡의 인솔 하에 형성된 연합국들을 열거하면, 로스, 메섹, 두발, 바사, 구스, 붓, 북쪽 끝의 도갈마 족속들이라 했습니다. 이들 중 바사는 이스라엘의 동쪽에 있는 나라이며, 구스와 붓은 남쪽, 고멜은 서쪽, 도갈마는 북쪽에 위치한 족속입니다. 또한 고멜과 도갈마는 야벳의 후손(창10:2,3), 구스와 붓은 함의 후손(창 10:6), 그리고 바사는 셈의 후손(창10:22)입니다.

결국 이스라엘의 입장에서 볼 때에 동서남북 사방 지역에서, 인종과 민족적인 구분을 넘어서서 모든 인류의 연합과도 같은 성격을 띤 군대로부터 침입을 당하게 됩니다. 연합군의 대장이 곡입니다. 마치 7년 환난 때에 적그리스도와 거짓 선지자를 세워 교회를 박해하던 것과 같이 천 년이 지난 후에도 꼭 같은 수법을 사용하는 사탄의 실상을 봅니다.

"너는 스스로 예비하되 너와 네게 모인 무리들이 다 스스로 예비하고 너는 그들의 우두머리가 될지어다 여러 날 후 곧 말년에 네가 명령을 받고 그 땅 곧 오래 황폐하였던 이스라엘 산에 이르리니 그 땅 백성은 칼을 벗어나서 여러 나라에서 모여 들어오며 이방에서 나와 다 평안히 거주하는 중이라 네가 올라오되 너와 네 모든 떼와 너와 함께 한 많은 백성이 광풍 같이 이르고 구름 같이 땅을 덮으리라"(에스겔 38:7-9).

'여러 날 후 곧 말년'이란 천년왕국이 끝날 시기에 무저갱에 갇혔던 사탄이 놓여나서 세상 만국을 미혹하게 됩니다. 사탄으로부터 '명령을 받고' '그 땅 곧 오래 황폐하였던 이스라엘' 산에 이른다고 했는데 이 때는 천년왕국 시대입니다. 요즘 우리가 생각하는 이스라엘 팔레스타인의 관념으로 생각지 않아야 합니다. 이스라엘은 천년왕국 시에 하나님을 경외하는 자들을 말한 것입니다. 많은 종말론 학자들이 곡과 마곡 전쟁을 아마겟돈 전쟁과 합쳐 생각합니다. 이스라엘을 땅의 개념으로만 생각해야지 인종적 이스라엘로 생각해서는 안 됩니다. 인종은 없어져도 땅은 없어지지 않으니까 이스라엘이라고 말합니다. 이 때에는 이스라엘 백성이나 유대인의 개념은 없어진지 오랜 후입니다. '성도들'이라든지 '사랑하시는 성'을 부활한 성도들로 생각하지 마시기 바랍니다. 천년왕국에서 부활한 성도들은 천사보다 더 능력 있는 영적 존재입니다. 마귀나 사탄 따위가 감히 상대할 존재가 아닙니다. 에스겔서나 계시록 20:7-10의 성도들은 천년왕국에 육체로 들어 온 자들 중에 그리스도의 법에 순종하는 자들을 말합니다. 이점을 명심하시기 바랍니다.

'그 땅 백성은 칼을 벗어나서 여러 나라에서부터 모여 들어오며 이방에서 나와 다 평안히 거하는 중'이라고 한 말은 천년왕국도 천 년이 지날 무렵에는 사회가 많이 타락되었을 것입니다. 소돔과 고모라와 같을 것이요, 창세기 6장의 노아시대와 같게 될 것입니다. 왜냐하면 그 사람들은 육체의 사람들이요 죄성이 있기 때문입니다. 사탄이 없어 죄성이 크게 드러나지 않을 뿐이지만 죄성으로 인해 사회악이 있을 것이요 그 죄악들이 모여 큰 악이 도모될 것입니다. 이런 사회 속에서도 하나님을 경외하는 특별 집단들이 형성되었을 것입니다. 여러 나라에서 나온 자들입니다. 이들이 거하는 성을 계시록 20:7-10에서는 '성도들의 진'과 '사랑하시는 성'이라고 했습니다. 진(Camp)과 성을 포위했다고 했습니다. 얼핏 생각하면 '성도들의 진'과 '사랑하시는 성'을 천년왕국 동안에 메시아와 함께 천년왕국을 다스릴 부활한 성도들로 생각할 수 있습니다. 그런데 부활한 성도들은 시간과 공간을 초월하는 신적 존재들입니다. 이들은 천사보다 높은 차원의 존재들이 되었습니다. 열왕기하 19:35 한 천사가 하룻밤 사이에 앗수르군인 십팔만 오천 명을 죽인 사건을 생각하실 것입니다.

인간들이 이런 신적 존재들과 싸우겠다고 감히 생각지 않을 것입니다.

계시록 20:7-10과 에스겔 38장을 연관지어 생각하면 '성도들의 진'이나 '사랑하시는 성'은 부활체의 신적인 존재들이 사는 성이 아니고 천년왕국에 육체를 가진 하나님을 경외하는 자들을 두고 하는 말임을 깨닫게 됩니다. 천년왕국의 인구가 어림짐작으로 백억(?)이나 될 텐데 그 중에 하나님을 경외하는 자, 만군의 왕이신 그리스도의 법을 지키는 자들이 많을 것입니다. 이들을 에스겔서 38:8에서는 '...그 땅 백성은 칼을 벗어나서 여러 나라에서 모여 들어오며, 이방에서 나와 다 평안히 거주하는 중'의 사람들로 묘사하고 있으며, 에스겔 38:12에서는 '세상 중앙에 거주하는 백성'이라고 칭합니다. 여기 '중앙'이란 '쌓아 올리다', '높은 지대'란 뜻이라고 합니다. 이 '높은 곳'은 지형적인 '높은 지대'를 의미하기 보다는 '중요한 곳' '중심부'란 뜻이라고 합니다. '세상 중앙에 거하는 백성'이란 천년왕국에서 '중심으로 자리 잡고 있는 하나님을 경외하는 백성들이 사는 곳'을 의미합니다. 이들이 여러 나라에서 나와 사랑하시는 성에서 평안히 거하고 있을 때에 에스겔 38:9에 '네가 올라오되 네 모든 떼와 너와 함께한 많은 백성이 광풍 같이 이르고 구름 같이 땅을 덮으리라' 했습니다. 계시록 20:8에, '나와서 땅의 사방 백성 곧 곡과 마곡을 미혹하고 모아 싸움을 붙이리니 그 수가 바다의 모래 같으리라.' 곡이 이끄는 연합군의 숫자가 이렇게 많을 것임을 보여 줍니다. 이들이 감히 하나님을 대항하지는 못할 것이요, 부활체를 가진 존재들에게도 대항하지 못할 것이요 하나님과 부활 성도들이 아니라 천년왕국에서 육체를 가진 하나님을 섬기는 자들을 대항할 것입니다.

"주 여호와의 말씀이니라 내가 내 모든 산 중에서 그를 칠 칼을 부르리니 각 사람이 칼로 그 형제를 칠 것이며 내가 또 전염병과 피로 그를 심판하며 쏟아지는 폭우와 큰 우박덩이와 불과 유황으로 그와 그 모든 무리와 그와 함께 있는 많은 백성에게 비를 내리듯 하리라"(에스겔 38:21-22).

하나님께서 곡의 군대를 쳐부수는 방법이 계시록 20:9의 방법과 같습니다. 계시록에서는 단지 하늘에서 불이 내려와 그들을 태워버린다고 했지만, 에스겔 39장에서는 더 구체적으로 즉 쏟아지는 폭우와 큰 우박덩이와 불과 유황으로 그와 그 모든 군대에게 비를 내리듯 해서 진멸할 것이라 했습니다.

"이스라엘 성읍들에 거주하는 자가 나가서 그들의 무기를 불태워 사르되 큰 방패와 작은 방패와 활과 화살과 몽둥이와 창을 가지고 일곱 해 동안 불태우리라 이같이 그 무기로 불을 피울 것이므로 그들이 들에서 나무를 주워 오지 아니하며 숲에서 벌목하지 아니하겠고 전에 자기에게서 약탈하던 자의 것을 약탈하며 전에 자기에게서 늑탈하던 자의 것을 늑탈하리라 주 여호와의 말씀이니라 그 날에 내가 곡을 위하여 이스라엘 땅 곧 바다 동쪽 사람이 통행하는 골짜기를 매장지로 주리니 통행하던 길이 막힐 것이라 사람이 거기에서 곡과 그 모든 무리를 매장하고 그 이름을 하몬곡의 골짜기라 일컬으리라"(에스겔 39:9-11).

"이스라엘 족속이 일곱 달 동안에 그들을 매장하여 그 땅을 정결하게 할 것이라 그 땅 모든 백성이 그들을 매장하고 그로 말미암아 이름을 얻으리니 이는 나의 영광이 나타나는 날이니라 주 여호와의 말씀이니라 그들이 사람을 택하여 그 땅에 늘 순행하며 매장할 사람과 더불어 지면에 남아 있는 시체를 매장하여 그 땅을 정결하게 할 것이라 일곱 달 후에 그들이 살펴 보되 지나가는 사람들이 그 땅으로 지나가다가 사람의 뼈를 보면 그 곁에 푯말을 세워 매장하는 사람에게 가서 하몬곡 골짜기에 매장하게 할 것이요 성읍의 이름도 하모나라 하리라 그들이 이같이 그 땅을 정결하게 하리라"(에스겔 39:12-16).

에스겔 39장은 곡의 전쟁에 대해 좀더 세밀하고 심층적인 내용을 소개하고 전쟁의 결과를 묘사하고 있습니다. 하나님께서는 주님을 따르는 백성들이 대적들의 무기를 불사르는데 무려 7년이 소요되며 전사한 적군의 시체를 매장하는 데도 7개월이 걸리게 될 것이라고 예언합니다. 천년왕국에는 국가 간의 전쟁이 없을 것입니다. 천년왕국은 민족이나 국가가 형성이 되지만 전체적 통치는 그리스도이십니다. 그 시대에는 사탄이 없으므로 세계 1차 대전이나 2차 대전 같은 것이 없을 것입니다. 국부적인 전쟁도 없을 것입니다. 그리스도께서 조절하시고 중재하시며 다투고 싸우는 자들에게 벌을 내리실 것입니다. 전쟁이 없으면 전쟁 무기가 발명되거나 발전되지 않는다는 것입니다. 우리나라가 임진왜란을 당한 것은 그 때까지 조선에 200-300여 년간 전쟁이 없었기 때문입니다. 왜냐하면 청나라라는 거대한 나라가 버티고 있어서 주위의 나라들이 그 그늘 아래 있었기에 전쟁이 있을 수 없는 것입니다. 청나라는 주변 국가들이 무기개발을 하지 못하도록 끊임없이 감시하고 있었습니다. 전쟁 가능성에 대한 상상이 없었기에 전쟁을 위한 준비와 무기개발이 없었던 것이라고 합니다.

전쟁무기는 유럽에서 발명되고 발전되었는데, 유럽은 고만고만한 나라들이 서로 국경을 마주 대하고 있었기 때문에 전쟁이 그칠 날이 없었습니다. 전쟁을 계속 하다가 보니 전쟁무기가 발명되고 발전되었습니다. 천 년 동안 전쟁이 없었으므로 전쟁무기가 개발되지 않았을 것입니다. 지금 우리가 살고 있는 시대보다 먼 훗날에 이루어질 세상이긴 하지만 그 때에는 아마도 에스겔서 38,39장에 나오는 원시 무기인 칼, 창, 방패, 기마병 등이 될 것이라고 상상해 봅니다. 이사야서 2:4 "그가 열방 사이에 판단하시며 많은 백성을 판결하시리니 무리가 그들의 칼을 쳐서 보습을 만들고 그들의 창을 쳐서 낫을 만들 것이며 이 나라와 저 나라가 다시는 칼을 들고 서로 치지 아니하며 다시는 전쟁을 연습하지 아니하리라"라고 했는데 이 말씀은 천년왕국의 삶을 묘사하고 있습니다.

곡과 마곡 전쟁의 결과 사탄이 사로잡혀 유황불 못에 던져집니다(계시록 20:1). 그곳에는 천 년 전에 던져졌던 적그리스도와 거짓 선지자가 있는 곳입니다. 계시록 20:11-15에는 대 백보좌 심판이 전개 됩니다. 곡과 마곡 전쟁 후 대 백보좌 심판까지는 상당한 시간 간격이 있을 것입니다. 곡과 마곡 전쟁 후 이들의 무기를 불태우는데도 7년이 걸린다고 했습니다. 천년왕국에서 하나님 편에 섰던 자들을 하나님께서 어떻게 하실지 아무런 언급이 없습니다. 그러나 적어도 이 세상에 육체로 있는 자들은 한 사람도 없을 것입니다. 계시록 20:11에 대 백보좌 심판이 시작되기 전에 하늘과 땅에 대 변혁이 있을 것임을 암시하고 있습니다.

"또 내가 크고 흰 보좌와 그 위에 앉으신 이를 보니 땅과 하늘이 그 앞에서 피하여 간 데 없더라."

베드로후서 3:10 "그러나 주의 날이 도둑 같이 오리니 그 날에는 하늘이 큰 소리로 떠나가고 물질이 뜨거운 불에 풀어지고 땅과 그 중에 있는 모든 일이 드러나리로다."

지금의 우주는 최후의 심판 이전에 완전히 붕괴되고 새 하늘과 새 땅에는 천국과 지옥이 있게 됩니다. 대 백보좌 심판이 있은 후에 계시록 21장과 22장의 새 하늘과 새 땅이 전개됩니다.

Chapter 05

천년왕국에 대한 질문, 해답

    계시록 20장의 천년왕국에 대한 무천년설과 전천년설의 강약을 비교합니다.

    "이상의 두 견해 가운데 무천년설은 창조, 타락, 재창조(구속)라는 성경의 전체 맥락과 일치할뿐만 아니라 성경이 말하는 종말적 사건의 각 단계들과 합리적으로 조화된다는 장점을 지닌다. 그러나 이 견해는 '천 년', '첫째 부활', '무저갱' 등과 같은 명확하고 구체적인 개념들을 지나치게 상징적으로 해석함으로써 때로 무리하고 비약적인 해석을 하는 단점을 지니기도 한다.

    반면 전천년설은 성경을 문자적으로 일관되게 해석하고 있으며 계시의 해석이 구체적이라는 장점을 지닌다. 그러나 이 견해는 고도의 상징들을 무조건 문자적으로 해석하여 하나님의 묵시의 비밀을 너무 복잡하고 졸렬하게 만들며, 이 견해에 의하면 천년왕국 기간에 아직 죽지 않은 불신자가 필연적으로 이 땅에 공존하게 되는데 그들이 천 년 동안 어디서 무엇을 하는지 설명하지 못하는 단점을 지닌다."

첫번째 육체로 살아 남은 자들의 천년왕국의 삶은?

천년왕국은 현 세상과 영원세계의 과도기적 시기라는 사실을 염두에 두어야 합니다. 이 사실을 망각할 때에 혼돈이 일어날 수밖에 없습니다. 무천년주의자들은 문자적 천년왕국의 존재를 인정하지 않습니다. 천년왕국의 존재를 인정하는 자들도 계시록 20장을 천년왕국으로 인정하지 않고 영원세계에 대한 부연 설명으로 생각합니다. 더욱이 구약성경에 천년왕국에 대한 묘사들을 영원 천국으로 묘사를 하면서도 자신이 없는 태도를 보여줍니다. 성도들로 하여금 혼돈을 줍니다. 예를 들면 스가랴서 14장은 아마겟돈 전쟁과 천년왕국에 대한 묘사입니다.

스가랴14:9 '여호와께서 천하의 왕이 되시리니 그 날에는 여호와께서 홀로 한 분이실 것이요 그의 이름이 홀로 하나이실 것이라'

스가랴 14:12-14은 아마겟돈전쟁의 과정을 상세히 설명하고 있습니다.

'예루살렘을 친 모든 백성에게 여호와께서 내리실 재앙은 이러하니 곧 섰을 때에 그들의 살이 썩으며 그들의 눈동자가 눈구멍 속에서 썩으며 그들의 혀가 입 속에서 썩을 것이요 그 날에 여호와께서 그들을 크게 요란하게 하시리니 피차 손으로 붙잡으며 피차 손을 들어 칠 것이며 유다도 예루살렘에서 싸우리니 이 때에 사방에 있는 이방 나라들의 보화 곧 금 은과 의복이 심히 많이 모여질 것이요'

이상이 아마겟돈 전쟁을 보여주고 있습니다. 스가랴서 14:16-21은 메시아 왕국에 대해서 말씀하고 있습니다. 천년왕국을 육체로 들어온 자들과 영체를 가진 성도들이 섞여 사는 과도기적 왕국이라고 생각하지 않으면 이 구절들의 해석은 불가능합니다. 육체로 들어온 자들의 왕국을 그리스도께서 부활하여 영체가 된 성도들과 함께 통치하고 있다는 개념을 갖지 않고서는 해석이 불가능합니다. 만약 이 구절들이 완전히 구원받은 성도들로 구성된 천국 즉 신천신지의 형편이라면 애굽 사람이니, 열국 사람들이니 하는 구별이 필요 없어야 합니다. 그리고 영원 세계에서 초막절 절기 같은 것도 없을 것입니다. 영원 세계라면 초막절을 지키러 올라오지 않을 사람들이 없을 것입니다. 당연히 없어야 됩니다. 초막절을 지키러 올라오지 않는 사람들이 있다는 것은 이해가 안 됩니다. 있을 수 없는 일입니다. 영원 세계의 천국이 이렇게 허술 할 수 없습니다. 이들은 메시아 왕국에 육체로 들어온 자들이기에 초막절을 지키러 올라오지 않을 수도 있다는 것입니다. 이런 자들을 벌하실 때 그 지역의 사람들에게 여호와께서 비를 내리지 않겠다는 것입니다. 한편 이 시대는 말방울에까지 여호와께 성결이라 기록될 정도로 전체 분위기는 성스럽고 경건한 분위기일 것입니다. 초막절은 천년왕국을 상징하는 절기입니다. 천년왕국에 육체로 들어온 자들이 20억-30억 이상일 것입니다. 이들이 천년왕국이라는 지구상의 최적 자연환경에서 생활하기 때문에 양식도 풍부하고 기후도 좋고 질병도 많지 않고 건강하게 300년 혹은 500년 혹은 천년 왕국이 시작된 해에 출생한 사람들은 사탄이 무저갱에서 다시 풀려나오기까지 천년 동안 생존할 수 있을 것이므로 이 지구상에 엄청난 인구(100억 이상의 인구)가 존재할 것입니다. 육체로 들어온 자들이 천년왕국에서 무엇을 하고 있는지 전천년설은 설명하지 않고 있다고 하는데 이사야서 65:20-25은 천년 왕국의 생활과 활동 상황을 보여 주고 있습니다.

> 20-21 "거기는 날 수가 많지 못하여 죽는 어린이와 수한이 차지 못한 노인이 다시는 없을 것이라 곧 백 세에 죽는 자를 젊은이라 하겠고 백 세가 못되어 죽는 자는 저주 받은 자이리라 그들이 가옥을 건축하고 그 안에 살겠고 포도나무를 심고 열매를 먹을 것이며"

이 말은 천 년을 사는 자들도 있는데 그것에 비해 백 년 정도는 젊은이일 것입니다. 그리고 백 세 못되어 죽는 자는 저주받은 자라 했습니다. '그들이 가옥을 건축하고 그 안에 살겠고 포도나무를 심고 열매를 먹을 것이며' 했는데 천년왕국에서의 육체로 들어온 자들의 생활을 보여 줍니다. 현재 우리들이 육체로 사는 것과 같이 집을 짓고 농사도 짓고 장사도 합니다. 사는 방법은 현재 우리가 사는 것과 똑같습니다. 왜냐하면 육체로 살기에 먹고 마시고 시집가고 장가 가고 공부하고 사업하고 똑같이 할 것입니다.

22절 '그들의 건축한 데에 타인이 살지 아니할 것이며 그들이 심은 것을 타인이 먹지 아니하리니 이는 내 백성의 수한이 나무의 수한과 같겠고 내가 택한 자가 그 손으로 일한 것을 길이 누릴 것이며'

천년왕국에 사는 자들이 집을 짓고 남들이 그 집에서 사는 일이 없을 것이고 자신들이 재배한 것을 타인이 먹지 않고 자신이 꼭 먹게 되는 것은 이들이 오래 살 수 있기 때문이라 했습니다. '내 백성의 수한이 나무의 수한 같겠고'는 나무의 수명은 천 년 이상입니다. 현재 미국 캘리포니아 북쪽 지역의 세코이아 나무들은 2천 년 된 나무들도 있다고 합니다. 천년왕국의 사람들이 오래 살아서 다 누릴 것이란 말입니다.

23절 '그들의 수고가 헛되지 않겠고 그들의 생산한 것이 재난을 당하지 아니하리니 그들은 여호와의 복된 자의 자손이요 그들의 후손도 그들과 같을 것임이라'

천년왕국에 육체로 들어온 자들 중에 하나님을 경외하는 자들은 메시아께서 직접 통치하는 나라 백성들이므로 그 자체가 복된 자들입니다. 24절에서 이들이 부르기 전에 하나님께서 응답하겠고 그들이 말을 마치기 전에 즉각적으로 응답하실 것이라 했습니다.

25절 '이리와 어린 양이 함께 먹을 것이며 사자가 소처럼 짚을 먹을 것이며 뱀은 흙을 양식으로 삼을 것이니 나의 성산에서는 해함도 없겠고 상함도 없으리라 여호와께서 말씀하시니라'

이 말씀은 이사야서 11:6-7과 똑같은 말씀입니다.

둘째 '전천년설에서 사탄이 실제로 천 년 동안 무저갱에 갇혔다가 놓이게 되는 것을 의미한다면 하나님께서는 무엇 때문에 단번에 사탄을 영벌에 처하지 아니 하시고 다시 놓았다가 잡아서 불못에 던지시는 지에 대해 이해하기 곤란하다'는 비판이 있습니다.

하나님께서 사탄을 불못에 단번에 빠뜨리지 않고 무저갱 속에 가두어 두신 것은 천년 왕국에 육체로 들어온 자들을 처리하기 위해서 입니다. 한두 명도 아니고 수십억 이상의 사람들이 지구상에 육체로 남아 있는 것을 당신 같으면 어떻게 처리 하겠습니까? 이 육체로 들어온 자들에게 한 번 더 기회를 주기 위한 것이 아니겠습니까? 하나님께서 이들에게 기회를 주기 위해서 사탄을 한 번 더 이용한 것입니다.

계시록 20:7-10 "천 년이 차매 사탄이 그 옥에서 놓여 나와서 땅의 사방 백성 곧 곡과 마곡을 미혹하고 모아 싸움을 붙이리니 그 수가 바다의 모래 같으리라. 그들이 지면에 널리 펴져 성도들의 진과 사랑하시는 성을 두르매 하늘에서 불이 내려와 그들을 태우고 또 그들을 미혹하는 마귀가 불과 유황 못에 던져지니 거기는 그 짐승과 거짓 선지자도 있어 세세토록 밤낮 괴로움을 받으리라"

셋째 천년왕국 동안에 사탄이 무저갱에 갇힘으로 그 동안에는 악이 존재하지 않는다는 오해

천년왕국에 육체로 들어온 자들은 육체에 아직도 죄성을 가지고 있습니다. 영이 구원받지 못한 상태입니다. 우리와 똑같은 존재들입니다. 단지 사탄과 귀신들이 사람들을 유혹하고 미혹하고 격동하지 않는 것 뿐이지 사람들 속에 죄와 악이 있습니다. 이들은 다투기도 하고 싸우기도 하고 거짓말도 할 것이며 속이기도 할 것입니다. 병도 있고 죽음도 있습니다. 사탄이 없으므로 전쟁이나 재난, 재해, 유혹, 미혹이 없을 뿐이지 사람들 속에 있는 죄와 악들이 어느 정도 발동할 것입니다. 뿐만 아니라 스가랴서 14:19 "애굽 사람이나 이방 나라 사람이나 초막절을 지키러 올라오지 아니하는 자가 받을 벌이 그러하니라."에서 초막절을 지키러 올라오지 않고 하나님께로부터 벌을 받는 백성들도 있는 것을 봅니다. 이사야서 65:20-25에 보면 병들어 죽기도 하고 저주를 받기도 합니다. 어떤 사람은 천세 수를 하고 어떤 사람은 백세 미만에 죽는 자도 있음을 봅니다. 왜 죽습니까? 죄가 있기 때문이 아니겠습니까? 마귀가 죄를 충동하지 않아도 이미 그들 속에는 죄성이 있다는 사실을 깨닫습니다. 죄의 삯은 사망입니다.

넷째 그리스도와 함께 성도들이 천년왕국을 다스릴 것이라고 했는데 누구를 다스린다는 것인가?

천년왕국에서는 부활한 성도들과 살아서 순식간에 변화되어 들림 받은 성도들이 주님과 함께 지상 재림하여 천 년 동안 왕 노릇하리라 했습니다.

계시록 20:6 "이 첫째 부활에 참여하는 자들은 복이 있고 거룩하도다. 둘째 사망이 그들을 다스리는 권세가 없고 도리어 그들이 하나님과 그리스도의 제사장이 되어 천 년 동안 그리스도와 더불어 왕 노릇 하리라"

첫째 부활에 참여한 자들이 그리스도와 함께 왕 노릇 하리라 했는데 백성들이 있어야 왕 노릇 하지 않겠습니까? 그 백성들은 누구입니까? 바로 천년왕국에 육체로 들어온 수십억 인구들입니다. 이들이 100년, 300년 되면서 퍼뜨린 인구들이 100억(?)이 넘을 것이기에 이들을 다스릴 것입니다. 부활한 성도들은 신령체들입니다. 이들은 장가도 가지 않고 시집도 가지 않습니다. 자녀도 낳지 않습니다. 병들거나 죽지도 않고 영원히 사는 영체입니다. 이들은 다스리는 자들로서 육체로 들어온 자들과는 분리됩니다. 계시록 22:5에 보면 영원 세계에 들어가서도 세세토록 왕 노릇 하리라고 했는데 성도들이 영원 세계에 들어가서는 누구를 다스리기에 왕 노릇 한다고 했습니까? 다스림 받을 자가 누구입니까? 영원 세계에서는 온 우주가 다스리는 대상일 것입니다. 그 때에 부활한 성도들은 신령체로서 물론 천년 왕국에서도 마찬가지지만, 신령체는 부활하신 주님의 몸과 같게 될 것이라고 빌립보서 3:20, 21에 말씀하고 있습니다.

"그러나 우리의 시민권은 하늘에 있는지라 거기로부터 구원하는 자 곧 주 예수 그리스도를 기다리노니 그는 만물을 자기에게 복종하게 하실 수 있는 자의 역사로 우리의 낮은 몸을 자기 영광의 몸의 형체와 같이 변하게 하시리라."

우리 몸이 변화되어 신령체가 되면 주님의 영광의 몸의 형체와 같이 변하게 된다고 했는데 몸과 뼈가 있으면서도 공간과 시간을 초월하고 먹기도 하고 마시기도 합니다. 시간과 공간을 초월하는 몸으로 하나님의 빛인 영광의 속도로 온 우주를 왕래하면서 우주 공간을 다스리게 됩니다.

다섯째 백보좌 심판 때에 성도들도 심판대 앞에 서서 상급 심판을 받을 것이라는 견해.

많은 사람들이 계시록 20:11-15에서 성도들이 그리스도의 대 백보좌 심판대 앞에 서서 상급 심판을 받는다고 생각하고 있습니다. 왜냐하면 대 백보좌 심판에 행위의 책과 함께 생명책이 놓여 있기 때문이라 합니다. 백보좌 심판은 영혼 구원 받지 못한 자들을 부활시키는 시기입니다. 행위의 책에 따라 재판 받고 불못에 빠뜨리기 위해서 입니다. 이 시기는 성도들이 부활해서 그리스도와 함께 천년왕국에서 천 년 동안 왕 노릇 한 후입니다. 이 때는 구원 받지 못한 자들의 영혼이 음부에 있다가 살아 생전에 지은 죄들을 재판 받고 영원한 지옥인 불못에 들어가기 위해 재판관 앞에 서는 때입니다. 이들과 함께 이미 부활해서 신령체가 되었고 그리스도와 함께 천 년 동안 왕 노릇한 성도들을 이 죄수들과 함께 세운다는 것은 분위기적으로 너무 적절하지 못하다고 생각합니다. 비록 상급 심판을 받기 위한 것이라고 하더라도 죄수들 앞에서 상급 심판 받는 것은 기분 나쁜 분위기 입니다. 상급 심판은 기분이 좋고 즐거워야 할 분위기여야 합니다. 차라리 들림 받아 하나님 앞에서 어린 양 혼인잔치하는 그 시기에 상급 심판이 있게 될 것이라 생각해 봅니다. 들림 받고 천 년이나 기다려서 상급 심판을 합니까? 그 때 상급 심판 해야 할 이유가 무엇인가 하는 문제입니다. 성도들의 혼인 잔치는 3년 반 동안 진행되는데 지상에서는 후 3년 반의 기간에 해당됩니다. 이 3년 반 동안에 혼인 잔치와 성도들의 상급 심판도 이루어집니다. 주님께서 우리에게 빛나고 깨끗한 세마포를 입게 하신다고 했습니다. 주님께서 입으라고 해야만 입을 수 있다는 것입니다. 세마포는 성도들의 옳은 행실이라고 했습니다. 옳은 행실이란 세상에서 살면서 성도로서 얼마나 하나님을 잘 섬기고 성도들을 얼마나 사랑하고 충성했으며 주님을 위해 희생하고 핍박과 박해를 잘 인내하며 믿음의 승리를 했는가에 따라 상급을 주신다는 말씀입니다. 옳은 행실이라는 말 자체에 상급의 개념이 포함된 것 같습니다.

백보좌 심판은 한 사람이 심판대 앞에 서면 행위의 책을 펼쳐서 그 사람의 세상에서의 살아 생전에 지은 죄들의 기록을 조사합니다. 그렇게 해서 죄의 경감을 따져 불못에서도 가두는 장소가 다를 것입니다. 부활한 성도들에게 상급 심판이 있듯이 불신자들 심판에도 죄의 경감에 따라 지옥 형벌에도 엄청난 차이가 있을 것입니다. 만약 그렇지 않다면 행위의 책에 따라 심판을 받을 필요가 없을 것입니다. 죄인들을 무조건 불못에 던져 버리면 될 것입니다. 그런데 심판하는 것은 그들의 죄에 따라 불못의 적절한 곳에 배치 감금하기 위한 것이 아니겠습니까?

생명책은 상급 심판의 근거로 사용되지 않을 것입니다. 생명책에는 구원받은 자들의 이름만 기록되어 있습니다. 성도들의 선한 행실의 상급을 심판할 자료로 쓰일 책이 있습니다. 그것은 여호와 앞에 있는 기념책일 것입니다.

"그 때에 여호와를 경외하는 자들이 피차에 말하매 여호와께서 그것을 분명히 들으시고 여호와를 경외하는 자와 그 이름을 존중히 여기는 자를 위하여 여호와 앞에 있는 기념책에 기록하셨느니라"(말라기 3:16).

우주 대 변혁
(계시록 20:11)

"또 내가 크고 흰 보좌와 그 위에 앉으신 이를 보니 땅과 하늘이 그 앞에서 피하여 간 데 없더라."(계 20:11)

"또 내가 새 하늘과 새 땅을 보니 처음 하늘과 처음 땅이 없어졌고 바다도 다시 있지 않더라."(계21:1)

"보좌에 앉으신 이가 이르시되 보라 내가 만물을 새롭게 하노라 하시고 또 이르시되 이 말은 신실하고 참되니 기록하라 하시고."(계 21:5)

"그러나 주의 날이 도둑 같이 오리니 그 날에는 하늘이 큰 소리로 떠나가고 물질이 뜨거운 불에 풀어지고 땅과 그 중에 있는 모든 일이 드러나리로다."(벧후 3:10).

"하나님의 날이 임하기를 바라보고 간절히 사모하라 그 날에 하늘이 불에 타서 풀어지고 물질이 뜨거운 불에 녹아지려니와"(벧후 3:12)

천년왕국이 끝나고 백보좌 심판이 있게 될 무렵에는 지구 상에 존재하던 인류는 육체로 있는 자들은 한 사람도 없습니다. 그 때까지 살아 남은 자들은 영체로 변합니다. 영체는 시간과 공간을 초월하고 온도 한계도 초월합니다. 아무리 뜨겁거나, 아무리 춥다 할지라도 영체에게는 아무런 영향을 주지 못합니다. 영원 세계의 체질로 변합니다.

1. 계시록 20:11에서 우주 대 변혁이 일어나는 것을 보게 되는데 천지 개벽이 어떻게 일어나며, 어떤 결과를 가져 오는가

계시록 20:11을 보면 백보좌 심판대 주위에 '땅과 하늘이 그 앞에서 피하여 간데 없더라'고 언급하는데 백보좌 심판대가 허공에 준비되어 있음을 봅니다. 백보좌 심판대 앞에는 이 때까지 부활하지 못하던 예수 믿지 않고 죽은 영혼들이 부활하여 심판받기 위하여 불려나온 자들이 있습니다. 이들은 영체들입니다. 시간과 공간을 초월하는 자들입니다. 지구라는 땅위에 서 있지 않아도 되는 자들입니다. 공중에 떠 있을 수 있습니다. 아마도 지구와 우주가 불로 태워지면서 만물이 새로 변혁되는 동안에 백보좌 심판대 앞에서 심판을 받게 될 것임을 보여 줍니다.

2. 계시록 21:1 말씀은 이미 대 백보좌 심판이 끝나고 우주 대 변혁이 끝난 후입니다

처음 하늘과 처음 땅이 없어졌다는 말은 옛 하늘, 옛 땅이 새롭게 단장 되었다는 말씀입니다. 그 결과 바다가 없어졌다고 했습니다. 지구에 바다가 없다는 말은 너무나 중요한 암시를 주고 있습니다. 계시록 20장은 천년왕국을 보여 주었습니다. 천년왕국은 영원세계로 들어가기 전의 과도기 시대였습니다. 이 때에는 지구 상에 영체와 육체가 섞여 사는 때입니다. 영체는 부활한 성도들을 말하며, 육체는 거듭나지 않고 변화되지 않은 불신자들이 천년왕국에 들어 온 자들입니다. 이들은 죄성을 가지고 있습니다. 육체는 물이 있어야 살 수 있습니다. 사람의 몸이 70%가 물입니다. 육체가 살 수 있는 적절한 온도를 유지해 주는 것이 바다입니다. 그런데 지구상에 바다가 없다는 것은 물을 필요로 하는 존재가 지구 상에 없다는 말입니다. 바다가 없다는 말은 강물이나 호수 등 민물도 없다는 말입니다. 계시록 21장부터는 영원 세계입니다. 육체로 존재하는 자가 없다는 말입니다. 베로로후서 3:10에 "그러나 주의 날이 도둑 같이 오리니 그 날에는 하늘이 큰 소리로 떠나가고 물질이 뜨거운 불에 풀어지고 땅과 그 중에 있는 모든 일이 드러나리로다"라고 했는데, 체질이 뜨거운 불에 풀어진다는 말은 우주의 원소가 뜨거운 불에 풀어진다는 말입니다. 이것을 계시록 21:1의 바다가 없어졌다는 말과 연관해 볼 때에 물분자(H_2O)가 풀어져버려 물이 사라져 버렸다는 말입니다. 이렇게 지구가 영원 세계의 환경으로 새롭게 단장됩니다.

3. 천지개벽 동안 태양계의 궤도가 변화됩니다
지구가 태양계에서 이탈되어 스스로 존재하는 별이 됩니다

그 이전까지는 지구가 자전, 공전 그리고 자전의 기울기인 23.5도가 필요했지만 이제는 필요 없게 됩니다. 이런 현상들은 지구가 태양의 열을 받아 지구에 있는 생물들이 생존할 수 있는 적절한 환경을 유지시켜 주는 요소였습니다. 하나님께서 천지 창조하실 때에 지구 상에 사람이 살 수 있도록 조성하신 자연 은총이었습니다. 계시록 21:23에, "그 성은 해나 달의 비침이 쓸 데 없으니 이는 하나님의 영광이 비치고 어린 양이 그 등불(lamp)이 되심이라"는 말씀에서 새 예루살렘 성에는 해와 달이 필요 없다고 했습니다. 해와 달빛 대신에 하나님의 영광이 비취기 때문이라 했습니다. 그렇다면 지구가 행성이 아니고 스스로 빛을 발하는 항성이 되었다는 말입니다. 계시록 20:11에서, 땅과 하늘이 그 앞에서 피하여 간데 없더라는 말씀 속에 이런 천체의 변동이 있을 것을 보여 줍니다. 계시록 21:23에서 그 '성'은 해와 달의 비췸이 쓸데 없다고 하시기에 그 성에만 해당하는 말인가 생각했었는데, 계시록 22:5에서 "다시 밤이 없겠고 등불과 햇빛이 쓸 데 없으니 이는 주 하나님이 그들에게 비치심이라 그들이 세세토록 왕 노릇 하리로다"에서 지구 전체에 해당하는 말 임을 알 수 있습니다.

4. 창세기 1장 우주가 창조될 때 지구가 창조의 중심이었음을 기억할 것입니다(창세기 1:14-18).

이제 지구가 온 우주의 통치 본부가 됩니다. 왜냐하면 하나님의 보좌가 지구에 좌정하시기 때문입니다. 현재 우리가 생각하고, 성경에서 보여주는 천국은 하나님의 보좌가 있는 어떤 별입니다. 하나님의 보좌가 있는 곳인 거룩한 성, 새 예루살렘이 하늘로부터 지구로 내려온다고 계시록은 두 번이나 말씀하고 있습니다. 계시록 21:2과 21:10입니다. "또 내가 보매 거룩한 성 새 예루살렘이 하나님께로부터 하늘에서 내려오니 그 준비한 것이 신부가 남편을 위하여 단장한 것 같더라"했으며, "성령으로 나를 데리고 크고 높은 산으로 올라가 하나님께로부터 하늘에서 내려오는 거룩한 성 예루살렘을 보이니"라 했습니다. 이 거룩한 성 새 예루살렘은 요한복음 14:2,3에서 예수님이 언급하신 성입니다. 이 성은 예수님께서 당신의 신부들을 위해 예비한 것이라 했습니다.

"내 아버지 집에 거할 곳이 많도다 그렇지 않으면 너희에게 일렀으리라 내가 너희를 위하여 거처를 예비하러 가노니 가서 너희를 위하여 거처를 예비하면 내가 다시 와서 너희를 내게로 영접하여 나 있는 곳에 너희도 있게 하리라."

계시록 21:2 ".... 그 준비한 것이 신부가 남편을 위하여 단장한 것 같더라"

계시록 21:9은 이 거룩한 성 예루살렘을 '신부 곧 어린 양의 아내'라고 말합니다. 그런데 거룩한 예루살렘 성 안인 계시록 22:1에 하나님의 보좌가 있음을 보여 줍니다. 하나님의 보좌는 온 우주의 통치 본부입니다. 지구가 우주의 통치 본부라는 말입니다. 5절에서 구속함을 받은 성도들이 세세토록 왕 노릇 하리라 했습니다. 세세토록 온 우주를 통치할 것이라 했습니다. 우주 대 변혁의 과정에서 지구가 우주의 중심이 되고, 지구는 더 이상 태양이나 달의 빛을 받지 않고, 빛의 근원이신 하나님의 영광이 비침으로, 크기로는 태양에 비해서 또는 은하계의 어떤 항성에 비해 극히 작은 것이지만, 온 우주에 빛을 공급하는 별이 됩니다.

07 Chapter

대 백보좌 심판

"또 내가 보니 죽은 자들이 큰 자나 작은 자나 그 보좌 앞에 서 있는데 책들이 펴 있고 또 다른 책이 펴졌으니 곧 생명책이라 죽은 자들이 자기 행위를 따라 책들에 기록된 대로 심판을 받으니 바다가 그 가운데에서 죽은 자들을 내주고 또 사망과 음부도 그 가운데에서 죽은 자들을 내주매 각 사람이 자기의 행위대로 심판을 받고 사망과 음부도 불못에 던져지니 이것은 둘째 사망 곧 불못이라 누구든지 생명책에 기록되지 못한 자는 불못에 던져지더라" (계시록 20:12-15)

모든 불신자들이 심판 받기 위해 몸의 부활이 시행되는 때입니다. 첫째 부활에 참여한 성도들을 제외한 전 인류의 부활이 일어납니다. 크고 흰 보좌와 그 위에 앉으신 자를 보니 땅과 하늘이 그 앞에서 피하여 간 데 없더라 하신 말씀은 지구의 땅에 매이지 않으시고 우주 공간에 대 백보좌를 펼치신 주님께서 그 위에 좌정하시고 악한 자들의 부활체들을 그 앞에 서게 하심을 봅니다. 심판자이신 예수 그리스도께서 하실 일은 하나 밖에 없습니다. 마지막으로 아직도 처리되지 않은 불신자들의 영혼들입니다. 이들도 부활하게 됩니다. 선한 일을 행한 자는 생명의 부활을 한다고 했고 악한 일을 행한 자는 심판의 부활을 한다고 했습니다(요한복음 5:29). 선한 일이란 하나님과 예수 그리스도를 믿어 구원받은 일을 말합니다. 악한 자들이 부활하는 것은 심판 받기 위해서 입니다(계시록 20:11-15). 악한 자들을 두고 죽은 자들(예수 믿고 죽은 성도들은 잠자는 자라고 하심)이라고 합니다. 이들이 심판부활되는 광경을 보여 주고 있습니다. '바다가 그 가운데서 죽은 자들을 내어주고' 라는 말을 간과하지 마시기 바랍니다. 아주 중요한 말씀입니다. '죽은 자' 는 시체를 말합니다. 어떻게 바다가 시체를 내어 줍니까? 시체로 나타나기까지 바다에서 엄청난 하나님의 부활의 능력이 역사된 결과입니다. 생각해 보시기 바랍니다. 죽은 지 한 시간이나 3-4일 정도 된 자들은 썩지 않은 시체 상태로 그대로 있을 수 있습니다. 그러나 바다에서 죽은 지 100년, 혹은 200년 이상이 되면 그 사람에게 속했던 모든 구성 원소들이 오대양에 흩어져 있을 것입니다. 그것들이 다시 모여 시체를 형성하고, 바다가 시체를 내어 준다는 말입니다. 죽어 장사되거나 땅에 묻힌 자들을 두고 사망이라 하는데 죽은 자들의 시체를 땅이 내어 줍니다. 사람이 죽을 때에 영혼과 몸이 분리 되어 영혼은 음부에 갇히고 몸은 흙으로 돌아갑니다. 이 영혼들이 음부에 갇혀 있다가 이 때에 놓여나서 그들의 각각의 시체 속으로 들어감으로 심판 부활체가 되어 심판대 앞에 서게 됩니다. 이렇게 부활체가 되어 심판대 앞에 서서 행위의 책에 따라 심판을 받고 불못에 던져집니다.

불못에 들어갈 자들을 그냥 다 쓸어 넣으면 될 텐데 왜 심판합니까? 이 세상에서 죄를 지은 사람들을 판사가 심판하는 것은 죄의 형량을 가리기 위해서입니다. 어떤 죄인은 5년, 혹은 10년. 아마도 백보좌 심판에서 행위의 책이 놓여 있는 것을 볼 때에 불못 지옥에 들어갈 자들을 심판할 때도 행위의 책에 따라 형벌이 주어지는 것 같습니다. 지옥에서 '고통스럽고', '더 고통스럽고', '아주 혹독한 고통' 의 형벌을 영원히 받게 되는 것 같습니다. 백보좌 심판이 있는 것을 볼 때에 지옥에도 형벌의 차이가 있는 것 같습니다. 사망과 음부가 더 이상 필요 없으므로 이것들도 불못에 던지움으로 이 세상의 모든 일들이 끝나게 됩니다. 아담의 범죄 이후 인류구속 역사를 이루어 오신 구속의 대역사는 여기서 완전히 종결됩니다.

예수 그리스도 보혈의
효능과 그 범위

"또 내가 보니 죽은 자들이 큰 자나 작은 자나 그 보좌 앞에 서 있는데 책들이 펴 있고 또 다른 책이 펴졌으니 곧 생명책이라. 죽은 자들이 자기 행위를 따라 책들에 기록된 대로 심판을 받으니 …누구든지 생명책에 기록되지 못한 자는 불못에 던져지더라"(계시록 20:12, 15).

저는 요한계시록을 공부하면서 몇 가지 심각한 질문들을 하게 되었습니다. 그것은 예수 그리스도의 십자가의 보혈의 공효가 어디까지 미치는가 하는 질문입니다. 이 문제에 대해 시대를 셋으로 구분해서 진술해 보겠습니다. 첫째, 예수 그리스도의 공중강림과 휴거된 성도들까지. 둘째, 예수 그리스도의 지상 재림 때에 지상에 남은 성도들까지. 셋째, 예수 그리스도의 천년왕국과 백보좌 심판 때까지.

1. 예수 그리스도의 공중강림과 휴거된 성도들까지

　예수님께서 공중강림하실 때에 성도들이 부활합니다. 이 때의 부활을 계시록 20:5,6에서 첫째 부활이라 했습니다. 첫째 부활에 참여하는 자는 아담 이후 예수님을 믿고 구원받아 하나님의 자녀가 되어 생명책에 그 이름이 기록되고, 죽었다가, 주님 공중강림 때에 부활한 모든 성도들입니다. 예수님이 공중강림하실 때에 살아 있는 모든 거듭난 성도들이 순식간에 몸이 신령체로 변화되어 휴거된 자들도 첫째 부활에 참여한 자들입니다. 이런 자들은 휴거되어 공중에서 구름 속으로 끌어 올려 주님을 만나고 천국에 입성해서 하나님 보좌 앞으로 나갑니다. 어린 양의 혼인잔치에 하나님께서 입혀 주시는 흰 세마포 웨딩드레스를 입고 혼인예식에 신부로서 참여 합니다. 그 때에 상급심판을 받고 영원히 그 복을 누리게 됩니다. 그런데 이 세상에서 신앙을 이유로 목베임을 당하거나 죽임을 당해 순교한 자들이나 전 3년 반에 들어가서 이마나 손에 짐승표를 받지 않는다는 이유로 그리고 짐승과 그 우상에게 경배하지 않아 죽임을 당한 성도들은 특별한 대우를 받게 됩니다. 천년왕국에서 주님과 함께 보좌에 앉아 왕 노릇하게 된다 했습니다. 예수님께서 공중강림하실 때에 들림받는 성도들은 예수님의 보혈로 죄 용서 받고 거듭나 하나님의 자녀로서, 신랑되신 예수님의 신부로서 혼인잔치에 참여한 자들입니다. 예수님께서 지상재림하실 때에 순교자들은 천년왕국에서 천 년 동안 주님과 함께 왕 같은 제사장으로서 왕 노릇하게 됩니다. 계시록 21:2과 21:9 말씀에 의하면 새 예루살렘성 그 자체가 어린 양의 아내라고 합니다. 어린 양의 신부들만 새 예루살렘성에 살게 됩니다. 첫째 부활에 참여한 자들만 어린 양의 신부입니다.
　〈예수님이 지상재림하실 때에 순교자들만 주님과 함께 지상재림 하는지, 아니면 모든 부활한 성도들이 주님 지상재림 때에 총동원해 내려오는 것인지 의문이 있습니다.〉
　만약 지상재림 때에 순교자만 내려온다면 이들이 천년왕국 때에 주님과 왕 노릇할 것인데, 순교자와 함께 다른 성도들도 온다면 순교자들이 왕 노릇하는 것은 성경에 명시되었습니다. 다른 부활체 성도들은 그 때에 어떤 역할을 할까요?

우리가 부활체 혹은 신령체가 되면 온 우주를 생각의 속도로 움직이기 때문에 천년왕국이 있는 지구와 하나님 보좌가 있는 천국과의 거리는 문제가 되지 않습니다. 지구와 천국을 순간적으로 왕래할 것입니다.

2. 예수 그리스도의 지상재림 때 지상에 남은 성도들

주님이 공중강림하실 때에 들림 받지 못하고 후 3년 반, 일곱 대접 심판 때에 지상에 남은 성도들이 있습니다. 이들은 후 3년 반 동안에 육체로 있습니다. 이미 들림받은 성도들은 천국에서 부활체, 신령체를 입고 있을 때에 이들은 아직도 지상에 남아 육체로 있습니다만 예수님의 보혈로 죄씻음 받고 성령충만한 상태가 되도록 훈련받습니다. 이들은 후 3년 반 동안에 피난처에서 영성훈련을 더 받게 됩니다. 상급도 없습니다. 그러나 주님이 지상 재림하실 때에 신령체로 변화됩니다. 이들 역시 예수 그리스도의 보혈로 죄 씻음 받고 성령의 내주하심과 성령충만을 받은 자들입니다. 예수님의 공중강림 때에 들림받지 못하여 혼인잔치에 참여하지 못했기 때문에 예수님의 신부는 못됩니다. 마태복음 25장 열 처녀 비유에서 준비된 신부와 신랑이 혼인 잔치 집에 들어가 문이 닫힌 후에야 등에 기름을 준비하여 불을 밝힌 자들입니다. 문이 닫힌 후에야 와서 주여! 주여! 우리에게 열어주소서 하지만 문 안쪽에서 들리는 주님의 음성은, 진실로 너희에게 이르노니 내가 너희를 알지 못하노라는 대답입니다. 혼인예식에 참여하지 못했다는 말입니다. 하나님의 자녀이기는 하지만 예수님의 신부 자격은 갖지 못한 성도들 입니다. 그러나 생명책에 그 이름이 기록된 자들입니다. 불못에 들어가지 않습니다.

〈질문은 이들이 주님의 지상재림 때에 신령체가 되었다면, 신령체가 된 후에 천상에 있는 다른 성도들과 함께 하기 위해 천국으로 입성할 것인지, 아니면 주님과 함께 지상재림해서 왕 노릇하는 순교자들과 함께 천년왕국으로 들어가 있다가 천년왕국이 지난 후에 영원세계로 들어갈 것인지 하는 문제입니다.〉

3. 예수 그리스도의 천년왕국과 백보좌 심판 때까지

천년왕국에 육체로 들어간 사람들의 구원문제에 대해서 생각해 봅시다. 육체를 가졌다는 것은 예수 그리스도의 보혈의 공효가 미칠 수 있다는 사실입니다. 온 우주에 육체를 가진 자들이 한 사람도 없고 모든 존재가 다 영체(영원세계에는 영체만 존재합니다. 구원 받아 하나님과 함께 영원히 사는 신령체를 가지느냐, 아니면 불못에 있는 자들로서 영벌을 받는 존재들이냐 하는 것입니다.)라면 예수님의 보혈의 공효가 끝났고 그 효력도 마감되겠지만 아직도 육체를 가지고 있습니다. 이들의 구원에 대해서도 생각할 필요가 있습니다.

계시록 20:7-10 '천 년이 차매 사탄이 그 옥에서 놓여 나와서 땅의 사방 백성 곧 곡과 마곡을 미혹하고 모아 싸움을 붙이리니 그 수가 바다의 모래 같으리라. 그들이 지면에 널리 퍼져 성도들의 진과 사랑하시는 성을 두르매 하늘에서 불이 내려와 그들을 태워버리고 또 그들을 미혹하는 마귀가 불과 유황 못에 던져지니 거기는 그 짐승과 거짓 선지자도 있어 세세토록 밤낮 괴로움을 받으리라."

9절 말씀 '그들이 지면에 널리 퍼져 성도들의 진과 사랑하시는 성을 두르매'에서 '그들'은 사탄의 미혹 받은 곡을 대장으로 하는 천년 메시아왕국에 반역한 자들 입니다. '성도들의 진'은 누구를 말합니까? 이 성도들에 대해 많은 사람들이 혼동하고 있습니다. 이 성도들을 현재의 우리로 생각하는 사람들이 많습니다. 또한 이 '성도'들을 천년왕국에 들어온 예수 그리스도와 함께 왕 노릇하는 신령체를 가진 자들이라고 생각합니다. 아닙니다. 이 때 신령체를 가진, 주님과 함께 왕 노릇하는 자들은 천사보다 지위가 높은 존재입니다. 한 천사가 앗수르 군대 18만 5천을 하룻밤 사이에 죽인(이사야 37:36) 사실을 기억하십니까? 그런데 이런 천사보다 더 큰 능력과 권세를 가진 왕 노릇하는 신령체들을 감히 대항할 엄두도 내지 못할 것입니다. 이 성도들은 천년왕국의 법령을 준수하고 왕이신 예수 그리스도를 경외하고 잘 섬기고 따르던 천년왕국에서의 성도들을 말합니다. '성도들의 진'이라고 했습니다. '진'은 '진영'을 말합니다. 전쟁을 하기 위해 포진해 있는 상태를 보여 줍니다. '이 성도들의 진'은 곡을 대장으로 하는 사탄 편에 선 군대들의 공격을 방어하기 위해 조성된 하나님을 경외하는 육체를 가진 자들의 군대 진영을 말합니다. 천년왕국의 시민들은 일곱째 대접재앙 때에 살아남은 자들입니다. 전 지구상에서 살아남은 자들입니다. 이들 가운데는 악한 자들도 있고 선한 자들도 있습니다. 천년왕국에서 반항하던 자들이 사탄이 무저갱에서 풀려 나와 세상을 미혹할 때에 사탄에게 가담한 자들이 있는가 하면 사탄에게 가담하지 않는 자들도 있습니다. 바로 그런 자들이 여기의 '성도들'입니다. 사탄을 따르는 무리가 바다의 모래같이 많다 하더라도 이들에게 가담하지 않은 자들이 더 많을 것입니다.

　천년왕국의 왕이신 메시아께서 천 년 동안 통치를 하셨는데 이들 모든 신민들이 다 메시아를 배반하고 사탄 편에만 선다고 생각하지는 않을 것입니다. 그렇다면 이들의 구원에 대해서도 생각해봐야 하겠습니다. 이 때까지 육체를 가진 이들도 구원받으려면 예수님의 보혈의 효력이 적용되어야 합니다. 왜냐하면 육체이기 때문입니다. 천년왕국이 지난 후 곡과 마곡 전쟁에서 살아남은 자들에게 두 가지 길이 있습니다. 이제 백보좌 심판이 있은 후에는 영원세계로 들어가 영원히 사느냐 아니면 불못에 들어가 영벌의 벌을 받고 사느냐 입니다. 이들도 어느 순간 홀연히 변화되어 영체를 가지고 백보좌 심판대에 서게 됩니다. 아담 이후 구원받지 못하고 죽어 음부에 갇혀 있던 모든 자들의 몸이 부활하여 심판대 앞에 서게 됩니다. 그 때에 천년왕국에서 살아 있던 자들도 변화체가 되어 심판대 앞에 서게 됩니다.

여기에서 생각해 볼 것은 불신자들을 심판하는 자리에 왜 생명책이 사용될까 하는 의문입니다. 그냥 죄인들의 행위 책들만 가지고 심판하시면 될 텐데 왜 그 자리에 생명책이 있을까 하는 것입니다. 그런데 천년왕국에서 살아남은 자들을 생각하면서 이 문제가 풀렸습니다. 생명책은 불신자들을 심판하기 위해 사용되는 것이 아니라, 천년왕국에서 살아남은 자들을 위해서 입니다. 이 때에는 이미 이들도 어느 순간에 순식간에 변화 되어 영체로 변화된 상태입니다. 이 때쯤에는 육체로서는 존재할 수 없는 환경입니다. 생명책은 천년왕국에서 살아 나온 자들의 이름이 생명책에 기록되어 있는지 아닌지 확인하는 책입니다. 생명책에 그 이름이 기록되지 않으면 불못에 들어갑니다(계시록 20:15). 계시록 20장에서 생명책이란 말이 두 번이나 나옵니다(12,15).

천년왕국의 만왕의 왕이시요 만주의 주이신 예수 그리스도를 경외하고 그 법을 따르며 순종하던 자들도 육체를 가졌기에 그 이름이 생명책에 기록되려면 예수님의 보혈로 죄 씻음 받아야 합니다. 죄를 회개하고 예수님의 보혈의 공로를 힘입은 자들만 생명책에 그 이름이 기록됩니다. 곡과 마곡전쟁에서 사탄의 군대에 참여한 자들은 다 죽습니다. 백보좌 심판 때에 이들도 부활합니다. 행위의 책에 의해 심판받기 위해서 입니다. 그러나 그 때까지 살아남아 변하여 신령체가 되고 백보좌 앞에서 생명책에 기록되어 불못에 들어가지 않은 자들은 영원세계에 들어가지만 신분적으로 따지자면 그냥 영원세계의 신민들입니다. 불못의 영원한 형벌을 면한 것만으로 엄청난 복입니다. 계시록 22:15말씀에 이상한 구절이 있습니다. 영원세계에 대해 말하면서 이런 표현을 쓰고 있습니다.

"개들과 점술가들과 음행하는 자들과 살인자들과 우상 숭배자들과 및 거짓말을 좋아하며 지어내는 자는 다 성 밖에 있으리라."

여기에서 말하는 자들은 천년왕국에 살 때에 이렇게 행동한 때도 있었지만 회개하고 예수님의 보혈로 죄씻음 받고 하나님을 경외하는 자들이 되었지만, 영원세계에 들어와서는 영원한 성 새 예루살렘에서는 살지 못하고 성 안에도 들어가지 못할 것입니다. 거룩한 성 예루살렘은 오직 어린 양의 신부들만 사는 곳이요 출입할 수 있는 곳입니다. 오로지 로얄 패밀리들만 왕궁, 새 예루살렘 성에서 살게 될 것입니다.

계시록 21:9-11, "일곱 대접을 가지고 마지막 일곱 재앙을 담은 일곱 천사 중 하나가 나아와서 내게 말하여 이르되 이리 오라 내가 신부 곧 어린 양의 아내를 네게 보이리라 하고 성령으로 나를 데리고 크고 높은 산으로 올라가 하나님께로부터 하늘에서 내려오는 거룩한 성 예루살렘을 보이니 하나님의 영광이 있어 그 성의 빛이 지극히 귀한 보석 같고 벽옥과 수정 같이 맑더라."

거룩한 성 새 예루살렘을 어린 양의 신부 곧 어린 양의 아내로 표현하고 있습니다.

계시록 21:2 "또 내가 보매 거룩한 성 새 예루살렘이 하나님께로부터 하늘에서 내려오니 그 준비한 것이 신부가 남편을 위하여 단장한 것 같더라."

이 두 구절을 종합해 볼 때에 거룩한 성 새 예루살렘이 곧 어린 양의 신부로 표현되고 있습니다(계시록 21:2,9). 이 거룩한 성 새 예루살렘은 어린 양의 신부들만 거처하는 곳이요, 그 신부들만 출입하는 성입니다.

"그 성은 해나 달의 비침이 쓸 데 없으니 이는 하나님의 영광이 비치고 어린 양이 그 등불이 되심이라. 만국이 그 빛 가운데로 다니고 땅의 왕들이 자기 영광을 가지고 그리로 들어가리라" (계시록 21:23-24).

계시록 22:5 "다시 밤이 없겠고 등불과 햇빛이 쓸데 없으니 이는 주 하나님이 그들에게 비치심이라. 그들이 세세토록 왕 노릇 하리로다."

여기의 '그들'은 천년왕국에서 왕 노릇 하던 자들입니다. 이들이 영원세계에서 천년왕국에서 살아남은 자들에게 왕 노릇한다는 의미일 것이요, 또한 온 우주를 다스릴 것을 의미합니다.

어린 양의 생명책

구약성경: 출애굽기 32:32, 33, 시편 69:28, 다니엘 12:1
신약성경: 빌립보서 4:3; 계시록 3:5; 13:8; 17:8; 20:12, 15; 21:27;
　　　　　　 누가복음 10:20

　신구약 성경에서 생명책에 관해 12번이나 말하고 있습니다. 구약성경에서 4번, 신약성경에서 8번입니다. 이 성경구절들을 살펴보면서 생명책의 기능, 네 가지를 발견했습니다.

첫번째 생명책의 기능: '창세 이후'

"죽임을 당한 어린 양의 생명책에 창세 이후로 이름이 기록되지 못하고 이 땅에 사는 자들은 다 그 짐승에게 경배하리라"(계시록 13:8).

"…… 땅에 사는 자들로서 창세 이후로 그 이름이 생명책에 기록되지 못한 자들이 이전에 있었다가 지금은 없으나 장차 나올 짐승을 보고 놀랍게 여기리라"(계17:8).

이 두 구절을 볼 때에 생명책은 창세부터 주님께서 백보좌 심판하실 때까지 예수님의 보혈로 죄씻음 받은 자들의 이름이 기록되는 책인 것을 알 수 있습니다. 분명히 말씀드리는 것은 계시록 13:8에서 '창세 이후로 이름이 기록되지 못하고 이 땅에 사는 자들'이라는 말씀에서 이 땅에 살고 있을 때에 생명책에 이름이 기록되어야 한다는 말씀입니다.

두번째 생명책의 기능: '어린 양의 생명책'

'죽임을 당한 어린 양의 생명책'(계시록13:8) '어린 양의 생명책'(계시록 21:27)

　주 예수 그리스도를 '어린 양'으로 표현 할 때는 예수님의 보혈을 내포합니다. 구약 시대의 성도들이 지은 죄를 용서받기 위해서 어린 양을 가지고 성전에 가서 피를 흘려 죽여 제사를 드림으로 죄사함의 효과가 있었습니다. 어린 양하면 예수 그리스도의 죽으심과 피 흘리심과 죄사함과 연결됩니다. '어린 양의 생명책'이란 예수 그리스도의 죽으시고 피 흘리심으로 우리의 죄를 도말해 주셨는데 이 사실을 믿을 때에 예수님 보혈의 죄사함의 효력이 내게도 나타나는 것입니다. 죄사함 받고 거듭나면 내 이름이 하늘나라의 생명책에 기록됩니다. 계시록 20:12-15 백보좌 심판 때에 생명책이 있다는 것은 천년왕국에서 살아남은 자들의 이름이 생명책에 기록되었는지 아닌지 확인하기 위해 마련된 것입니다.

세번째 어린 양 생명책의 기능: '이름을 기록하는 책'

　구약과 신약 12번의 성경구절에서 생명책의 기능은 구원받은 자들의 이름을 기록하는 책입니다. 불못에 들어가지 않고 천국으로 들어갈 사람들의 이름을 기록하는 책으로 묘사되고 있습니다.

계시록 20:15 '누구든지 생명책에 기록되지 못한 자는 불못에 던져지더라.'

네번째 생명책에서 지워버린다는 언급이 있었습니다

출애굽기 32:32,33는 모세가 시내산에 올라가 40일 동안 금식하면서 십계명과 성막 계시를 받고 있는 동안에 시내산 아래에서는 모세가 내려오지 않는다고 송아지 우상을 만들어 그것을 섬겼습니다. 하나님께서 이스라엘 백성들에게 진노하사 전멸시키려고 하실 때에 모세가 하나님께 중보기도하는 내용입니다. 모세가 말하기를 '…주께서 기록하신 책에서 내 이름을 지워 버려 주옵소서' 했을 때에 하나님께서 응답하시기를 '누구든지 내게 범죄하면 내가 내 책에서 그를 지워 버리리라' 고 하셨습니다.

계시록 3:5 '이기는 자는 이와 같이 흰 옷을 입을 것이요 내가 그 이름을 생명책에서 결코 지우지 아니하고 그 이름을 내 아버지 앞과 그의 천사들 앞에서 시인하리라.'

시편 69:28 '그들을 생명책에서 지우사 의인들과 함께 기록되지 말게 하소서.'

이 세 구절을 보면 생명책에 이름이 기록되었더라도 어떤 경우에는 그 이름이 생명책에서 지워질 수도 있다는 말씀을 보게 됩니다.

성도의 부활 메카니즘
(고린도전서 15:23-26,51)

1. 영원한 부활과 일시적 부활, 참 부활과 임시 부활

메카니즘(Mechanism)이란 의미는 기구, 구조, 구성, 장치란 의미인데, 성도의 부활의 메카니즘이란 말을 풀이하면 성도의 부활의 구조 혹은 구성으로 생각하시면 될 것입니다. 고린도전서 15:23-26은 부활 순서의 원리에 대해 말씀하시고 있습니다.

'그러나 각각 자기 차례대로 되리니 먼저는 첫 열매인 그리스도요 다음에는 그가 강림하실 때에 그리스도에게 속한 자요 그 후에는 마지막이니 그가 모든 통치와 모든 권세와 능력을 멸하시고 나라를 아버지 하나님께 바칠 때라 그가 모든 원수를 그 발 아래에 둘 때까지 반드시 왕 노릇 하시리니 맨 나중에 멸망 받을 원수는 사망이니라'

1) 부활의 순서
제일 처음 부활하시는 분은 부활의 첫 열매이신 예수 그리스도이십니다.

두 번째 부활하는 그룹은 그리스도 강림하실 때에 그리스도에게 속한 자라 했습니다. 여기서 "첫 열매인 그리스도"란 의미가 무엇이겠습니까? 어린 사과나무 모종을 사서 심었다고 합시다. 2년 후에 첫 사과가 열렸습니다. 색깔이 붉고, 한 입 깨물어 보니 새콤달콤하며 바삭바삭합니다. 다음 해에 열릴 사과가 어떨 것이라는 것을 상상할 수 있습니다. 다 익은 사과나무의 색깔은 붉을 것이고 맛은 새콤달콤할 것이요, 사과 살은 바삭바삭할 것입니다. 첫 열매가 그랬으니까요. 부활의 첫 열매라는 것은 최초의 부활한 분이 예수 그리스도시라는 것입니다. 그리고 두 번째 부활하는 자들은 주님이 공중강림하실 때에 믿고 구원받은 자들인데, 이들의 부활은 부활의 첫 열매이신 예수님의 부활과 같이 될 것이랍니다. 부활한 몸은 살과 뼈가 있으되, 시간과 공간을 초월하는 몸이요, 먹고 마시기도 하는 부활의 몸이 될 것입니다. 이런 성도들의 부활을 계시록 20:5,6에서는 첫째 부활에 참여한 자들이라고 말합니다. 부활의 첫 열매이신 그리스도와 그리스도께서 공중강림하실 때에 부활하는 자들이 영원한 부활, 참 부활을 하는 자들입니다.

2) 일시적 부활, 임시 부활

구약시대에 부활한 자들이나 예수님이 살아 계실 때에 부활한 자들이나 예수님이 부활 승천하시고 난 후에 사도들에 의해 부활된 자들은 어떤 부활이냐 하는 것입니다. 이런 자들의 부활을 임시부활, 혹은 일시적 부활이라고 합니다. 예를 들면, 구약시대 열왕기하 4:32-37 엘리사 선지자가 부활시킨 수넴 여인의 외아들, 열왕기하 13:21에서 엘리사가 죽은 지 일 년쯤 되었을 때에 엘리사의 뼈에 던져진 죽은 시체가 살아난 사건이라든지, 열왕기상 17:20-24에서 엘리야가 사르밧 과부의 아들을 살린 사건과 죽은 지 나흘 되어 냄새가 난다고 했던 나사로(요 11:43-44)와 나인성 과부의 아들(눅 7:14), 회당장 야이로의 딸(눅 8:54-56)들은 예수님이 부활하시기 전에 다시 살아난 자들입니다. 이들은 다 임시 부활입니다. 일시적 부활입니다. 왜냐하면 고린도전서

15:23의 부활의 순서에서 첫 열매인 그리스도보다 앞에 놓여 있기 때문입니다. 참 부활은 그리스도인데 그 전에 살아난 자들은 참 부활, 영원한 부활이 아닌 것입니다.

예수님이 부활 승천하시고 난 후에 사도들에 의해 부활한 자들이 있습니다. 베드로 사도에 의해 부활한 도르가 여인이나 사도 바울에 의해 살아난 유두고의 부활도 참 부활이 아닌 임시적 부활인 것입니다. 왜냐하면 고린도전서 15:23에 참 부활은 그리스도께서 공중강림하실 때에 그리스도에게 속한 자들이라고 했습니다. 다시 말하자면 영원한 부활은 첫 열매이신 주님의 부활 후에, 주님께서 성도들을 마중 나오신 공중강림하실 때에 이루어지는 것이 참 부활, 영원한 부활인 것입니다. 이 임시부활, 혹은 일시적 부활을 한 사람들을 살펴볼 때에 모두가 죽은 지 불과 3일 내지 5일 정도 밖에 되지 않았습니다. 유두고는 죽자마자 살아났고, 나사로와 도르가는 나흘 만에, 나인성 과부의 아들은 장례 행렬 중에 살아났습니다.

> 마태복음 27:53 예수님이 운명하시던 때에 "무덤들이 열리며 자던 성도의 몸이 많이 일어나되 예수의 부활 후에 그들이 무덤에서 나와서 거룩한 성에 들어가 많은 사람에게 보이니라."

이들의 부활은 무슨 부활인가 하는 의문을 제기하는 사람들이 있습니다. 이런 사람들의 부활도 역시 임시부활입니다. 예수님이 부활하기 전이요, 또한 주님이 공중강림하실 때에 부활한 자들이 아니기 때문입니다. 이들 임시 부활한 자들은 일정 기간이 지난 후에 다시 죽기 때문입니다. 그래서 일시적 부활이라고 합니다.

2. 부활한 신령한 몸과 현재 우리 몸과의 관계

부활한 몸과 현재 우리의 몸과는 어떤 관계인가를 묻는 질문입니다. 이 질문은 사도 바울 당시의 성도들도 가졌던 질문입니다.

고린도전서 15:36-38, "어리석은 자여, 네가 뿌리는 씨가 죽지 않으면 살아나지 못하겠고 또 네가 뿌리는 것은 장래의 형체를 뿌리는 것이 아니요 다만 밀이나 다른 것의 알갱이 뿐이로되 하나님이 그 뜻대로 그에게 형체를 주시되 각 종자에게 그 형체를 주시느니라."

이 말씀의 뜻을 풀이하면, 첫째, 부활은 식물의 씨가 죽을 때에 그 속에서 형체가 나오듯, 사람도 현재 몸이 죽어야 부활의 몸이 됩니다. 둘째, 하나님께서 각 식물의 씨 속에 각 형체를 주셨다는 사실, 밀이란 씨가 그 형체와 전혀 달라 보이지만 그 형체는 씨를 통해서 나옵니다. 사람의 부활도 현재의 몸과 전혀 관련 없이 이루어지는 것이 아니라 현재 우리가 가지고 있는 몸에서 부활의 몸이 이루어진다는 말입니다.

창세기 2장에서 사람은 흙으로 만들어졌다고 했습니다. '너는 흙이니 흙으로 돌아가라' 고 했습니다. 사람의 몸은 흙입니다. 왜냐하면 흙을 먹고 살기 때문입니다. 우리가 채소를 먹는데 그 채소는 흙의 성분을 먹고 자란 것입니다. 우리가 쇠고기, 돼지고기, 닭고기를 먹는데 이 가축들은 채소를 먹었습니다. 그 채소들은 흙의 요소들을 먹어 흙의 성분으로 되었습니다. 사람의 몸도 흙의 성분으로 구성되었습니다. 우리 몸을 구성하는 광물질을 화학적으로 분석해 본 결과 지구 표면의 흙 속에서 발견된 원소들 중 열여섯 혹은 열일곱 종류가 우리 몸을 구성하고 있는 원소와 같다고 합니다. 사람의 인체는 칼슘이 43.5%, 인산염이 29.1%, 칼륨이 10.2%, 황이 7.1%, 나트륨, 염소가 4.3%, 마그네슘, 철, 요오드, 망간, 규소, 구리, 아연 등의 흙 속의 원소들이 우리 몸을 구성하고 있다고 합니다. 사람이 죽어 흙에 묻히면 몸이 세균이나 구더기에 의해 분해되어 몸의 원소들은 다시 흙으로 돌아가는 것입니다. 하나님은 우리를 부활시키실 때에 본래 내 몸을 구성하던 모든 원소들을 다시 결합해서 시체로 만들어 내는 것입니다. 그 시체가 계시록 20:13의 말씀 '바다가 그 가운데서 죽은 자들을 내주고 또 사망과 음부도 그 가운데서 죽은 자들을 내주매'에서 죽은 자들은 시체들을 말합니다. 시체는 부활하기 위한 신체를 말하는 것입니다.

> 고린도전서 15:42-44 "죽은 자의 부활도 그와 같으니 썩을 것으로 심고 썩지 아니할 것으로 다시 살아나며, 욕된 것으로 심고 영광스러운 것으로 다시 살아나며 약한 것으로 심고 강한 것으로 다시 살아나며 육의 몸으로 심고 신령한 몸으로 다시 살아나나니, 육의 몸이 있은즉 또 영의 몸도 있느니라."

우주여행을 하던 사람들 중에 지구 대기권을 벗어나 우주에서 타고 가던 로켓에 사고가 나서 폭발했을 경우에 그 시체는 공중분해 되어 원소들이 온 우주에 떠다닐 텐데 그 사람은 어떻게 부활하겠습니까? 혹은 사람이 바다를 항해하다가 바다에서 죽게 되면 그 시체가 물에서 썩어 몸을 구성하던 모든 요소들이 5대양에 흩어져 버릴 텐데 어떻게 부활될 것인가 하는 말입니다.

> 시편 139:16 "내 형질이 이루어지기 전에 주의 눈이 보셨으며 나를 위하여 정한 날이 하루도 되기 전에 주의 책에 다 기록이 되었나이다."

하나님께서 사람을 만드셨고 사람의 구성원소들을 환히 아시고 또 책에 사람의 몸의 형질을 다 기록하셨기 때문에 온 우주에서도, 5대양 어떤 곳에서든지 내 몸의 구성요소들을 다 찾아서 내 몸을 부활시킬 것입니다. 데살로니가전서 4:17에, "그 후에 우리 살아 남은 자들도 그들과 함께 구름 속으로 끌어올려 공중에서 주를 영접하게 하시리니 …."에서 살아있는 자들은 그들과 함께 구름 속으로 끌어 올리운다고 했습니다. 우리가 살아 있을 때에 주님께서 공중 강림하신다면 현재 몸이 변해서 신령체가 되어 휴거된다고 했습니다.

> 고린도전서 15:51,52 "보라 내가 너희에게 비밀을 말하노니 우리가 다 잠 잘 것이 아니요 마지막 나팔에 순식간에 홀연히 다 변화되리니 나팔 소리가 나매 죽은 자들이 썩지 아니할 것으로 다시 살고 우리도 변화되리라………"

본래 우리 몸, 현재 우리 몸이 순식간에 변한다고 했습니다. 엘리야의 승천과 에녹의 승천 경우도 아마 그 몸이 순식간에 변화되어 승천했을 것입니다.

3. 부활의 메카니즘(부활의 구성, 기계적으로 부활을 설명)

이미 죽어서 그 사람 육신의 원소가 온 세상에 흩어진 후에 어떻게 결합하여 다시 살아날 수 있었는가? 에스겔 37:1-10에서 그 비밀을 풀어주고 있습니다.

첫째. 각 뼈들이 움직여 서로 결합, 즉 본래의 그 사람에게 속했던 뼈들이 서로 서로 결합하고(7절). 둘째, 그 사람의 뼈대, 즉 해골 위에 그 사람에게 속했던 살이 채워지고 힘줄이 생기게 되는데 이것들이 시체인 것입니다. 계시록 20장에서 시체가 떠오른 상태를 보여줍니다(8절). 셋째, 그 위에 생기가 들어가매 그 사람이 다시 살아납니다(9,10절). 넷째, 그런데 이런 몸의 부활의 구성이 하나님의 말씀으로 시작됩니다(5, 6, 9). 에스겔서에서 뼈들이 모이고 살이 차고 힘줄이 생긴 것도 하나님의 말씀에 의해서 형성되고, 그 시체에 생기가 들어가는 것도 하나님의 말씀에 의해서 입니다.

시체 속에 들어가는 것이 에스겔서에서는 생기라 했지만, 데살로니가전서 4:14,16,17에서는 그 사람의 영혼들을 말합니다. 그 영혼들을 그리스도께서 데려 오시다(14절)라고 했습니다. 에스겔서 37:9에 "...주 여호와께서 이같이 말씀하시기를 생기야 사방에서부터 와서 이 죽음을 당한 자에게 불어서 살아나게 하라"고 명령하시는데 데살로니가전서 4:16 에서는, "주께서 호령과 천사장의 소리와 하나님의 나팔 소리로 친히 하늘로부터 강림하시리니..."에서도 그리스도께서 호령하신다고 했습니다. 천사장들도 소리 지른다고 했습니다. 하나님은 에스겔에게 명령하라고 말씀하셨는데, 데살로니가전서 4:16에서는 천사장들이 소리를 지르는 것입니다. 무슨 소리일까요? 아마도 요한복음 11장의 나사로를 살리실 때 말씀하시기를 "나사로야 나오라"고 큰 소리로 명령하셨던 것과 같이 데살로니가전서 4장에서도 주님께서 명령하시고 있습니다. 호령하는 것은 큰 소리로 명령하는 것입니다. 예수 그리스도께서 온 우주를 향해 큰 소리로 '자녀들아 나오너라' 고 하실 때에 천사장들도 주님의 그 명령을 따라 크게 외쳤을 것입니다. 마태복음 25:6의 열처녀 비유에서 신랑의 친구들이 '보라 신랑이로다 맞으러 나오라' 라고 크게 소리 질렀습니다. 그랬더니 온 우주에서 죽은 자들의 부활의 메카니즘이 에스겔서 37장에서 있었던 것과 같이 일어날 것입니다.

결론적으로 우리가 신령한 몸으로 부활할 때에 우리가 현재 가지고 있는 몸과 전혀 상관없이 이루어지는 것이 아니라 우리의 현재 가지고 있는 몸의 원소를 재료로 하여 부활의 신령한 몸이 성립되는 것입니다. 고린도전서 15:36-38 에서 어떤 식물의 씨앗을 심었을 때에 그 씨앗이 땅에 묻혀 죽으면서 그것의 영양분을 기본으로 하여 움이 돋고 싹이 나서 씨앗과는 전혀 다른 형체의 식물이 나오는 것처럼 우리 몸의 부활도 현재 우리 몸이 기초가 되어 신령한 부활의 몸이 됩니다.

새 하늘과 새 땅, 하나님 나라와 거룩한 성 새 예루살렘

"또 내가 보니 새 하늘과 새 땅을 보니 처음 하늘과 처음 땅이 없어졌고 바다도 다시 있지 않더라"(계시록 21:1).

계시록 4:2의 하나님 보좌로부터 시작하여 계시록 20:11의 대 백보좌 심판으로 악에 대한 심판은 완전히 종결되었습니다. 다시 말하면 하나님의 보좌로부터 발진하여 인을 떼기에 합당하신 그리스도에 의해 일곱 인의 떼심과 천사들에 의한 일곱 나팔, 일곱 대접재앙이라는 최종적인 대 종말의 재앙들이 집행되어집니다. 마지막으로 그리스도께서 재림하셔서 악의 세력을 제압하신 뒤, 모든 인류를 부활시키셔서 백보좌 심판대 앞으로 모든 사람들을 불러 모으시고, 악을 진멸하시어 모든 것을 정리하시고, 자기 백성의 구원을 성취하신 하나님의 심판과 구속의 대 역사는 완전히 종결되었습니다. 이제 남은 것은 하나님께서 자신의 진노의 심판에서 건져내시고 구원을 입게 하사 영원한 안식으로 들어가게 해 주시겠다고 약속을 받은 자들이 들어갈 하늘나라와 그곳에서 축복된 삶에 관한 묘사 뿐입니다. 계시록 21:1부터 계시록 22:5까지에서 그것에 관해 적절하게 잘 묘사해 놓고 있습니다. 우리는 이제 가장 아름답고 최종적인 장면과 주제를 담고 있는 계시의 절정 부분에 도달했습니다. 더욱이 본서의 기록 목적이 지금 이 세상에서 그리스도의 이름 때문에 고난 받은 모든 그리스도의 제자들에게 희망과 용기와 격려를 주는 것인 만큼 악의 궁극적 멸망과 함께 성도가 누릴 영원한 복락이 찬란하게 펼쳐지는 이 부분은 모든 계시의 정점이요 백미라고 할 수 있습니다. 이것은 영원한 안식 세계의 특징들을 보여줍니다. 첫째 특징은 그 세계가 비록 현 세계를 개조한 것이지만 현 세계와는 완전히 다른 새로운 세계라는 점입니다. 둘째 특징은 마치 부부의 삶이 그렇듯이 성도들이 하나님과 동거 동행하는 삶을 산다는 것입니다. 그리고 셋째 특징은 옛 세상에 있던 모든 고통과 눈물과 슬픔이 완전히 없다는 점입니다. 앞으로 우리가 들어가게 될 하나님 나라가 단순히 이 세상을 고쳐서 살기 좋게 만든 나라가 아니라 이 세상을 갱신한 것으로 세상과는 전혀 다른 완전히 새로운 세계임을 알 수 있습니다. 다시 말해 우리가 장차 유업으로 받게 될 하나님 나라는 질적으로나 구조적으로나 내용적으로나 모든 면에 있어 깨어지고 변질되기 쉬운 현재의 물질 세계와는 전혀 다릅니다. 이곳은 불완전함과 죄가 완전히 소멸된 곳입니다. 하나님과 인간과의 관계가 온전히 회복된 완전한 새 세계인 것입니다.

'새 하늘과 새 땅'은 대개 하나님 나라와 동일하게 생각하는데 엄밀하게 따지면 새 하늘과 새 땅은 하나님 나라와 동격이 아닙니다. 즉 새 하늘과 새 땅은 그리스도의 재림으로 말미암아 사탄과 그의 세력이 멸망 당하고(19:20; 20:10) 현 우주와 역사가 붕괴된 뒤(20:11), 최후의 대 심판 이후에 조성되는 천국과 지옥을 다 포함하는 새로운 우주요, 새로운 세계인 것입니다. 좀더 정확히 말하면 하나님 나라는 새 하늘과 새 땅 안에 있는 것입니다. 새 하늘과 새 땅은 하나님 나라와 지옥을 다 포함하는 새로운 세계입니다.

우리가 유의해야 할 것은 새 하늘과 새 땅이 전혀 새로운 창조물이 아니라 옛 세계를 재료로 하여 새롭게 개량된 것입니다. 새 하늘과 새 땅은 옛 하늘과 옛 땅, 옛 우주와 옛 지구를 재료로 하여 새롭게 조성한 새로운 세계라는 것입니다. 그러나 새 하늘과 새 땅은 옛 것을 단순히 개선하는 것이 아니라 개량하되 완전히 새로운 것으로 개조한 것으로 옛 것과는 구조에 있어서나 본질에 있어서나 전혀 다른 새로운 세계인 것입니다. 마치 부활체, 부활한 성도의 몸을 생각해 볼 때에 부활한 몸이 현재 우리 몸의 원소를 사용해서 전혀 새로운 부활의 몸, 부활체, 신령체가 되듯이, 혹은 고린도전서 15장 부활장에서 설명하듯이 밀 알갱이를 땅에 심었는데 밀 알갱이와는 전혀 다른 형체의 밀이란 식물 개체가 땅 속에서 나온다는 말씀입니다(고전 15:37-38). 새 하늘과 새 땅이 옛 땅과 다르다는 것을 보여 주는 말이 '바다도 없더라' 는 말씀 입니다. 현재 지구는 물이 70%를 차지하고 있습니다. 물이 있으므로 지구에 존재하는 생물들에게 산소를 공급하고 기후 조절을 해 줍니다. 사람의 경우 신체 구성의 70%가 물입니다. 그래서 물을 마셔야 살 수 있습니다. 천년왕국 때에는 바다가 존재했습니다. 왜냐하면 그 때에는 성도들은 신령체이므로 물을 필요로 하지 않지만, 동시에 물을 절대 필요로 하는 육체를 가진 사람들이 생존하고 있었기에 바다가 필요 했습니다. 새 하늘과 새 땅에서는 육체를 가진 자들은 전혀 없으므로 바다가 더 이상 필요가 없다는 것을 보여 줍니다. 이점으로 봐서도 새 땅은 옛 땅과 다릅니다.

1. 거룩한 성, 새 예루살렘

"또 내가 보매 거룩한 성 새 예루살렘이 하나님께로부터 하늘에서 내려오니 그 준비한 것이 신부가 남편을 위하여 단장한 것 같더라. 내가 들으니 보좌에서 큰 음성이 나서 이르되 보라 하나님의 장막이 사람들과 함께 있으매 하나님이 그들과 함께 계시리니 그들은 하나님의 백성이 되고 하나님은 친히 그들과 함께 계셔서"(계시록 21:2-3).

새 예루살렘은 구원받은 성도들의 공동체를 의미하는 동시에 그들이 거할 하나님 나라에서의 새로운 처소입니다. 새 예루살렘이 하늘에서 내려오는데 요한복음 14:2-3에 '내 아버지 집에 거할 곳이 많도다 그렇지 않으면 너희에게 일렀으리라 내가 너희를 위하여 거처를 예비하러 가노니 가서 너희를 위하여 거처를 예비하면 내가 다시 와서 너희를 내게로 영접하여 나 있는 곳에 너희도 있게 하리라'했습니다. 이 거처는 신랑 되신 그리스도께서 영적 신부인 성도를 데리고 새로운 보금자리에서 함께 거하기 위해 마련된 새 예루살렘 성인 것입니다. 이 성은 구원받은 성도들의 교회 공동체, 그리스도의 신부이며 동시에 우리가 거할 하늘나라에서의 중심 처소입니다. 이 성은 성도들 자신(2절)이기도 하면서 성도들이 복된 삶을 누릴 터전이기도 합니다.

2. 거룩한 성, 새 예루살렘의 모양과 규모

　거룩한 성 새 예루살렘은 크고 높은 벽옥으로 된 성곽이 있으며 열두 진주로 된 문들이 있는데 그 문들에는 이스라엘 열두 지파의 이름이 있습니다. 이스라엘 열두 지파는 영적 이스라엘 자손 곧 택함 받은 모든 성도들을 의미하며 그 열두 문마다 천사들이 지키고 있습니다. 이 문들은 성의 동서남북마다 세 개씩 있다고 했습니다. 성벽의 기초석마다 열두 사도들의 이름이 새겨져 있고 열두 성문에는 열두 지파의 이름이 새겨져 있다는 것은 구약과 신약 교회가 하나의 통일된 하나님의 교회 공동체임을 보여 줍니다. 각 기초석은 각종 보석들입니다. 그 성은 정금으로 되어 맑은 유리와 같습니다. 벽옥(Jasper)이란 푸르게 빛나는 고운 옥입니다. 그 성은 네모 반듯한 정 입방체로써 가로, 세로, 높이의 길이는 2,220km이며 성곽의 두께는 65.6m입니다.

3. 거룩한 성, 새 예루살렘 성에서의 생활 (그곳에 없는 것들)

1) **그 성은 성전이 없습니다.** 천국에는 죄가 없기 때문에 죄를 속하는 장소로서의 구약적 개념의 성전이 필요 없습니다. 또한 땅에서 성전이 필요했던 이유는 하나님과 대면하기 위함이었는데 천국에서는 누구나가 다 하나님과 대면하면서 살기 때문에 그런 개념으로서의 성전이 필요 없기 때문입니다. 하나님께서 친히 성전이 되시기 때문입니다(계시록21:22).

2) **그 성은 해와 달의 비침이 쓸 데 없습니다.** 천국에는 빛 자체이신 하나님께서 자기 영광으로 환하게 비추시며 또 예수 그리스도께서 등불이 되신다고 했습니다 (계시록21:23).

3) **그곳에는 죄가 없습니다.**

4) **그 성에는 밤이 없습니다.** 천국에는 어두움으로 상징되는 고통과 슬픔이 없으며 삶 자체가 안식이기에 피곤을 해결하기 위한 밤이 필요 없습니다 (계시록21:25).

5) **눈물이 없습니다(계시록21:4).** 눈물은 고통과 슬픔과 죽음과 불행을 상징하는데 하나님의 나라에서는 하나님께서 눈물을 씻어주심으로 고통과 죽음과 슬픔과 불행이 없습니다.

6) **그 성에는 사망이 없습니다(계시록21:4).** 눈물의 원인이 되는 죽음, 애통, 곡하는 것과 질병도 없습니다.

7) **그 성에서는 변소도 없습니다.** 영원세계에서도 먹습니다. 현재 우리 몸

은 불완전 합니다. 죄성으로 인해 병들고 죽습니다. 음식물을 완전 분해할 수 없으므로 음식을 먹은 후에 배설물을 배출해야 합니다. 아담이 범죄할 때에 땅이 저주를 받아 엉겅퀴, 가시덤불과 싸우며 농사를 지어야 하므로 힘들어 땀을 흘려야 합니다. 이렇게 농사를 지은 식물은 저주 받은 땅에서 나왔으므로 음식물 역시 불완전하여 완전한 소화를 할 수 없으므로 찌꺼기를 배출할 수밖에 없습니다. 그러나 몸이 신령체가 되고 땅도 저주에서 벗어남으로 완전한 식물이 완전 소화가 됨으로 배설물이 없으며 아무리 먹어도 배탈이 없고 살이 찔까 걱정할 필요도 없습니다.

8) 제일 중요한 사실은 사탄이 없습니다. 악마도 귀신들도 없습니다. 에덴동산에 침입했던 사탄이 없으므로 신령체를 가진 사람들은 사탄의 접근을 받지 않을 것이요 사탄의 시험이나 유혹, 미혹을 받지 않고 영원히 살게 됩니다.

그곳에는 식물도 있고 꽃도 있고, 새들도 있으며, 땅에는 동물들도 있고, 생명강에는 물고기들도 있습니다. 왜냐하면 에덴동산에 물이 있었고 동물들과 식물들이 있었습니다. 하나님께서 하늘의 각종 새들과 산과 들의 짐승들과 가축들과 곤충들뿐만 아니라 바다나 물에 있는 물고기들을 다스리라고 하셨기에 에덴동산에 각종 동물들이 있었고, 각종 나무들도 많았습니다. 각종 예쁜 꽃들도 많았습니다. 그런데 계시록 22:1-2에서 에덴동산에 있었던 생명나무가 있고 생명수 강이 흐르고 있으므로 에덴동산에 살던 각종 동물들도 있지 않겠습니까? 그렇다면 이런 피조물들도 죽지 않고 영원히 살 것입니다. 왜냐하면 천국에는 죽음이란 전혀 없기 때문입니다. 생명나무에는 다달이 열두 과실이 열립니다. 그 잎사귀는 치료제입니다. 계시록 21:24에 보면 '땅의 왕들이 자기 영광을 가지고 그리로 들어가리라.' 했습니다. 천국에서는 하나님만이 오직 유일한 왕이십니다. 여기 왕들이란 천년 왕국 때에 그리스도와 함께 왕 노릇하던 순교성도들을 지칭하는 것으로 보입니다. 영원 세계에서의 영토는 온 우주입니다. 온 우주에 흩어져 살게 될 것입니다. 새 예루살렘 성은 영원 세계의 왕도입니다. 이 성에는 왕족들만 살게 될 것입니다. 왕족들이란 이 땅에서 순교한 성도들입니다. 26절에는 '사람들이 만국의 영광과 존귀를 가지고 그리로 들어가겠고' 했는데 사람들은 장차 하나님 나라에 갈 때에 각자의 영광을 지니게 된다고 했습니다. 고린도전서 15:41에 부활한 성도들의 각자의 영광이 다르다는 것을 말씀하시는데, '해의 영광이 다르며 달의 영광이 다르며 별의 영광도 다른데 별과 별의 영광이 다르도다. 죽은 자의 부활도 그와 같으니…" 했습니다.

영원 지복 하나님의 나라, 거룩한 새 예루살렘 성
(계시록 22:1-5)

"또 그가 수정 같이 맑은 생명수의 강을 내게 보이니 하나님과 및 어린 양의 보좌로부터 나와서 길 가운데로 흐르더라 강 좌우에 생명나무가 있어 열두 가지 열매를 맺되 달마다 그 열매를 맺고 그 나무 잎사귀들은 만국을 치료하기 위하여 있더라 다시 저주가 없으며 하나님과 그 어린 양의 보좌가 그 가운데에 있으리니 그의 종들이 그를 섬기며 그의 얼굴을 볼 터이요 그의 이름도 그들의 이마에 있으리라 다시 밤이 없겠고 등불과 햇빛이 쓸 데 없으니 이는 주 하나님이 그들에게 비치심이라 그들이 세세토록 왕 노릇 하리로다"(계시록 22:1-5)

요한계시록 22장은 계시록 마지막 장일뿐만 아니라 총 1,189장으로 구성된 성경 전체의 마지막 장이기도 합니다. 계시록 22장은 요한계시록의 결말뿐만 아니라 성경 계시 전체를 끝맺는 전 구속사적 지평에서도 심대한 의의를 갖습니다. 결국 계시록 22장은 태초부터 종말까지의 전 구속사의 과정으로 오고 올 만세대의 성도 모두에게 예수 구속의 원리를 보여 주고 있습니다. 바꾸어 말씀드리면 하나님이 직접 주신 절대 무오한 계시의 책인 성경 말씀의 핵심 내용은 파루시아(Parousia)와 마라나타(Maranatha) 사상, 즉 예수님의 재림과 재림 대망 사상이라 할 수 있습니다. 사도 요한께서 최종적으로 말해 주고 있는 하나님 나라의 모습은 잃어버린 에덴동산을 완전히 회복하는 것을 배경으로 합니다. 아담이 범죄하여 타락하기 이전에는 생명나무가 있었으며(창2:9), 동산을 비옥하게 하는 강이 있었습니다(창2:10-14). 인간은 그곳에서 그 모든 것을 다스리는 권한을 부여받았습니다(창1:26 ; 2:15). 그러나 인간이 에덴동산에서 금지된 선악을 알게 하는 나무의 실과를 따먹은 결과 인간은 저주를 받게 되었으며 에덴동산에서 쫓겨나게 되었습니다. 계시록 22장은 인류가 상실했던 에덴동산의 모습을 다시 그려주고 있습니다. 거기에는 다시 하나님으로부터 흘러나오는 생명수 강이 흐르고(계 22:1), 그 강물로 생명나무가 무성하게 자라 매 달마다 열두 가지 열매를 맺으며, 하나님 나라 안에 있는 모든 이들은 그것으로 영생을 누립니다. 창세기 2장에서 아담은 지구 안에 있는 모든 것들과 에덴동산의 모든 것들만 다스리는 권한이 있었지만 계시록 22장의 부활체를 가진 성도들은 온 우주를 다스립니다. 천사보다 높은 지위인 하나님의 아들이기 때문입니다.

한 마디로 에덴동산에서 잃었던 모든 것이 회복되는 것입니다. 그러나 천국은 단순히 에덴동산에서 잃은 것에 대한 회복으로만 그치지 않고, 그보다 더 나은 것을 인간에게 부여하십니다. 그것은 에덴동산에서 있었던 타락의 가능성이 완전히 없어진다는 것을 의미합니다. 왜냐하면 죄의 원흉인 사탄이 존재하지 않기 때문입니다. 천국에서는 저주도 죄악도 어두움도 유혹도 없이 하나님의 영광 가운데서 모든 피조물이 이루 말로 형언할 수 없는 복된 삶을 영원히 누리게 되는 것입니다. 예루살렘 성에는 하나님과 어린 양의 보좌가 그 가운데 있음으로(계시록 22:3) 하나님과 그리스도께서 구원받은 성도들과 영원토록 함께 거하신다는 것을 명확히 보여 주는 구절입니다. 또한 4절에서 '그의 얼굴을 볼 터이요 그의 이름도 그들의 이마에 있으리라.' 는 표현이 있습니다. 구약적 개념에서는 죄인인 인간이 거룩하신 하나님을 대면할 수 없으며 하나님을 대면한다는 것은 곧 죽음을 의미 했습니다 (출33:20). 죄인 된 인간은 아무도 하나님을 대면할 수 없는 것입니다. 여호와 하나님은 하나님의 영광 가운데서 말씀하셨습니다.

출애굽기 24:15-17 '모세가 산에 오르매 구름이 산을 가리며 여호와의 영광이 시내산 위에 머무르고 구름이 엿새 동안 산을 가리더니 일곱째 날에 여호와께서 구름 가운데서 모세를 부르시니라. 산 위의 여호와의 영광이 이스라엘 자손의 눈에 맹렬한 불 같이 보였고'

출애굽기 33:20-23 '또 이르시되 네가 내 얼굴을 보지 못하리니 나를 보고 살 자가 없음이니라. 여호와께서 또 이르시기를 보라 '내 곁에 한 장소가 있으니' 너는 그 반석 위에 서라. 내 영광이 지나갈 때에 내가 너를 반석 틈에 두고 내가 지나도록 내 손으로 너를 덮었다가 손을 거두리니 네가 내 등을 볼 것이요 얼굴은 보지 못하리라'

인류 중에 하나님의 영광의 일부분이라도 볼 수 있었던 사람은 모세 한 사람뿐입니다. 그것도 하나님의 특별한 배려가 있었기에 가능했습니다. 즉 하나님께서 지나실 때에 당신의 손으로 모세의 얼굴을 가리우셨다가 '하나님의 특별한 한 곳' 만을 보여주실 수 있었던 것입니다. 신약시대에서도 하나님은 영광으로만 표현되고 있습니다. 사도행전 7:55-56 '스데반이 성령 충만하여 하늘을 우러러 주목하여 하나님의 영광과 및 예수께서 하나님 우편에 서신 것을 보고 말하되 보라 하늘이 열리고 인자가 하나님 우편에 서신 것을 보노라 한대'에서도 성부 하나님은 하나님의 영광으로만 표현되고 있습니다. 요한복음에서 빌립이 성부 하나님을 우리에게 보여 달라고 했을 때에 주님은 빌립에게 말씀하시기를 '나를 본 자가 아버지를 보았거늘 어찌 하여 아버지를 보이라 하느냐' 고 말씀하셨습니다. 그럼에도 불구하고 천국에서는 하나님의 얼굴을 볼 수 있다고 언급한 것은 결국 그리스도의 중보로 구원 받은 성도들은 하나님과 완전히 화목하여 아무런 제약 없이 하나님과 대면하여 말하고 행동하며 동거한다는 것을 보여줍니다.

　우리가 천국에 가면 하나님의 영광 가운데 계신 성부 하나님을 얼굴로 뵙게 될 것입니다. 이 축복은 성도가 천국에서 누리게 되는 가장 큰 복입니다. 이것이야 말로 우리가 가질 수 있는 최고의 영광입니다. 아멘. 할렐루야.

다 이루었다

창세기 2:1-2, 요한복음 19:30,
요한계시록 16:17, 21:6

신구약 성경을 통해서 하나님께서 '다 이루었다'고 선포하신 것이 네 번 있습니다. 그 네 번 중에 한 번은 구약 성경, 창세기 2:1-2 말씀에 있고 나머지 세 번은 모두 신약 성경에 있습니다. 창세기 2:1-2에서 다 이루었다는 말은 서술적이요 제 삼자가 설명하는 식으로 표현되었습니다. 왜냐하면 아담과 하와가 곧 타락하기 때문입니다. 그러나 신약에서 나오는 '다 이루었다'는 선포적입니다.

첫째로 창세기 2:1-2 '천지와 만물이 다 이루어지니라'에서 하나님께서 천지 창조하신 것을 다 이루셨다는 것입니다

천지 창조를 엿새 동안 완성하시고 일곱째 되는 날에 안식하셨다고 말씀하고 있습니다. 이 말은 하나님께서 어떤 일 즉 창조하시기로 작정하시고 계획하셨던 것을 완성하신 것을 보여 줍니다. 성경에서 '다 이루었다'고 선포하시는 말씀은 인류구원 역사와 관계있습니다. 은밀하게 따지면 천지창조도 인류구원의 계획에 포함된 것입니다.

둘째로 '다 이루었다'고 하신 말씀은 신약성경에도 있습니다.

'예수께서 신 포도주를 받으신 후에 이르시되 '다 이루었다' 하시고 머리를 숙이니 영혼이 떠나가시니라'(요한복음 19:30).

여러분들이 '다 이루었다'는 말을 들을 때에 무슨 사건이 기억납니까? 그렇지요, 우리 주님께서 십자가에 못 박히셔서 운명하시기 직전에 하신 말씀입니다. 주님께서 십자가 상에서 마지막으로 하신 일곱 말씀이 있습니다. 가상 칠언이라고 하는데 '가상 칠언'은 너무나 중요한 말씀입니다. 사람이 마지막 죽을 때 하는 말을 유언이라 합니다. 유언은 그 사람의 일생을 결론짓는 말입니다. 인생을 뜻있게 살려고 했던 사람들은 죽을 때에 뜻있는 마지막 말을 자녀들에게 남기려고 합니다. 그 자녀들도 아버지나 어머니의 마지막 부탁을 잘 지키려고 합니다. 하나님이신 우리 주님께서 십자가 상에서 하신 일곱 마디 유언[18])이 얼마나 중요하겠습니까?

예수님께서 무엇을 '다 이루었다'고 생각하십니까? 삼위일체 하나님께서

---

18) 1. 마태복음 27:46 '엘리 엘리 라마 사박다니' 했습니다. 이 말은 나의 하나님, 나의 하나님, 어찌하여 나를 버리셨나이까 하는 뜻입니다. 마태복음 27:50에도 무슨 말씀을 하셨는데, 성경은 '예수께서 다시 크게 소리 지르시고 영혼이 떠나시다' 라고만 말하고 그 내용에 대해서는 침묵하고 있습니다.
2. 누가복음 23:34, '아버지, 저들을 사하여 주옵소서 자기들이 하는 것을 알지 못함이니이다.'
3. 누가복음 23:43에, '예수께서 이르시되 내가 진실로 네게 이르노니 오늘 네가 나와 함께 낙원에 있으리라 하시니라'
4. 누가복음 23:46에, '예수께서 큰 소리로 불러 이르시되 아버지여 내 영혼을 아버지 손에 부탁하나이다' 하고 이 말씀을 하신 후 숨지시니라.
5. 요한복음19:26-27 '예수께서 자기의 어머니와 사랑하시는 제자가 곁에 서 있는 것을 보시고 자기 어머니께 말씀하시되 여자여 보소서 아들이니이다 하시고' "또 그 제자에게 이르시되 보라 네 어머니라 하신대 그 때부터 그 제자가 자기 집에 모시니라.
6. 요한복음 19:28 '그 후에 예수께서 모든 일이 이미 이루어진 줄 아시고 성경을 응하게 하려 하사 이르시되 내가 목마르다 하시니'
7. 요한복음 19:30 '예수께서 신 포도주를 받으신 후에 이르시되 '다 이루었다' 하시고 머리를 숙이니 영혼이 떠나가시니라

만세 전부터 계획하신 인류 구속의 길을 다 이루셨다는 말씀입니다. 아담과 하와가 에덴동산에서 뱀에게 속아 선악을 알게 하는 나무의 과실을 따먹으므로 죄 아래 있게 된 우리 인생들을 구원하시기 위해 우리 인간에게 하신 언약이 성취됐다는 말씀인 것입니다. 창세기 3:15에, '내가 너로 여자와 원수가 되게 하고 네 후손도 여자의 후손과 원수가 되게 하리니 여자의 후손은 네 머리를 상하게 할 것이요 너는 그의 발꿈치를 상하게 할 것이니라' 하신 말씀을 다 이루셨다는 것입니다.

만약 주님께서 십자가 상에서 '다 이루었다'는 말씀을 하시지 않았다면 주님의 구속 사역, 십자가에 못 박히신 일이 이루어졌는지 어쩐지 알 수 없었을 것입니다. 그렇지 않아도 기독교를 음해하는 사탄의 무리가 얼마나 엉터리로 떼를 쓰는데 주님께서 다 이루셨다고 말씀하심으로 우리는 주님을 믿게 된 것입니다.

셋째로 '다 이루었다'고 말씀하신 것은 요한계시록 16:17에 있습니다.

이 곳은 하나님께서 7년 환난의 일곱 나팔재앙도 끝나고, 일곱 대접재앙의 일곱째 재앙을 땅에 쏟으시면서 하신 말씀입니다. 일곱째 대접재앙으로 7년 환난이 끝나는 때요, 하나님의 재앙이 끝나는 때입니다. 여섯째 대접재앙은 아마겟돈 전쟁 준비 기간입니다. 아마겟돈 전쟁에 사람들이 많이 죽습니다. 아마겟돈 전쟁은 주로 전쟁에 참여한 군인들 중심으로 죽임을 당하는 데 일곱째 대접재앙은 전 지구상에 큰 지진이 나서 온 도시와 성읍들을 파괴하는 것입니다. 한 도시나 어떤 지역별로 지진이 일어나도 어마어마한 사람들이 죽고 건물들이 파괴되는데 온 세계적으로 지진이 나니 이것은 완전한 파괴인 것입니다. 싹 쓸어버립니다. 그 뿐만 아닙니다. 큰 우박이 내리는데 한 달란트나 되는 우박이라 했는데 한 달란트는 금 60킬로그램입니다. 큰 우박의 한 얼음 덩이가 60킬로그램이라 합니다. 내 몸무게가 54 킬로그램입니다. 내 몸 무게보다 무거운 우박이 온 세계적으로 하늘에서 떨어진다는 것을 상상해 보십시

오. 이 지상에 살아남을 자들이 있겠습니까? 또한 부피로 치면 내 몸 부피나 되는 얼음덩이가 떨어진다고 상상해 보십시오. 이것이 7년 환난의 맨 마지막 일곱째 대접재앙인 것입니다. 이 재앙이 끝나면 천년왕국으로 들어가는 것입니다. 이것으로 인간 세상의 역사는 끝나는 것입니다. 그러니까 하나님께서 '다 이루었도다' 라고 말씀하실 만도 하지 않습니까?

> 요한계시록16:17-21 "일곱째 천사가 그 대접을 공중에 쏟으매 큰 음성이 성전에서 보좌로부터 나서 이르되 '되었다'(It is done.) 하시니 번개와 음성들과 우렛소리가 있고 또 큰 지진이 있어 얼마나 큰지 사람이 땅에 있어 온 이래로 이같이 큰 지진이 없었더라 큰 성이 세 갈래로 갈라지고 만국의 성들도 무너지니 큰 성 바벨론이 하나님 앞에 기억하신 바 되어 그의 맹렬한 진노의 포도주 잔을 받으매 각 섬도 없어지고 산악도 간 데 없더라 또 무게가 한 달란트나 되는 큰 우박이 하늘로부터 사람들에게 내리매 사람들이 그 우박의 재앙 때문에 하나님을 비방하니 그 재앙이 심히 큼이러라"

넷째로 '이루었도다' 고 하신 것은 요한계시록 21:6에 있습니다.

'이루었도다'(It is done.)는 천상에서 사탄의 반란과 지상에서 에덴동산에서 아담의 타락으로 인한 인류구속 사역과 사탄을 옥에 가두고, 천년왕국이 끝난 후, 곡과 마곡전쟁이 끝난 후, 백보좌 심판이 끝나고, 새 하늘과 새 땅 즉 신천신지의 영원한 천국이 시작됨을 선언하는 말씀이 요한계시록 21:6의 '이루었도다' 라고 한 말씀인 것입니다.

요한계시록 21: 6-7을 소개하겠습니다.

> '또 내게 말씀하시되 이루었도다 나는 알파와 오메가요 처음과 마지막이라 내가 생명수 샘물로 목마른 자에게 값없이 주리니 이기는 자는 이것들을 상속으로 받으리라 나는 그의 하나님이 되고 그는 내 아들이 되리라' 아멘

사랑하는 성도 여러분, 하나님은 영원하신 분이십니다. 하나님은 시작도

없고 끝도 없으신 분입니다. 그런데 주님께서 나는 알파와 오메가요 처음과 마지막이라고 하신 말씀은 무슨 말씀이겠습니까? 그것은 천지창조와 우리 인간을 창조하시고 구원하시고 심판하신다는 의미에서 처음이요 나중이란 뜻입니다. 예수님은 천지를 창조하셨고 천지의 종말을 가지고 오신다는 말씀이요, 예수님은 우리 인간을 창조하셨고 인간의 종말을 가지고 오시는 분이라는 뜻입니다. 그러나 하나님은 영원하신 분이시며, 시작도 없고 끝도 없으신 분입니다. 영원 세계에서 계시다가 인간을 창조하시기 위해서 역사세계로 나오셨다가 천지창조를 하시고, 인간의 구원을 이루신 후 다시 영원 세계로 들어가십니다. 성도는 거듭나는 순간부터 심판을 면하고, 사망에서 영생으로 옮김을 받습니다. 거듭나는 순간부터 영생을 누리고 있는 것입니다. 우리가 죽어서 주님이 재림할 때 다시 부활하면서 영생을 누리는 것이 아니고 이 세상에 살면서 거듭날 때부터 이미 영생을 누리고 있다는 사실을 깨달으시기 바랍니다. 하나님은 시간의 영향 안에 사시는 분이 아닙니다. 하나님은 미래와 현재와 과거라는 시간 개념이 없습니다. 인간에게는 미래요 또는 과거에 속하는 것이 하나님께는 다 현재인 것입니다. 그러므로 계시록 21:6 '다 이루었다'는 선포는 우리에게는 미래일지는 모르지만 하나님께는 현재인 것입니다. 그렇다면 우리도 계시록 21:6 선포가 현재인 것을 믿으시기 바랍니다. 왜냐하면 우리가 현재 하나님 나라의 보좌에 함께 앉아(엡 2:6) 있기 때문입니다. 또 하나님이 우리 안에, 우리가 하나님 안에 있기 때문입니다.

사랑하는 성도 여러분, 우리는 두려울 것이 없습니다. 이 세상에 살면서 괴롭고 외롭고 힘들지라도 잠시 후면 오실 주님을 바라보면서 영원을 심령에 품고 항상 믿음에 승리하시는 성도님들이 되시기를 축원합니다.

참고 문헌

1. 그랜드 종합주석 – 마태복음, 다니엘, 요한계시록
2. 석원태, 요한계시록, 다니엘서 강해, 경향문화사
3. 바클레이 마태복음 주석
4. 강병도, 호크마 주석 요한계시록, 기독지혜사
5. 이상근, 요한계시록 주석, 총회 교육부
6. 최 이리유카바, 그림자 정부-정치편, 해냄
7. _____, 그림자 정부-경제편, 해냄
8. _____, 그림자 정부-미래 사회편, 해냄
9. 차 데이빗, 마지막 신호-예영커뮤니케이션
10. 새뮤얼 헌팅턴, 문명의 충돌-김영사
11. 류모세, 이슬람 바로보기-두란노
12. 유대인 바로보기-두란노
13. 고원용, 경제전, 자원전 그 이후-한국 장로교출판사
14. _____, 아마겟돈전쟁과 대환난 시대 – 한국 장로교출판사
15. 쑹훙빈, 화폐전쟁-랜덤하우스 코리아
16. _____, 화폐전쟁 2-랜덤하우스 코리아
17. _____, 화폐전쟁 3-랜덤하우스 코리아
18. 데릭 윌슨, 로스차일드- 동서문화사
18. 브루스 E. 헨드슨 · 조지아 가이스, 서브프라임 크라이시스-랜덤하우스코리아
19. 대니얼 엘트먼, 10년 후 미래-청림출판
20. 에드몽 파리, 예수회의 비밀역사-말씀 보존학회
21. 김경목, 이야기 러시아사-청아출판사,
22. 이광복, 계시록 강해 난해 해설-도서출판 흰돌
23. 장화진, 신세계 질서의 비밀-터치북스

24. 조명진, 3개의 축(세계의 부와 경제를 지배하는)-㈜새로운 재안
25. 하워드 A. 스나이더, 2000년대 지구동향-아가페
26. 김성일, 빛으로 땅 끝까지- 홍성사
27. 이광복, 휴거와 예비처- 목양성경연구원
28. 곽영직·김충섭, 태양계 여행- 사이언스북스
29. 데이빗 보드니스 저, 김민희 역, E=mc2 - 생각의 나무
30. 이상남, 요한계시록 강해 CD(Los Angeles 세계 등대교회)
31. 많은 웹 사이트들

요한계시록의 증언 (하권)
21세기의 지구는 어디로 향해 가고 있는가

■
초판 1쇄 인쇄 / 2012년 10월 20일
재판 1쇄 발행 / 2020년 3월 20일

■
지은이/김 준 식
펴낸이/민 병 문
펴낸곳/새한기획 출판부

편집처/아침향기
편집주간/강 신 억

■
04542 서울시 중구 수표로 67 천수빌딩 1106호
☎ (02)2274-7809 • 070-4224-0090
FAX • (02)2279-0090
E.mail • saehan21@chollian.net

미국사무실 • The Freshdailymanna
2640 Manhattan Ave. Montrose, CA 91020
☎ 818-970-7099
E.mail • freshdailymanna@hotmail.com

■
출판등록번호/제 2-1264호
출판등록일/1991. 10. 21

값 15,000원

ISBN 978-89-94043-36-4 04230
ISBN 978-89-94043-34-0 세트(전2권)

Printed in Korea

보급처 : 하늘유통
TEL • (031) 947-7777
FAX • (031) 947-9753